북한을 파견하다

북한을 파견하다

북한 해외노동자의 삶과 노동

초판 1쇄 인쇄 2019년 9월 10일
초판 1쇄 발행 2019년 9월 15일

지은이 이철수·이다혜 외
펴낸이 오세정
펴낸곳 서울대학교출판문화원

출판등록 제15-3호

주소 08826 서울 관악구 관악로 1
대표전화 02-880-5252 | 팩스 02-889-0785
도서 주문 02-889-4424, 02-880-7995
이메일 snubook@snu.ac.kr
홈페이지 www.snupress.com

ISBN 978-89-521-2911-6 (93360)

이 책은 2018년도 서울대학교 통일평화연구원의 재원으로 통일기반구축사업의 지원을 받아 수행된 결과물임.

북한을 파견하다

북한 해외노동자의 삶과 노동

이철수 · 이다혜 외

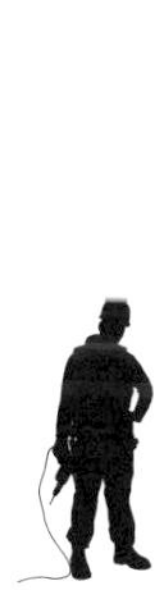

서울대학교출판문화원

감사의 글

이 책은 서울대학교 고용복지법센터(센터장 이철수 교수)가 본교 통일평화연구원이 주관한 '서울대학교 통일연구 네트워크' 사업의 일원으로 참여하며 2015년부터 2018년까지 만 4년에 걸쳐 진행했던 북한 해외노동자에 관한 연구의 결과물이다.

남북한의 통일이 과연 언제 어떤 모습으로 우리에게 현실로 다가올지에 대해서는 헤아릴 수 없이 많은 견해와 다양한 모습의 그림들이 있을 것이다. 그러나 통일에 대해 고민하고, 나아가 통일을 꿈꾸는 사람들 누구나 동의할 수 있는 한 가지 명제가 있다면, 통일은 어떤 정해진 모습의 결론이 아니라 동태적 과정이라는 점일 것이다.

북한에서 제3국으로 파견한 북한 해외노동자에 대해서는 그간 제한적인 정보들이 알려져 있었을 뿐, 통일에 관한 학술 연구들에서는 다른 주제에 비해 상대적으로 소외되어 있던 것이 사실이다. 하지만 이들은 북한 체제를 이탈하지 않은 상태로 북한의 사회주의와 외국의 자본주의를 동시에 체험했다는 점에서 중요한 경험적 자산을 갖고 있는 사람들이다. 정보 수집 및 이들에 대한 접근의 어려움을 비롯하여 학술 연구의 대상으로 삼기에 여건상의 제약이 많았으나, 그럼에도 불구하고 본 연구진은 이들의 삶과 노동을 객관적으로 살펴보려 노력했으며 북한 해외노동자가 통일을 향한 과정에 과연 어떠한 법제도적 의미를 가질 수 있을지를 고민했다. 쉽지 않은 과제였기에 그만큼 많은 분들로부터 도움의 빚을 졌으며, 이 자리를 빌려 연구의 과정에 함께해 주신 분들께 감사의 말씀을 드리고자 한다.

먼저 지난 2015년부터 본교의 학제적 연구인 서울대학교 통일연구 네트워크를 훌륭하게 이끌어 주신 통일평화연구원의 전 박명규 원장님, 정근식 원장님, 그리고 현 임경훈 원장님을 비롯하여 본 연구에 초기부터 여러 조언과 격려를 해 주셨던 김병로 교수님, 김병연 교수님께 감사드린다. 2015년에 통일기반구축사업이 최초로 시작되었을 당시, 러시아 블라디보스토크를 함께 방문할 것을 제안해 주셨던 김완배 명예교수님을 비롯한 농경제학과의 연구 팀에 감사드린다. 당시 함께 출장을 다녀온 것을 계기로 러시아 및 중국 등에 있는 북한 해외노동자의 존재에 눈을 뜨게 되어 연구를 결심하게 되었다. 2015년 11월에 기초 연구를 위해 고용복지법센터에서 처음으로 개최했던 통일연구 워크숍에 참석하여 체제전환, 북한의 노동과 농업 현황 등에 대해 발표해 주신 이영형 교수님, 정흥모 교수님, 김규호 박사님께도 감사드린다.

2016년 11월에는 고용복지법센터의 북한 해외노동자 연구가 한층 발전하는 전기를 마련했는데, “북한 해외노동자의 실태와 과제”

제하의 국제학술대회를 개최하여 본 주제에 집중한 대대적인 학술 교류로 학계와 언론으로부터 상당한 관심을 받기도 했다. 네덜란드 암스테르담 자유대학 Klara Boonstra 교수님, 일본 와세다대학교의 이애리아 교수님, 북한인권정보센터(NKDB)의 윤여상 소장님, 고용복지법센터 윤애림 박사님이 발표를 해 주셨고, 남종우 과장님(통일부), 박상신 박사님(한양대), 안동환 교수님(서울대학교 농경제학과), 이상신 박사님(통일연구원), 정영훈 박사님(현 국회미래연구원)께서 토론으로 지혜를 모아 주셨던 점에 감사드린다.

2017년부터는 북한 해외노동자 연구의 지경을 넓히기 위해 본격적으로 국제 교류를 수행했다. 먼저 EU 지역의 북한 해외노동자에 대해 "Slaves to the System"이라는 제목으로 연구과제를 진행하던 네덜란드 라이덴대학교(Leiden University) 한국학연구소의 초청으로 고용복지법센터 연구 내용에 대해 특강을 하며 렘코 브뢰커 교수님, 임꺼 판 할딩엔 변호사님의 연구 팀과 교류했다. 또한 일본 와세다대학교 한국학연구소에서 주최하신 국제학술대회에 참여하여 러시아의 북한 해외노동자를 중심으로 연구하신 이애리아 교수님, 이창호 교수님, 방일권 교수님과 박수성 선생님과도 교류하였다. 특히 이애리아 교수님의 연구 팀은 러시아 연해주, 사할린 등 지역의 북한 노동자에 대한 생생한 실태 조사와, 본서 제2장의 연구진께서 직접 촬영한 사진 등을 비롯한 귀중한 정보로 기여하여 주셨다. 2017년 여름에는 브뢰커 교수님을 중심으로 한 네덜란드 연구 팀 및 이애리아 교수님과 함께 본교에서 워크숍을 갖고, 각 팀의 연구를 공동의 단행본으로 기획하기에 이르렀다. 이 워크숍에는 김광철 교수님(동국대학교)께서 발표로 기여하여 주시고, 원재천 교수님(한동대학교)께서 토론자로 도움을 주셨다. 김광철 교수님께서는 이후 본서 제3장의 국문 번역을 꼼꼼히 감수해 주셨다. 2019년 1월에는 이스라엘 텔아비브대학교 법과대학의 Hila Shamir 교수가 이끄는 이주노동 연구 프로젝트 팀을 방문하여 북한 해외노동자에 대한 발표를 하고, 연구의 대상은 다르지만 이주노동이라는 보편적이자 공통된 관심사를 연구하는 이스라엘 법학자들의 관점에서 유용한 조언을 얻은 바 있다.

고용복지법센터의 북한 해외노동자 연구는 2015년부터 매년 11월 통일평화연구원의 통일기반구축 연합학술대회에서 지속적으로 발표되었으며, 2016년, 2017년, 2018년 발표 당시 정확하고도 적절한 토론으로 본 연구 내용에 도움을 주셨던 임예준(통일연구원), 이주영(서울대학교 인권센터), 신희석(연세대학교 법학연구소) 박사님들께도 감사드린다.

마지막으로 본 연구를 수행함에 있어, 본교 법학대학원에서 노동법을 전공하고 있는 학문 후속세대의 도움과 공이 컸기에 이들에게도 감사를 전한다. 김콘스탄틴(박사과정)과 현려화(박사과정, 중국변호사)는 북한 해외노동자와 관련된 러시아 및 중국의 법과 제도에 대한 리서치를 수행했다. 문준혁(박사과정)과 신가영(석사과정)은 본 연구와 관련된 제반 학술행사 및 행정 업무에 많은 수고를 해 주었으며, 특히 강민주 조교(박사과정)는 북한 연구에 대한 본인의 경험을 살려 연구 전반에 많은 도움을 주었고 뛰어난 외국어 실력으로 본서 제3장의 국문 번역을 담당했다. 또한 이 책이 나오기까지 내용에 대한 감수 및 꼼꼼한 편집과 교정으로 많은 노고를 해 주신 서울대학교출판문화원의 관계자 선생님들께도 이 자리를 빌려 감사드린다.

점이 모여 선이 되고, 선이 모여 면이 되듯이 많은 분들의 고민과 노력이 모이지 않았다면 이 책이 세상에 나올 수 없었을 것이다. 4년간의 여정에 함께해 주신 모든 분들에게 고개 숙여 깊은 감사의 마음을 드린다.

저자들을 대표하여

2019년 9월

이철수, 이다혜

차례

제1장

북한 해외노동자는 누구인가?

기초적 사실 및 연구의 필요성

이철수
(서울대학교 법학전문대학원 교수)

이다혜
(서울대학교 법학전문대학원 강사,
서울대학교 고용복지법센터 연구위원)

이 장의 내용은 『남북한 협력과 발전을 위한 기초연구 vol. 2』(정근식·최규빈[서울대학교 통일연구네트워크] 편저, 진인진, 2018)에 수록되었던 내용을 서울대학교 통일평화연구원의 동의를 얻고 수정, 발전시킨 것이다.

1
북한 해외노동자 연구의 배경, 대상 및 목적

지금까지 북한의 노동에 대한 연구는 주로 북한 내부의 노동에 관련된 연구, 북한이탈주민의 노동에 대한 연구, 통일을 전제한 남북한 법제 통합 연구, 개성공단 관련 연구 등이 주를 이루어 왔으며,[1] 북한 해외노동자에 대해서는 많은 선행연구가 이루어지지는 못하였다. 그러나 북한 해외노동자는 북한 체제와 자본주의 시장경제를 동시에 체험하고, 두 체제 사이를 이동했다는 독특한 경험을 보유한 사람들이기 때문에 향후 통일 대비 관점에서 심층 분석의 필요성이 큰 집단이다.

북한 해외노동자는 누구인가? 북한 해외노동자란 이들을 둘러싼 현상과 특성을 종합적으로 관찰할 때 공통적으로 드러나는 다음의 요소들을 갖춘 사람들로 볼 수 있다.

---

1 남북 법제통합 및 개성공단에 대한 필자의 주요 연구로는 다음과 같은 것이 있다. 이철수 외, 『남북한 통합을 위한 법제도 인프라 확충방안』, 경제·인문사회연구회 협동연구총서 05-08-04(서울: 통일연구원), 2005; "북한의 노동법", 『통일문제 연구』 제7권 2호(서울: 평화문제연구소), 1995; "북한노동법제의 주요 내용과 그 의미", 『산업관계연구』 제14권 제1호(서울: 한국노사관계학회), 2004; 『개성공업지구 노동안전보호법제 해설집』(서울: 통일부), 2009. 이외에도 선행연구로는 다음과 같은 것이 있다. 양문수 외, 『북한의 노동』(파주: 한울), 2007; 정영훈 외, 『통일초기단계의 북한지역 노동시장정책에 대한 헌법적 검토』(서울: 헌법재판연구원), 2017; 양문수, 『북한경제의 시장화』(파주: 한울), 2010; 김운규 외, 『개성공단: 남북경협과 평화의 보루』(서울: 한겨레출판), 2014; 윤인진, 『북한이탈주민과 남한주민의 상호인식』(서울: 북한이탈주민지원재단), 2010; 김병창, "북한이탈주민의 정신건강", 『정신건강정책포럼』 제4권 제1호, 2010; 장소영, "북한의 체제전환을 대비한 법제도정비지원에 관한 연구", 『통일과 법학』 제11호, 2012; 이효원, "정부의 통일법제 준비와 평가", 『법학논집』 제10권 제2호, 2006 등.

첫째, 북한 정부 차원에서 선발되어 조직적이고 체계적인 방식으로 파견되는 노동자로서, 둘째, 파견된 국가에 정주할 수 없고 대개 3~5년 사이의 정해진 기간이 만료되면 귀환해야 하며, 셋째, 파견된 국가별로 규모나 방식에 다소간 차이는 있지만 외국에서의 근로를 대가로 받은 임금의 일정 비율('상납금' 또는 '계획분')을 정부에 의무적으로 납부하는 방식으로 근무하는 자들이다. 이러한 파견은 북한 정부와 사용국 간 노동력 송출에 관해 체결한 협정에 근거하여 이루어지며, 파견되는 근로자들은 이탈하는 일이 없도록 근무 및 생활의 장소, 근로조건, 행동반경 등에 많은 제약을 받으며 열악한 환경에 놓여 있는 경우가 많다. 이들은 체제를 부정하고 이탈한 것이 아니며 원칙적으로 파견 기간 종료 후 북한으로 귀환한다는 점에서 여타의 탈북민과는 구분되며,[2] 한편으로는 외국으로 이주해 왔어도 그곳에서 정착하기를 자발적으로 선택할 수 없다는 점에서 일반적인 의미에서의 '이주노동자(migrant worker)'와도 다소의 차이가 있다. 한편 국제인권법에서 정의하는 '인신매매(human trafficking)' 또는 국제노동 기준에서 정의하는 '강제노동(forced labour)'의 피해자로 볼 수 있는지에 대해서는 찬반이 공존한다.[3]

북한 해외노동자 집단에 대해 최근 몇 년간 여러 조사 결과 및 관련 문헌들이 발간되고 있음에도 불구하고 이들을 일컫는 용어에 대한

2 「북한이탈주민의 보호 및 정착지원에 관한 법률」에 따르면, '북한이탈주민'이란 군사분계선 이북지역(이하 '북한'이라 한다.)에 주소, 직계가족, 배우자, 직장 등을 두고 있는 사람으로서 북한을 벗어난 후 외국 국적을 취득하지 아니한 사람을 말한다(제2조 제1항 참고).

3 북한 해외노동자가 강제노동의 피해자인지 여부에 대해서는 본서 제3장과 제4장에서 집중적으로 논의한다.

학술적 정의가 확립되었다고 보기는 어렵다. 문헌에 따라 '북한 노동자'라고만 하는 경우가 있고(이용희, 2016; 최영진, 2016), '북한 이주노동자'로 서술하는 경우(이수연, 2018), 이들의 열악한 처지를 강조하는 문서들에서는 '노예 노동자'로 표현하는 경우도 있는 등(이영형, 2016), 다양한 용어가 혼용되고 있는 상태다.

본서에서는 이들을 '북한 해외노동자'로 통일하여 일컫는 것이 다음과 같은 이유에서 가장 적합하다고 본다. 기본적으로 이들이 북한 영토를 떠나 외국에서 노동하고 있다는 점이 드러나야 한다는 점에서 '해외'라는 점을 명시하는 것이 바람직하며, 한편으로는 외국에 거주하며 노동하는 상태라 할지라도 북한 정권의 특수성에서 비롯되는 제약들로 인해 '이주'했다고 보기 어려우므로 보편적인 의미에서의 이주노동자로 칭하기는 시기상조인 면이 있다. UN의 각종 문서 등에서도 'DPRK workers overseas', 'DPRK workers abroad' 등으로 표기하고 있는 점 등을 종합할 때,[4] '북한 해외노동자'가 가장 적절한 용어로 보인다. 최근의 문헌들에서도 같은 용어를 사용한 경우가 다수 발견된다(최영윤, 2016; 이상신 외, 2017; 윤여상, 2017 등).[5] 정권으로부터 체계적으로 파견되었다는 점을 강조하기 위해서는 '해외파견 북한 노동자'라고 표기하는 것도 적합하다. 따라서 본서에서는 '북한 해외노동자'

---

4 "United Nations Security Council Resolution 2397", S/RES/2397 (22nd December 2017).

5 최영윤, "북한 해외 노동자 현황: 통계 데이터 중심으로", 『KDI 북한경제 리뷰』, 2017년 2월호; 이상신 외, "북한 해외노동자 실태연구: KINU정책연구시리즈", (서울: 통일연구원), 2017; 윤여상, "폴란드 북한 해외노동자 근로현황", 『북한해외파견노동자의 현황과 인권실태 및 개선책』, 와세다대학교 한국학연구소·서울대학교 고용복지법센터·북한인권정보센터·숭실평화통일연구원 국제학술대회(2017.9.26.).

또는 '해외파견 북한 노동자'라고 일컫도록 한다.

북한 해외노동자에 대한 기초적인 사실들을 파악하는 데에는 다층적인 어려움이 있다. 먼저 이들의 근무 환경이 고립되어 있어 직접 접촉이 어려우며, 대면이 가능한 경우에라도 신상 공개가 쉽지 않은 등 여러 제약 속에서 정보를 수집할 수밖에 없다. 북한 정부는 물론, 북한 해외노동자들을 사용하는 국가들에서도 공식적이고 직접적인 통계를 공개한 바가 거의 없다.

그럼에도 불구하고, 아직 양적으로 많은 것은 아니지만 최근 수년간 북한 해외노동자에 대한 각종 문헌들이 꾸준히 발간되고 있는 것은 반가운 일이다. 대표적으로 이애리아의 『연해주 지역 북한 노동자의 실태와 인권』(2015) 및 이애리아 · 이창호의 『러시아 사할린 지역의 북한 노동자』(2017)에서는 러시아 극동지역에 거주하는 북한 해외노동자들에 대한 면담조사를 통해 이들의 노동 현실과 삶의 여러 측면에 대한 생생한 연구를 수행한 바 있으며, 이영형도 "러시아 극동지역 내 북한 노동자 활동 현황: 아무르주를 중심으로"(2016)를 통해 러시아의 역사, 지리적 특성 및 산업구조의 관점 속에서 북한 해외노동자에 대한 연구들을 수행한 바 있다. 윤여상 · 이승주의 『북한 해외노동자 현황과 인권실태』(2015)와 윤여상의 『북한 밖의 북한: 폴란드, 몽골 북한 해외노동자의 삶과 인권 실태』(2016)에서는 북한 해외노동자들이 파견된 각국에서의 세계적인 현황을 종합적으로 망라하고 정책적 제언을 제시했다. 최근 이상신 등의 『북한 해외노동자 실태 연구』(2017, 통일연구원)에서는 러시아와 중동을 중심으로 이들의 노동을 살펴보며 특히 국제인권법의 관점에서 인권 침해 여부를 분석하기도 했다. 국외의 경우, 네덜란드 라이덴대학교 한국학연구소에서

"*Slaves to the System*"[6], "*People for Profit*"[7] 등 EU 지역에서 발견되는 북한 해외노동자에 대한 심층 보고서를 통해 국제사회에 북한 해외노동자에 대해 널리 알리는 계기를 마련하기도 했다. 그 외에도 최근에는 북한 해외노동자에 대한 연구논문들도 일부 찾아볼 수 있다.[8]

여러 어려움에도 불구하고 이렇듯 북한 해외노동자들에 대한 연구가 축적되고 있는 것은 매우 고무적인 일이지만, 선행연구들은 대개 특정 지역에서의 북한 해외노동자들의 실태조사에 집중되어 있거나, 특정한 관점으로 이들을 분석하고 있다는 공간적 · 방법론적 한계를 노정하고 있다. 북한 해외노동자에 대한 연구가 그 주제의 특수성에서 기인하는 많은 물리적 어려움을 갖고 있다는 점을 고려할 때, 이러한 제약은 지극히 자연스러운 것이다. 그럼에도 불구하고, 북한 해외노동자들에 대한 사실 파악이 어렵다는 점 때문에 이들에 대한 연구의 지평을 확장하고자 하는 노력을 포기해서는 안 될 것이다. 마치 퍼즐을 맞추듯이 선행연구들을 통해 밝혀진 사실들을 종합적으로 축적하고, 비교 · 대조하며 분석하고, 다양한 각도로 바라보면서 북한 해

---

6 Remco Breuker & Imke van Gardingen (eds.), *Slaves to the System: North Korean Forced Labour in the EU, the Polish case: How the Supply of a Captive DPRK workforce fits our demand for cheap labour*(Leiden: Leiden Asia Centre), 2016.

7 Remco Breuker & Imke van Gardingen (eds.), *People for Profit; North Korean Forced Labour on a Global Scale*(Leiden: Leiden Asia Centre), 2018.

8 이용희, "북한 노동자 외국 파견 정책의 추이와 전망", 『국제통상연구』 제21권 제4호, 2016; 이수연, Dean J. Ouellette, "중국의 취업허가제도와 노동법상의 북한이주노동자", 『사회법연구』 제35권, 2018; 이상신 외, 『북한 해외노동자 실태 연구 KINU 정책연구시리즈』, 2017; "중국의 취업허가제도와 노동법상의 북한 이주노동자", 『사회법연구』 제35권, 2018; 강경화, "북한 인력 해외송출의 특성과 한계에 관한 연구"(고려대학교 석사학위논문), 2015 등.

외노동자에 대해 더욱 정확한 사실에 다가갈 필요가 있다. 또한 나아가 장차 가까운 미래로 다가올지도 모르는 통일을 대비하는 관점에서 북한 해외노동자들을 둘러싼 여러 정황에 대해 가치판단을 내리고 법적, 정책적 대안을 제시하는 것은 더욱 중요하다. 북한 해외노동자 연구는 연구자들 간의 긴밀한 협력과, 그야말로 집단 지성이 필요한 주제라 하지 않을 수 없다.

이러한 맥락에서 집필된 본서는 북한 해외노동자에 대한 종합적이며 학제적인 접근을 시도한 노력의 결과물이다. 서울대학교 고용복지법센터는 2015년~2018년 사이에 수행된 '서울대학교 통일기반 구축사업' 연구의 일환으로 북한 해외노동자 문제에 대해 천착하였으며, 북한 해외노동자가 파견된 주요 국가의 전문가 자문 및 국제교류, 학제간 교류를 통해 수집된 정보와 이에 대한 분석을 활용하였다.

본서에서 다룬 연구의 지리적 범위는 북한 해외노동자가 파견된 국가들 중 비교적 많은 정보가 축적된 러시아와 EU 지역을 중심으로 하였다. 중국을 비롯한 기타 지역들에도 상당한 숫자의 북한 해외노동자가 파견되어 있는 것으로 알려져 있지만, 중국의 경우 정부 방침상 북한 해외노동자들에 대한 정보의 비밀주의 및 연구자 섭외의 어려움 등이 있어 학술적 서술을 강행하기보다는 추후의 과제로 남겨두기로 하였다.[9] 연구를 수행하는 관점에 있어서는, 가급적 다양한 전공 분야의 관점을 다각도로 반영하여 학제적 연구가 될 수 있도록 노력

9 서울대학교 고용복지법센터는 2015년 중국을 방문하여 동북 3성 지역에 파견되어 있는 북한 해외노동자들에 대해 연구하는 전문가를 만나 다수의 정보를 접할 수 있었지만, 해당 전문가가 익명을 요청하고 연구 성과물 공개에 대한 곤란함을 표명했기에 본서에는 간략한 내용만 소개하였고, 상세한 내용은 싣지 않았다.

하였다. 본서에서 특히 북한 해외노동자 실태조사에 대해 집필한 연구진들은 한국학, 인류학, 역사학, 북한학 등 다양한 배경의 전문성을 보유하고 있다. 또한 본서는 북한 해외노동자 현상에 대한 사실 파악에 그치지 않고, 이들에 대한 법제도적 시사점을 도출하기 위하여 국제인권법, 노동법 및 이주 이론의 관점에서 이를 분석하였다.

2
북한 해외노동자의 규모 및 파견 방식

북한 해외노동자는 세계적으로 얼마나 많이 파견되어 있는 것일까? 북한 해외노동자의 총 규모에 대해서는 북한 당국은 물론이며 이들을 사용하는 주요 국가들 또한 정보를 제공하지 않고 있어 정확한 수치를 알 수는 없으나 다만 실태조사, 현지 전문가들 및 관계자들의 발언을 종합하여 추정치를 내볼 수는 있다.

2014년까지의 자료들은 전 세계에 파견된 북한 해외노동자들의 수를 4~5만 명 내외로 추산한 바 있으나,[10] 최근 문헌들에서는 적어도 10만 명 이상이라는 연구결과가 다수 도출되고 있다. 서울대학교 고용복지법센터는 2015년부터 자체적으로 수행한 전문가 자문을 종합하여 총 인원이 10만 명 이상일 것으로 추정해 왔으며,[11] 통일연구원에서도 북한 해외노동자 총인원을 113,700~147,600여 명 정도로

10 2013년 외교부 국회 외교통일위원회 제출자료, "김정은 집권 1년 새, 北 외화벌이 노동자 1만 명 급증", 『조선일보』, 2013.7.9. A6면에서 재인용.

추정한 바 있다.[12]

현재까지 북한 해외노동자를 사용하고 있는 것으로 알려진 국가는 러시아, 중국, 몽골, 쿠웨이트, 아랍에미리트, 카타르, 앙골라, 말레이시아, 오만, 리비아, 나이지리아, 알제리, 적도기니, 에티오피아, 폴란드 등으로 알려져 있으며, 오스트리아, 독일 등 유럽연합(EU) 회원 국가들에서도 북한 해외노동자의 존재가 파악되고 있다.[13] 이들이 벌어들이는 소위 '외화벌이' 수입은 UN 보고서에 의하면 12~23억 달러로 추산되는데,[14] 일각에서는 이 수치가 과장되었다고 지적하며 연간 수억 달러 정도로 보기도 한다.[15]

다만 2017년 러시아, 몽골, 폴란드 등을 조사한 연구자들로부터 공통적으로, 최근에는 북한 해외노동자의 수가 다소 감소 추세임을

---

11 서울대학교 고용복지법센터 전문가 면담을 통해 2015년 당시 중국에만 6만 명가량 있다는 정보를 입수했으며, 러시아에 4~5만 명을 포함하여 기타 지역에 분산되어 파견된 북한 해외노동자들의 알려진 숫자들을 모두 더해 보면 10만 명 이상으로 추정된 바 있다. 이철수·이다혜, "통일 대비 북한 해외노동자의 실태와 법적 과제", 서울대학교 통일기반구축사업 연합학술대회(2018.11.28.).

12 이상신 외, 『북한 해외노동자 실태연구』(서울: 통일연구원), 2017.

13 윤여상, "폴란드 북한 해외노동자 근로현황", 『북한 해외파견노동자의 현황과 인권실태 및 개선책』, 와세다대학교 한국학연구소·서울대학교 고용복지법센터·북한인권정보센터·숭실평화통일연구원 국제학술대회(2017.9.26.); Breuker et al., "North Korean forced labour in the EU."

14 신창훈, 고명현, *Beyond the UN COI REPORT on Human Rights in DPRK*(서울: 아산정책연구소), 2014, pp. 21-30.

15 김석진, 『북한 외화벌이 추세와 전망』, KINU 통일나침반 15-04(서울: KINU), 2015, p. 39; Remco Breuker & Imke van Gardingen (eds.), *Slaves to the System: North Korean Forced Labour in the EU, the Polish case: How the Supply of a Captive DPRK workforce fits our demand for cheap labour*(Leiden: Leiden Asia Centre), 2016, p. 16; 송봉선, "외화벌이로 연명하는 김정은", 『월간북한』 8월호(서울: 북한연구소), 2012, p. 134.

확인하였다.[16] 그 원인을 대북제재의 효과로 보는 견해도 있지만, 더 근본적인 원인은 글로벌 경제의 저성장과도 연관이 있을 것이다. 각국이 외국인 노동자를 귀환시키는 조치를 취하는 것은 북한 해외노동자의 특수한 문제라기보다는 외국 인력을 사용하고 있는 모든 국가 및 기업들의 공통점이다. 2008년 글로벌 금융위기 이후 이주노동자에 대한 규제 강화, 즉 송출 인력의 쿼터 축소, 기존에 체류하던 외국인 귀환조치 등은 대부분 국가들에서 나타나는 비슷한 현상으로, 이주노동 전반의 보편적 현상으로 볼 수도 있다.

북한 해외노동자의 파견방식은 국가별로 약간씩 차이가 있지만, 기본적으로는 북한 정부에 의해 주도되는 인력중개 및 파견의 형식으로 비슷한 구조를 취하고 있다. 그 자세한 내용을 살펴보면, ①먼저 북한 노동자를 사용하고자 하는 사용국과 북한정부 간에 MOU 등의 방식으로 협정이 체결되고, ②사용국에서 필요로 하는 인원을 요청하거나 북한 측의 노동자 관리회사(송출담당기관)[17]의 현지 영업을 통해

---

16 김인성, "몽골 북한 해외노동자 근로현황"; 윤여상, "폴란드 북한해외노동자 근로현황"; 이애리아, "러시아 파견 북한 노동자 실태: 모스크바, 상트페테르부르크 지역을 중심으로", 『북한 해외파견노동자의 현황과 인권실태 및 개선책』, 와세다대학교 한국학연구소·서울대학교 고용복지법센터·북한인권정보센터·숭실평화통일연구원 국제학술대회(2017.9.26.) 등을 참고.

17 이들 회사는 북한 당국에 의해 설립된 일종의 외국인 투자회사로서 소위 '무역회사'로 명명되며, 러시아나 폴란드의 경우 '조선아연 총회사', '조선해외건설 총회사', '조선석유 총회사' 등 업종별로 전문화된 형태를 보인다. 이와 관련하여 이애리아·이창호, 『연해주 지역 북한 노동자의 실태와 인권』(서울: 통일연구원), 2015, p. 30; 현려화, "중국의 이주노동자에 대한 법적 규율과 연변지역 북한 노동력 실태 보고", 『체제전환국의 노동, 사회보장 제도변화와 통일대비 접경지역 북한노동력 실태조사 및 활용방안 모색』, 서울대 고용복지법센터 통일연구 워크숍(2015.11.17.); Breuker et al., "North Korean forced labour in the EU." pp. 25-28, 30을 참고.

파견규모가 정해지면, ③북측 송출담당기관(무역회사)에서 대상자를 선발하고, ④현지 사용회사와 북측 송출담당기관 간 계약이 체결되면, 이를 근거로 북한 노동자들에게 비자 및 취업 허가 서류를 발급한 뒤 선발된 북한 해외노동자들이 집단으로 해당 국가로 이동하는 방식이다.[18]

북한 내에서의 선발 과정은 지원자의 서류 검토, 신체검사 등 절차를 통해 이루어지는데, 주로 평양 시민을 선호하며 출신성분이 좋고 당에 대한 충성도가 높은 사람을 선호한다고 한다. 해외 파견에 선발되기 위한 경쟁이 치열하여 뇌물을 주거나, 서류를 위조하거나, 브로커가 개입하는 등의 현상이 발견되기도 한다.[19] 선발된 노동자들은 주변의 경험자 등을 통해 얻은 정보로 해외에 근무하면 많은 수입을 올릴 수 있을 것으로 기대하나, 현지에서의 실제 근로조건에 대해서는 정확히 듣지 못하고 출국하는 것으로 알려져 있다.[20] 또한 체류 중 이탈하는 것을 막기 위해 남성의 경우에는 배우자나 자녀를 두고 있는 기혼자, 여성의 경우 혼인을 위하여 귀국하여야 하는 젊은 미혼 여성을 위주로 선별한다.[21]

국가 간 협정을 체결한 뒤 이를 근거로 인원수를 할당하여 모집

---

18 Remco Breuker & Imke van Gardingen (eds.), *Slaves to the System: North Korean Forced Labour in the EU, the Polish case: How the Supply of a Captive DPRK workforce fits our demand for cheap labour*(Leiden: Leiden Asia Centre), 2016 등을 참고.

19 Breuker et al., "North Korean forced labour in the EU", 2016. p. 56; 이애리아 외, 『러시아 사할린 지역의 북한 노동자』(서울: 통일연구원), 2017, p. 31.

20 Breuker et al., p. 57.

21 Breuker et al., p. 57; 현려화, "중국의 이주노동자에 대한 법적 규율과 연변지역 북한 노동력 실태 보고", p. 117.

된 근로자들에게 단기 체류비자를 발급하는 이러한 파견 방식은 북한 뿐 아닌 다수의 국가에서 채택하는 외국인 근로자 고용의 절차이다. 예컨대 우리나라의 외국인력 활용을 위한 고용 허가제도 큰 틀에서는 유사한 절차로 외국인력을 도입하고 있는데,[22] 한국에 오는 외국인 근로자들도 선발되기 위한 경쟁과 불법적 브로커 활용, 체결했던 근로계약과 실제 근로조건의 차이 등의 문제를 겪는다.[23]

요약하자면, 북한 해외노동자들의 파견 방식은 타 국가들도 활용하고 있는 보편적인 형태의 외국인 송출 방식과 유사한 요소, 그리고 북한 체제의 특수성에서 기인하는 요소들이 혼합되어 있는 것으로 판단된다.

3 주요 파견 국가 개관: 파견 배경과 업종

1) 러시아

러시아의 경우, 북한 해외노동자들은 주로 극동지역에 집중된 것으로 알려져 있다. 이는 극동지역이 북한과 접경지역이라는 점, 인구가 적어 노동력은 부족한데 건축 등의 개발 수요가 크다는 점에 기인한 것이다.[24] 러시아 연방 부서인 극동 개발부는 계속적으로 개발 사업을

22 「외국인 근로자의 고용 등에 관한 법률」 제6조, 제7조, 제8조.

23 이다혜, "시민권과 이주노동: 이주노동자 보호를 위한 '노동시민권'의 모색"(서울대학교 박사학위논문, 2015)의 논의 참고.

24 이애리아·이창호, 『연해주 지역 북한 해외노동자의 실태와 인권』(서울: 통일연구원),

추진하고 있으며, 외국 기업의 투자 및 북한 해외노동자 유입에 적극적 의사를 보이고 있다.[25]

러시아와 북한은 일찍부터 노동력 송출을 위한 제도적 기반을 마련해 온 바 있다. 북한은 20세기 중반부터 러시아에 시베리아 벌목공 등으로 자국 노동자들을 파견해 왔으며, 정치 · 외교적 상황에 따른 부침이 있었으나 2007년 8월「러시아연방 정부 및 조선민주주의인민공화국 정부 간 양국 주민의 상대방 영토에서의 임시 노동 활동에 관한 협정」(약칭 '러북협정')[26]을 체결한 이후 지속적으로 연간 쿼터를 정해 북한 해외노동자를 송출하고 있다.[27] 러시아 극동지역 북한 해외노동자의 주요 종사 업종은 초기에는 시베리아를 중심으로 벌목 · 건설 · 농업 · 어업 등이었으나, 개발 사업 추진으로 건설업 수요 및 이에 종사하는 북한 해외노동자가 증가하게 되었다.[28] 건설업은 건별 계약으로 거래가 이루어지는 업종의 특성상 본인의 능력에 따라 더 많은 소득을 올릴 여지가 있으므로, 북한 해외노동자들 스스로 이를 선호하는 경향이 있다고 한다.[29]

2015, pp. 28, 33. 러시아 실태의 경우, 최근의 상세한 현황 및 분석은 본서 제2장(이애리아 외)의 내용 참고.

25 이영형, "러시아 극동지역 내 북한 해외노동자 활동 현황: 아무르주를 중심으로", p. 127.

26 김봉률, "러시아의 이주노동자와 외국인투자에 대한 법적 규율",『체제전환국의 노동, 사회보장 제도변화와 통일대비 접경지역 북한노동력 실태조사 및 활용방안 모색』, 2016 서울대 통일기반구축 연합학술대회(2016.11.29.) 〈부록〉 참고.

27 이애리아 · 이창호, "러시아 연해주 · 사할린 지역의 북한 노동자 실태: 연해주 북한 노동자의 삶과 공간",『북한 해외노동자의 실태와 과제』, 서울대학교 고용복지법센터 추계 국제학술대회, 2016. 11. 4., p. 25.

28 이애리아 · 이창호(2015), 앞의 글, p. 28.

29 이애리아 · 이창호(2015), 앞의 글, p. 40.

2) 중국[30]

중국은 자국의 많은 인구로 인해 종래 노동력의 수요보다는 공급이 우세하였으나, 최근 경제적으로 저성장 기조에 진입함에 따라 일부 지역에서 노동력 부족 현상이 일어나기 시작하여 북한 해외노동자를 적극적으로 도입하고 있다.[31]

중국 내 북한 해외노동자의 규모 파악은 어려움이 많다.[32] 중국 내 전체 외국인에 대한 정확한 통계는 존재하지 않으나, 2014년 기준 통계에 의하면 북한 국적자가 연간 약 18만 명이 입국했고, 이 중 노동을 목적으로 한 입국자는 약 9만 명이었다.[33] 서울대학교 고용복지법센터에서 2015년도에 수행한 익명의 전문가 인터뷰에 따르면, 길림성과 북한정부는 두만강 경제특구에서 일할 북한 해외노동자를 3만 명가량 공급한다는 내용의 협약을 체결한 바 있고, 북한 해외노동자들은 특히 동북 3성 지역에 많이 밀집되어 있으며, 중국 전체로는 약 6만 명가량의 북한 해외노동자가 있는 것으로 파악되었다. 이러한 내용을 종합하면, 중국에도 6만 명 이상의 북한 해외노동자가 존재한다

---

30 중국에 관련된 내용은 2015년에 서울대학교 고용복지법센터에서 자체적으로 수행한 전문가 인터뷰에 기반한 것이며, 해당 전문가의 요청에 따라 익명을 유지하였으며, 면담의 모든 내용이 아닌 일부를 요약하여 수록한 것임.

31 현려화(2015.11.17.), 앞의 글, p. 101.

32 그 이유로는 중국 전체의 방대한 인구 때문에 외국인은 물론 자국인의 인구 조사조차 수월하지 않다는 점, 그리고 저렴한 비용으로 북한 해외노동자를 계속 활용하고자 하는 중국 지방정부들의 의지로 인하여 중국 내 북한 해외노동자들에 대한 정보공개를 차단한다는 점 등이 언급된다. 현려화, 앞의 글.

33 2015 중국국가여유국통계, 〈http://www.cnta.gov.cn/zwgk/lysj/201506/t20150610_18859.shtml〉(검색일: 2017.12.21.); 현려화(2015.11.17.), 앞의 글에서 재인용.

고 볼 수 있을 것이다.[34]

중국에 파견된 해외 북한 노동자의 주요 종사 업종으로는 서비스 및 예술 공연을 주로 하는 북한 식당 여종업원들이 잘 알려져 있으나, 최근에는 다양한 분야의 기술직 근로자들도 다수 파견되고 있다. 위 2015년도 전문가 인터뷰에 의하면, 수 년 전부터 연변을 시작으로 제조업과 IT업종 등에도 북한 해외노동자가 적극적으로 유입되었다고 한다. 특히 2013년 말부터는 중국 중앙정부 차원에서 '기능인재(技能人才)'라는 용어를 사용하기 시작했다. 이는 북한 해외노동자의 성실성 및 기술력의 우수함을 인정한 것이며, 북한 해외노동자 도입을 정책적으로 적극 추진하기 위한 의도라고 한다.[35] 중국의 북한 해외노동자들의 주요 종사 업종은 IT산업, 제조·가공업(의류, 식품제조 등) 등으로, 이들을 고용한 기업 중에는 다국적기업도 있다. 중국에 파견되는 북한 해외노동자들의 압도적 다수는 경공업에 종사하는 미혼의 20대 초반 여성 근로자이다. 이들은 결혼을 위해 본국으로 귀환해야 하는 사회적 압력을 받는다. 남성 근로자의 경우 결혼하여 부양가족이 있는 30대의 남성이 대부분으로, 이들은 주로 프로그래밍 개발 등 IT업종에 종사한다.[36] 최근의 연구에 의하면, 좀 더 전문적인 기술을 보유한 의사, 태권도 사범 등의 인력이 중국에 파견되는 경우도 있다고 한다.[37]

---

34 서울대 고용복지법센터, "연변지역 북한 노동력 실태에 관한 전문가 인터뷰"(2015. 11.); 현려화(2015.11.17.), 앞의 글에서 재인용.

35 앞의 글.

36 현려화(2015.11.17.), 앞의 글, p. 114.

37 이수연, Dean J. Ouellette, "중국의 취업허가제도와 노동법상의 북한 이주노동자", 『사회법 연구』 제35권, 2018.

3) 유럽

유럽에서는 취업허가증 발급 건수를 기준으로 각국의 북한 해외노동자 고용 현황이 조사된 바 있는데, 독일, 아일랜드, 에스토니아, 크로아티아, 라트비아, 리투아니아, 오스트리아, 폴란드 등지에서 북한 해외노동자의 존재가 확인된 바 있다.[38] 폴란드의 경우 2008~2015년 사이 북한 출신자에게 도합 2,783건의 취업허가증을 발행한 공식 통계가 있다.[39] 다만 2014년 폴란드 조선소의 화재로 인한 북한 해외노동자 사망 사고가 보도되고[40] 이에 따라 국제사회로부터 북한 해외노동자의 사용과 근로 감독 미비에 대한 비판적 여론이 있은 뒤, 폴란드 정부가 2016년 초부터 더 이상 북한 해외노동자에게 취업허가증을 발급하지 않겠다는 공식 입장을 표명한 바 있다. 그러나 2017년도 기준으로도 폴란드에 여전히 800여 명의 북한 해외노동자가 있으며, 주로 조선소에서 선박 제조 업무에 종사하는 것으로 파악되었다.[41]

---

38 Remco Breuker & Imke van Gardingen (eds.), *Slaves to the System: North Korean Forced Labour in the EU, the Polish case: How the Supply of a Captive DPRK workforce fits our demand for cheap labour*(Leiden: Leiden Asia Centre), 2016, p. 24.

39 '08년 90건, '09년 104건, '10년 518건, '11년 362건, '12년 501건, '13년 365건, '14년 377건, '15년 466건. The Employment of Foreigners in Poland Statistical Data 2008-2014, The Ministry of Labour, Family, and Social Policy, 〈http://psz.praca.gov.pl/rynek-pracy/ statystyki-i-analizy/zatrudnianie-cudzoziemcow-w-polsce〉 Breuker et al.(2016), p. 25에서 재인용.

40 Remco Breuker & Imke van Gardingen (eds.), *Slaves to the System: North Korean Forced Labour in the EU, the Polish case: How the Supply of a Captive DPRK workforce fits our demand for cheap labour*(Leiden: Leiden Asia Centre), 2016, p. 101. 폴란드 실태의 경우 상세한 내용은 본서 제3장(Breuker 외)의 내용 참고.

41 윤여상(2017.9.26.), 앞의 글, p. 8.

4) 몽골

몽골의 경우, 2000년대 초반부터 주로 경공업, 건설, 도로공사 등의 분야를 중심으로 수백 명 규모의 북한 해외노동자가 파견되었다가, 2008년 7월에 체결된 몽골-북한 정부 간 노동력 교환협정을 통해 그 숫자가 증가하였다고 한다. 일본의 언론 보도에 따르면, 2015년에는 2천여 명의 북한 해외노동자들이 몽골에 파견되었다는 정보가 있었다.[42] 그러나 최근에는 경기불황으로 건설이 중단되어 파견되었던 북한 해외노동자들이 본국으로 귀환했고, 남아 있는 경우에도 임금체불 등의 어려움을 겪고 있는 것으로 파악된다. 따라서 몽골에서 전반적인 북한 해외노동자 숫자는 감소 추세에 있는 것으로 보이는데,[43] 북한인권정보센터(NKDB)의 조사에 의하면 현재 몽골의 북한 해외노동자 숫자는 1천 명 안팎으로 감소한 것으로 보이며, 임금 체불 및 중간관리자들의 착취 문제가 있다고 한다.[44]

5) 아프리카

한편 우간다, 나미비아 등 아프리카 일부 국가에 파견된 북한 해외노동자에 대한 조사 결과도 발표된 바 있는데,[45] 이들은 종사 업종과 생

---

42 김인성, "몽골 북한 해외노동자 근로현황", 『북한 해외 파견노동자의 현황과 인권실태 및 개선책』, 와세다대학교 한국학연구소 · 서울대학교 고용복지법센터 · 북한인권정보센터 · 숭실평화통일연구원 국제학술대회(2017.9.26.), p. 1.

43 앞의 글, 같은 면.

44 김인성, 앞의 글, p. 7.

45 미야모토 사토루, "아프리카의 북한 파견노동자 현황 및 인권실태", 『북한해외파견노동자의 현황과 인권실태 및 개선책』, 와세다대학교 한국학연구소 · 서울대학교 고용복지법센터 · 북한인권정보센터 · 숭실평화통일연구원 국제학술대회(2017.9.26.).

활수준에 있어 러시아, 중국, 몽골 등 접경지역 국가들과는 다소 차이를 보인다. 아프리카 국가들 중 독재정권 국가에 파견되는 북한 해외노동자들은 국가 지도자의 동상이나 기념물을 제작하기 위한 목적으로 파견된다. 우간다의 경우 대부분이 이러한 예술 관련 (전문) 기술노동자이며, 사용자가 숙식을 제공하고, 달러로 급여를 받으며, 해당 근로자의 북한 내 가족들에게도 식량과 배급품을 제공한다고 조사된 바 있다.[46] 아프리카의 경우 국민 전반의 경제수준 및 생활여건이 열악한 편이므로 상대적으로 이곳의 북한 해외노동자들은 아프리카 내국인에 비해 더 좋은 숙소에 거주하는 등, 현지인들에 비해 안정적인 처우를 받는다고 평가되기도 한다.[47]

4
북한 해외노동자의 현실: 근로조건 및 환경

1) 임금 수준 및 지급 방식

북한 해외노동자들은 연구대상 국가들에서 공통적으로 해당국 최저임금 수준 또는 동종업무의 평균 정도의 임금을 받으나, 대개 북한 당국이 70% 이상을 상납금으로 취하므로 실수령액은 이보다 훨씬 적다.

러시아의 경우 상납금의 수준은 진출 지역 및 업종 등에 따라 차

46 앞의 글.

47 앞의 글; 미야모토 사토루, 토론발언, 『북한 해외파견노동자의 현황과 인권실태 및 개선책』, 와세다대학교 한국학연구소 · 서울대학교 고용복지법센터 · 북한인권정보센터 · 숭실평화통일연구원 국제학술대회(2017.9.26.).

이를 보이지만, 극동 연방 지구 전체 평균은 400~600달러가량이다. 건축 기술자들은 상대적으로 높은 700~800달러 수준의 임금을 받지만, 나머지 다수의 노동자들은 상납금을 채우기 위해 상당한 추가노동을 한다.[48] 개별적으로 일감을 확보하여 추가수익을 확보하기가 비교적 용이한 건축업의 경우, 상납금을 제하고 개인이 남기는 수입이 연간 500~3,000달러 사이로 개인별 편차가 크다고 한다. 극소수의 관리직은 상당한 고소득을 올린다는 사례도 보고되었다.[49]

중국의 경우 지역별로 최저임금이 각기 다른데, 북한 해외노동자들도 계약상으로는 이에 상응하는 임금을 받게 된다. 연변에서 근무하는 북한 해외노동자의 임금 수준은 2015년 기준으로 대략 2,000위안 정도이다.[50] 여기에서 30% 정도만 개별 북한 해외노동자에게 할당되고, 나머지는 북한의 파견기업과 북한 정부에게로 돌아간다. 중국에서 파악된 임금 관련 특이사항은 성별이나 직종별 금액 차이 없이, 모든 북한 해외노동자가 같은 수준의 임금을 받고 있다는 점이다. 중국 기업과 북한 파견기업에서 근로계약을 체결할 시 모든 노동자에게 통일된 임금 수준을 적용하도록 체결하는 것으로 추정된다.[51]

폴란드의 경우, 건축회사에서 일하던 북한 해외노동자들의 파악된 임금은 2016년 기준 시간당 28즐로티(약 6유로)였으며, 농장에서 근무하던 여성 북한 해외노동자들이 월 375유로 미만의 임금을 받은

---

48 이애리아 외, 『러시아 사할린 지역의 북한 노동자』(서울: 통일연구원), 2017, p. 43.

49 이애리아 · 이창호(2015), 앞의 글, p. 33.

50 이는 최저임금인 RMB 1,220위안을 상회하므로 대부분의 북한 해외노동자가 공장 생산직에 종사하는 것에 비추어 볼 때, 중국 기업에서 북한 해외노동자에게 지불하는 임금 수준이 낮지 않은 것으로 보인다. 현려화(2015.11.17), 앞의 글, p. 118.

51 현려화, 앞의 글, 같은 면.

것이 확인되었다.[52]

2) 근로시간

북한 해외노동자들의 근로시간에 관하여, 연구대상 국가 모두에서 노동관계법령의 법정 근로시간을 초과한 장시간 노동이 보고되었으나 그에 따른 초과근로수당 등을 받지는 못하는 것으로 드러났다.

러시아의 경우 업무의 특성상 근로시간 산정이 어려운 벌목업, 농림수산업에서의 장시간 노동은 물론이지만, 건설업의 경우에도 대개 특정 프로젝트의 완수를 목표로 하고 건수에 비례하여 소득을 올릴 수 있으므로 장시간 노동이 고착화되는 경향이 있다. 중국의 북한 해외노동자들의 경우 주로 제조업에 종사하며, 비교적 폐쇄적이고 단일한 공장에서 대규모로 동일한 작업을 하므로 러시아의 경우처럼 자발적 구직 및 업무로 인한 장시간 노동의 여지는 없는 것으로 보인다. 그러나 특기할 만한 점은, 이들의 근로계약서에 근로시간이 주 6일 근무로 기재되어 있어 주 5일제인 중국 노동법이 준수되지 않는 사례가 발견된 것이다. 이렇듯 법정 근로시간을 초과한 토요일 근무에 대해 초과근로수당을 따로 지급하지는 않는다고 한다.[53]

3) 산업안전, 근로감독, 주거 환경 등

북한 해외노동자들의 근로 환경은 아프리카의 예술 관련 기술자 등

---

52 Breuker et al., "North Korean forced labour in the EU, the Polish case: How the supply of a captive DPRK workforce fits our demand for cheap labour", p. 35.

53 현려화(2015.11.17), 앞의 글, p. 119.

지극히 예외적인 경우를 제외하고는 대부분 해당국의 동종 업무에 종사하는 내국인 근로자의 처우보다 열악할 뿐 아니라 주거, 의식주, 산업안전 등에 있어 절대적으로 취약한 상황에 놓여 있는 것으로 파악된다. 그 원인은 복합적으로 파악될 수 있는데, 첫째로는 주로 내국인이 기피하는 3D업종에 종사한다는 직종에 따른 원인이 있고, 둘째로는 사업장 이탈을 막기 위한 철저한 감시와 통제 때문에 형성되는 여러 제약으로 인해 양질의 노동(decent work)을 향유하지 못하게 되는 것으로 보인다. 전자는 이주노동 전반의 보편적 측면이며, 후자는 북한 해외노동자에게 해당되는 특수한 측면이라 해석할 수 있겠다.

폴란드의 조선소에서 일하다가 화재로 사망한 북한 해외노동자 사례를 살펴보면, 원래 조립 부서에 있던 근로자가 용접 부서로 배치된 후 제대로 된 안전교육을 받지 못했음은 물론 언어 문제로 작업지시 내용에 대해 소통할 수 없었고, 해당 작업장에는 용접공에게 필요한 안전장치가 구비되어 있지 않았다.[54] 몽골의 경우에도 작업복 및 안전모 등이 꼭 필요한 건설현장에서도 이를 착용하지 않는 사례가 보고되었으며, 북한 해외노동자를 고용하는 몽골 회사측 관리자도 현장을 간헐적으로만 방문하고 있다고 한다. 또한 건설현장이나 광산에서 산업재해를 입은 근로자들이 적절한 치료나 보상 없이 본국으로 돌아가는 경우에 대한 증언이 있다.[55] 사용자의 산업안전 보호의무 및 국가의 근로감독이 제대로 이루어지지 않는 것으로 보인다. [55]

---

54 Breuker et al., "North Korean forced labour in the EU, the Polish case: How the supply of a captive DPRK workforce fits our demand for cheap labour", p. 69.

55 김인성, "몽골 북한 해외노동자 근로현황", 『북한 해외파견노동자의 현황과 인권실태 및 개선책』, 와세다대학교 한국학연구소·서울대학교 고용복지법센터·북한인권정보

한편 러시아의 경우 타 국가들에 비해서는 상대적으로 이동이 자유로운 편이지만 북한 해외노동자들이 시간을 아끼며 많은 일을 하기 위해 건설현장에서 숙식을 해결하는 등 열악한 환경으로 인해 건강이 나쁜 경우가 많은 것으로 보고되었다.[56] 중국의 경우 사업장 환경을 북한 내부에서의 환경과 최대한 동일하게 조성·통제하며, 출퇴근시에도 집단으로 이동하여 개인별 자유로운 이동이 불가능하도록 하며, 지극히 제한된 구역에서만 생활하는 것으로 알려져 있다.[57]

종합하면, 북한 해외노동자는 대개 열악한 근로조건에 시달리고, 대부분의 경우 임금을 직접 또는 충분히 지급받지 못하고 있어 전반적으로 불안정 노동(precarious work)의 상태에 놓여 있는 것으로 보인다.[58] 그럼에도 불구하고 이러한 상황 속에서 주목할 만한 현상은, 이들이 북한 체제하에서 일반적으로 기대되는 행동 양식을 점차 벗어나 나름의 시장 자본주의적 생활방식을 구축해 가고 있다는 점이다. 이러한 측면에 대해서는 본서 제2장에 잘 서술되어 있는데, 제2장에서는 러시아의 북한 해외노동자들이 제한적으로나마 자발적 수익 활동에 종사하고, 외부인과 접촉을 시도하며, 드물기는 하지만 사업장을 이탈하여 파견국 또는 제3국에 정착하여 다른 삶을 모색하는 경우 등에 대해 밝히고 있다. 또한 제4장에서 밝히듯이, 북한 해외노동자들이

센터·숭실평화통일연구원 국제학술대회(2017.9.26.), p. 1.

56 이애리아 외, 『러시아 사할린 지역의 북한 노동자』(서울: 통일연구원), 2017, p. 142.

57 현려화(2015.11.17.), 앞의 글, p. 119.

58 불안정 노동(precarious work)은 적절한 고용 및 근로환경의 보장에서 배제된 전반적인 노동조건의 불안정 상태, 즉 일자리의 질이 낮은 상태를 의미한다. 서정희, "비정규직의 불안정 노동: 비정규 고용형태별 노동법과 사회보장법에서의 배제", 『노동정책연구』 제15권 제1호, 2015의 논의 참고.

제한적이나마 지나치게 열악한 근로조건에 항의하는 등 권리 의식이 형성되고 있는 모습도 발견할 수 있다.

5
본서의 주요 내용[59]

이하에서는 본서 각 장의 주요 내용을 소개한다. 먼저 제2장(이애리아 외, "러시아 연해주 및 사할린 지역의 북한 노동자")은 연구진들이 2014~2016년 사이에 러시아 연해주 및 사할린의 북한 해외노동자에 대해 조사한 연구결과에 기반한 것이다. 북한 해외노동자의 선발부터 귀국까지의 과정과 러시아의 관련 정책, 파견된 노동자들의 내부 조직, 작업 실태와 생활 실태 전반에 대한 상세한 내용이 담겨 있으며, 북한 해외노동자들의 사회적 연결망 및 인식의 변화도 추적하고 있다.

연해주는 개발 정책을 추진하며 이민자들이 유입되기 시작했으며, 현재 동북아 경제 및 개발 정책으로 인해 새로운 이주노동자를 필요로 한다. 저자들은 북한의 해외 노동자들이 이러한 러시아의 필요에 부합하는 동시에 북한의 외교와 경제발전에도 도움을 주는 것으로 분석하고 있다. 사할린의 경우, 개발인력이 부족한 극동지역 중에서도 지정학적, 민족적 특성들이 교차되는 경계적(境界的) 공간으로 일제가 다수의 한인 노동력을 강제 동원하기 이전부터 한인들이 일자리를 목적으로 이주했던 지역이다.

59 이하 각 장의 주요 내용은 해당 장의 연구자들이 직접 요약한 것에 기반하였다.

또한 1946년에 연해주 일대로 최초 파견된 북한의 노무자 중 일부가 사할린에 도착하여 어업 분야에 종사함으로써 북한의 파견 노동자 역사를 연 현장이기도 하였다. 그들은 단기 파견 노무자들이었으나 소련이 1950년대 들어 노동력 활용을 중시하기 시작해 현지 선주민인 무국적자와 외국인인 '북한 노무자'를 구별하지 않는 정책을 채택하게 됨으로써 어업 이외의 다양한 직종으로 나아갈 수 있었고, 장기 체류도 하게 되어 점차 숙련 노동자로서 선주민보다 유리한 정치·경제적 혜택을 누릴 수 있게 된다. 사할린은 개인 자율성이 비교적 더 많이 보장되는 '청부' 형태의 노동이 가능하여 북한 해외노동자들이 파견되기를 희망하는 지역이다.

오늘날 연해주 및 사할린에는 역사적 영향이 남아 있다. 특히 사할린의 북한 노동자들은 러시아의 외국인 노동자 쿼터제를 통해 유입되더라도 러시아의 타 지역과 달리 '집체노동'보다 청부 노동에 종사하는 경우가 많다. 청부가 많다는 것은 북한 해외노동자의 입장에서는 비교적 자유롭게 일하고 생활할 수 있다는 것을 뜻한다. 그들은 이를 통해 점차 자본주의 방식을 습득하고 내면화하는 것으로 평가된다. 최근 UN 대북제재에 러시아가 동참하고 있고 북한 해외노동자에 관한 규제가 대폭 강화되고 있다. 그러나 러시아 극동의 노동력 수요는 지역 발전에 필수적이므로, 외국인 노동자가 필요하다는 사실이 변하지는 않을 것으로 전망된다. 연구진들은 북한 해외노동자를 이해함에 있어 정치적 요소보다는 러시아 각 지역의 경제적인 상황과 맥락의 파악이 더욱 필수적이며, 파견 노동을 무조건적으로 비판하기보다 북한 사회에 변화를 촉발할 수 있는 '사회적 송금(social remittances)' 등의 개념으로 접근하는 새로운 시각과 분석틀이 개발될 필요가 있다고 본다.

제3장(Breuker & Gardingen, "EU의 북한 해외노동자: 법의 준수와 집행의 중요성")의 연구진들은 유럽연합 내의 북한 해외노동자에 대해 폴란드 사례를 중심으로 이들의 법적 지위, EU의 관련 법제도, 사용국에서의 근로감독 메커니즘 등에 대하여 주로 인권 보장의 관점에서 논한다.

유럽연합에는 러시아나 중국 등에 비해서는 비교적 적은 숫자의 북한 해외노동자가 파견되어 있다. 그런데 북한 해외노동자가 파견되는 다른 국가들은 통상 이행경제기에 놓여 있으며 근로자들의 법적 권리가 제대로 보장되지 않는 지역임에 비해, 유럽 국가들은 이주노동자의 권리가 법적으로 확립되어 있음에도 불구하고 이곳의 북한 해외노동자들이 왜 열악한 근로조건을 감수하고 있는지를 탐색하는 것이 제3장 연구진들의 문제의식이며, 이는 북한 해외노동자 연구에 있어 새로운 학술적 가치를 갖는 지점이기도 하다. 폴란드의 중앙고용근로감독기구에서 발행된 보고서 · 출입국사무소 통계 · 상공회의소 등록기록 · 국제노동기구(ILO) 보고서 · 유엔북한인권조사위원회 특별보고관 보고서 등의 공식문건을 중심으로, EU 내 법제와 지침 · ILO 협약을 참조하여 유럽 내 북한 해외노동자의 상황 및 이들에 대한 근로감독, 관련 법제의 이행과 준수 여부, 위반 시 법적 책임 등에 대한 논의를 전개한다.

유럽의 북한 해외노동자는 해당 국가의 합법적인 거주 및 노동허가증을 소지하고, 외부와 격리되어 집단행동을 하며 생활총화 등 북한에서의 조직적 생활방식을 그대로 유지한다. 이렇듯 유럽 내로 옮겨진 '작은 북한'의 형태가 가능한 이유는 현지에서 북한기업이 합작회사 내지는 중개업 회사로서 북한 노동자들을 관리하는 한편 현지기업에 이들을 파견하고, 현지기업은 이들 인력을 외국의 기업에 조달하는 형태의 복잡한 공급 사슬망을 구성하여 책임소재 파악을 어렵게 만들고 있기 때문이다. 북한기업은 북한 해외노동자들의 채용 단계부터 시작하여 이들의 근로계약, 체류허가 등 법적 서류와 숙식, 실질적인 업무의 통제, 재정관리 등 모든 측면을 통제한다. 근로자들은 통역 역할을 하는 고위관리자 외에는 현지기업과 접촉할 수 없으므로 북한기업에 강하게 종속된다. 이들에 대한 기본적인 산업안전보건 관리나 근로감독이 제대로 이루어지지 않고 있으나, 북한 해외노동자는 열악한 노동환경에 대해 기업과 직접 소통할 수 없고, 북한 합작기업이 계약서 및 임금 명세서에 대리 서명을 하는 등 정당한 권리를 보장받지 못하고 있다. 북한 해외노동자들을 사용하는 현지 기업 및 외국 기업들은 이러한 공급망 사슬의 끝단에 위치하고 있으므로 직접적 책임을 회피할 수 있는 것으로 파악된다.

이는 유럽연합 내 만연할 뿐만 아니라 현재 전 지구적으로 보편적인 노동 문제인 하청, 도급, 파견 등의 고용구조와 북한 해외노동자 활용의 이해관계가 부합한다는 점을 시사한다. 연구진들은 북한 정권이 이러한 현상을 자신들의 이해관계를 위해 적극적이고 창의적으로 활용하고 있다고 평가하며, 이에 대한 해결책으로 ILO 등 국제기구의 법적 기준과 절차를 활용하고, 기업의 사회적 책임(CSR) 관점에서 UN 기업과 인권 이행원칙 및 OECD의 다국적기업 가이드라인 등을 활용해야 함을 강조하며, 궁극적으로 북한 해외노동자들을 사용하는 기업들의 법적 책임이 강화되어야 함을 주장한다.

제4장(윤애림, "이주노동의 관점에서 본 북한 해외노동자")에서는 북

한 해외노동자에 대한 인권 침해와 열악한 노동 및 거주 실태가 주목을 받으면서, 기존의 연구들은 이 문제를 주로 '강제노동(forced labour)'의 문제로 바라보는 관점에 대해 문제를 제기한다. 본 장에서는 북한 해외노동자의 문제를 '강제노동'의 접근틀로 바라보는 기존의 국제인권레짐의 인식과 정책 처방이 가지는 의미와 한계를 분석한다. 첫째, '강제노동' 접근법은 현대의 지구화된 자본주의하에서 다양한 양상으로 재출현하고 있는 부자유한 노동과의 개념 구분이 곤란할 뿐 아니라, 이러한 부자유한 노동 가운데 최악의 유형에만 배타적으로 관심을 기울이도록 함으로써, 오늘날 부자유한 노동을 양산하고 있는 메커니즘을 인식하지 못하도록 하는 단점을 가진다. 둘째, 국제인권레짐의 강제노동 접근법은 주로 사경제 영역의 착취 행위자들에 초점을 맞춤으로써, 강제노동에 제도적 영향을 미치는 국가의 역할을 간과하도록 만드는 한계를 가진다. 셋째, 강제노동 접근법은 노동자를 '피해자'로만 바라보면서 노동자가 '행위 주체'로서 강제노동에 대응하는 양상들을 보지 못하고 있다.

이러한 강제노동 접근법의 한계를 넘어서기 위하여, 대안적으로 '이주노동'의 접근법을 검토할 필요가 있다. 우선, 신고전 경제론 및 이주 신경제론 등 경제학적 접근들은 송출국의 유출 요인, 즉 북한 경제·사회의 취약성에 강조점을 둘 수 있게 한다. 즉, 북한 해외노동자의 문제를 해결하기 위해서는 북한 경제·사회의 유출 요인을 감소시키려는 접근법, 즉 북한에서 주민들의 삶을 개선시킬 수 있는 정책이 필요하다고 할 수 있다. 분절노동시장 이론은 수용국의 흡인 요인과 노동시장을 둘러싼 제도적 조건들에 정책적 초점을 맞출 수 있도록 해 준다. 북한 해외노동자의 인권상황과 노동조건을 개선하기 위해서는 무엇보다도 수용국의 이주 정책, 노동시장 정책의 변화가 모색되어야 한다는 것이다. 이주 신경제론이나 이주체계 이론, 네트워크 이론은 이주노동자가 단지 노동력 상품의 담지자나 강제노동의 피해자만이 아니라 적극적인 '행위주체'라는 점을 인식하는 데 도움이 된다. 이런 관점에서는 북한 해외노동자의 역동적 주체성을 강화하는 데 도움이 될 수 있는 정책적 접근법을 모색할 필요가 있다. 수용국 정부와 특히 노동조합, 시민사회는 이러한 행위를 지지 · 옹호하는 방식으로 능동적 주체화에 기여할 수 있다.

북한 해외노동자를 강제노동의 피해자로만 규정짓는 태도는 북한 노동자들이 해외파견을 선호하는 동인, 해외 파견지에서의 수용과 저항의 동학, 노동조건 개선을 위한 북한 노동자들의 주체적 욕구를 구체적으로 살피지 못하게 만들 수 있다. 이러한 접근법은 북한 정권에 대한 국제사회의 제재 전략과 맞물리면서, 북한 해외노동자의 노동권 실현을 더욱 어렵게 만들 수 있다. 필자는 북한 해외노동자의 문제를 지구화된 경제 체제에서의 이주노동의 일환으로 바라보는 접근법은 이들의 노동권 실현을 위해 송출국, 유입국 모두의 책임으로 하는 정책을 구체화하는 데 유용하다고 주장한다.

마지막으로, 제5장(이철수 · 이다혜, "종합 및 전망: 법제도적 해결방안의 모색")에서는 본론에서의 논의를 종합하며 북한 해외노동자를 바라보는 다양한 시각들을 비교 · 대조한다. 인권 침해적 요소와 자발적 노동의 요소, 그리고 국제인권법 및 국제노동기준에서 말하는 강제노동과 이주노동 관점 양쪽에서의 분석을 수행한 뒤, 복합적 관점의 필요성 및 북한 해외노동자에 대한 법제도적 해결방안을 제시한다. 구체적으로 국제인권규범 및 국제노동기준의 준수, 북한 해외노동자를 사용하는 국가들에서의 노동법 준수를 위한 국가의 역할과 책임, 이주노동 관점의 활용 및 이민정책의 개선, 기업의 사회적 책임(CSR) 메커니즘의 활용 등을 제안한다. 마지막으로 북한 해외노동자 문제해결을 위한 실질적 여건 형성을 위해 북한정부 및 남한의 역할을 제시하고, 최근 남북정상회담과 경협 재개 등 변화의 상황 속에서 북한 해외노동자에 대한 문제해결 및 학술적 연구의 필요성이 더욱 증대될 것으로 예측하며 끝맺는다.

제2장

러시아 연해주 및 사할린 지역의 북한 노동자

이애리아
(와세다대학교 교수)

이창호
(한양대학교 글로벌다문화연구원 연구교수)

방일권
(한국외국어대학교 중앙아시아연구소 연구교수)

박수성
(경남대학교 연구원)

이 장의 내용은 통일연구원 위탁과제 보고서『연해주 지역 북한 노동자의 실태와 인권』(2015) 및『러시아 사할린 지역의 북한 노동자』(2017)를 기초로 작성되었다. 또한 발간 예정인 신범식 편,『북 · 중 · 러 접경지역: 소지역주의 전략과 초국경 이동』(이조출판사)에 실릴 "초국경 공간, 연해주의 북한 노동자"에 이 글에서 다룬 연해주 지역 현지조사 부분이 일부 실려 있다. 그러나 상이한 주제 및 연구범위로 이 글과는 다른 맥락에서 기술되었음을 밝힌다.

1
서론

1) 연구 배경 및 목적

러시아의 극동지역은 항시적으로 개발 인력의 부족을 경험해 왔다. 그중 연해주 지역은 1860년 베이징조약에 의해 청(淸)에서 러시아 영토로 편입된 이후 개발정책의 추진과 함께 이민자들이 본격적으로 유입되기 시작하였으며, 동북아시아 특히 한 · 중 · 러의 경제 협력과 개발의 중심지로 성장하는 오늘날에도 역시 새로운 이주노동자를 필요로 하고 있다. 사할린 지역 역시 독특한 지정학적 · 민족적 특성들이 교차되는 경계적(境界的) 공간이라 할 수 있으며 특히 일제가 강제적으로 다수의 한인(조선인) 노동력을 동원하기 전부터 이 지역의 노동수요를 좇아 한인이 첫발을 디딘 지역으로서 지속적인 개발 수요로 인한 노동 인력의 항시적 부족을 경험하고 있는 곳이다.

북한 해외노동자는 러시아의 노동력 필요 상황과 요구에 부합하는 동시에 북한 내 외교정책과 경제발전에 많은 도움을 주고 있다. 북한의 노동자 해외파견은 김정은 시대에 들어 급격히 확대된 것으로 알려져 있다.[1] 1990년대 중 · 후반 극심한 구조적 경제난을 겪으면서 경제적 기반이 사실상 붕괴한 북한으로서는 외자 유치를 위해 활용할 수 있는 현실적인 대안은 해외 인력 송출이라고 할 수 있다. 최근 송출되는 인력의 대부분은 전통적인 벌목 분야보다 시장 상황이 민감하

1 해외에 파견된 북한 노동자는 총 12만 명 내외로 알려져 있다. 이용희, "북한 노동자 외국 파견 정책의 추이와 전망", 『국제통상연구』 제21권 4호, 2016, pp. 111-137.

고도 빠르게 반영되는 건설 분야로 집중되는 특징을 보였다.

하지만 그동안 주민들에 대해 극도로 폐쇄적인 정책을 추진해 왔던 북한으로서는 노동자 해외파견 자체가 새로운 도전이며 체제의 변화를 가져올 수 있는 위험한 선택이 될 수 있다. 따라서 북한의 노동자 해외 파견은 개별 노동자의 선택보다는 국가주도의 관리하에 이루어지고 있으며, 특히 이동이 많고 도시를 중심으로 활동하는 건설노동의 특성상 가족과의 격리, 계획분 상납의무, 북한 정부소속 관리자들에 의한 노동자 감시체계가 철저히 작동하고 있다.

정권의 안정적 정착과 강화를 위한 민생과 애민, 경제발전을 내세우는 김정은 정권의 해외 노동자 파견 확대는, 최근의 국제적인 대북 제재와 맞물리면서 집중 조명을 받는 가운데, 정권의 수입을 가늠할 수 있는 파견 규모나 개별 노동자들의 극한 노동과 불공정한 대우를 강조하는 인권 침해 문제로 관심이 집중되는 경향이 있다.[2] 기존 연구들은 파견된 북한 해외노동자의 실상에 대한 고발과 인권 개선을

2 그동안 진행된 해외파견 북한 노동자의 일반적인 현황은 북한전략센터 · 코리아정책연구원, 『북한의 해외인력송출 실태』(서울: 북한전략센터 · 코리아정책연구원), 2012; SHIN Chang-Hoon and GO Myong-Hyun, *Beyond the UN COI REPORT on Human Rights in DPRK*(Seoul: The Asan Institute for Policy Studies), 2014; 윤여상, 『북한 해외 노동자 현황과 인권실태』(서울: 북한인권정보센터), 2015; 김석진, 『북한 외화벌이 추세와 전망』(서울: 통일연구원), 2015 등이 대표적이며, 러시아 파견 북한 노동자의 구체적 실태와 현황은 이영형, "북한 노동자의 러시아 극동지역 진출 현황 및 그 역할 분석", 『국제정치연구』 제10집 2호, 2007, pp. 51-75와 『러시아의 극동개발과 북한 노동자』(서울: 통일연구원), 2012 및 "러시아 극동지역 내 북한 노동자 활동 현황: 아무르주를 중심으로", 『러시아 연구』 제26권 1호, 2016, pp. 113-143을 비롯해 이지은, "국제사회의 대북제재 이후, 러시아 극동지역의 북한 노동자 현황: 대북제재 이후, 북 · 러 경제협력관계 변화에 관한 연구"(중앙대학교 석사학위논문), 2016; 박찬홍, 『러시아 드림: 러시아지역 북한 노동자의 근로와 인권 실태』(서울: 북한인권정보센터), 2016 등을 통해 다루어진 바 있다.

촉구하는 데 시사점을 제공할 수 있다는 점에서 유용하지만 이를 유연하게 비교 · 분석하는 비교문화적 · 역사적 접근과 조사가 아쉬운 부분이다.

북한 해외노동자에 대한 조사는 국제 이주를 둘러싼 북한의 정책적 변화 양상만 아니라 해외파견의 조건과 상황에 따라 노동자의 의식과 감정이 어떻게 변화하는지 파악할 수 있는 기초가 된다. 또한 해외파견 이주노동자의 문제는 수용국의 상황과 요구에 직접적 영향을 받으므로 현지 상황의 변화까지 구체적 현실에 기반을 둔 객관적 시각이 요구된다.

이 연구는 러시아 내 연구자 및 조사 협력자와 함께 연구 팀을 구성해 연해주 및 사할린 지역에 파견되어 활동 중인 북한 노동자들의 생활 실태 및 인권상황에 대해 보다 실증적 · 체계적으로 접근해 학문적이면서도 정책적인 연구를 시도한 결과물이다.

2014년에 연해주, 2016년에 사할린에 대한 현지조사를 진행하였으며 러시아 현지 연구자 및 재외한인, 신뢰할 수 있는 현지 조사자들과 협력적인 연구체제를 구축하여 파견 북한 노동자들이 근무하는 현장 및 그 주변에서 관찰 및 면담을 수행하였다. 연구는 북한 이탈주민의 증언 분석과 수집된 현지 실무 문서자료와 사료를 비교하는 방법으로 이루어졌다. 가능한 경우 북한 노동자와 직접 인터뷰를 시도했으며 여의치 않은 경우 연구자들이 작성한 기본적인 인터뷰 질문지를 현지 조사자에게 숙지시켜 대리로 인터뷰를 수행하였다.

2017년 말 유엔의 대북제재로 인해 2018년 현재 러시아의 북한 노동자 수가 1만 1,000여 명으로[3] 전체적으로 급격히 줄어들긴 했지만 대북제재 전까지 연해주 및 사할린 지역은 러시아에서 파견 북한 노동자의 비중이 가장 높은 곳이었다.[4] 통계에 의하면 러시아에서 유효한 노동허가 소지자는 2016년 말을 기준으로 2만 9,100명,[5] 2017년 상반기에는 2만 5,200명으로 집계되었는데 이 가운데 절반 이상이 연해주, 하바롭스크, 사할린 등 극동지역에 체류하고 있던 것으로 파악되고 있다.

〈표 2-1〉 노동허가증을 소지한 북한 노동자 수(2014~2018)

연도	북한 노동자 수	비고
2014년	53,000명	
2015년	30,400명	연간 기준
2016년	29,100명	4분기 기준
2017년	25,200명	상반기
2018년	11,000명	연합뉴스 보도에 따르면 11,490명

* 주: 2014년은 Газета《Дальний Восток》보도, 2015, 2016년은 러시아연방통계청, 2017년은 러시아연방통계청[6] 및 현지조사 인터뷰에 근거함. 2018년은 Interfax 보도(2018.11.16.)[7] 및 연합뉴스(2019.7.19)[8] 보도를 종합함.

---

3 BBC, 2018.2.12일자, "Работа мечты": чем занимаются рабочие из КНДР в России (꿈의 노동: 북한에서 러시아로 온 노동자들은 어떤 일을 하나), 〈https://www.bbc.com/russian/features-42989901〉.

4 이애리아 외, 『러시아 사할린 지역의 북한노동자』, (서울: 통일연구원), 2017, p. 35 참고.

5 Федеральная служба государственной статистики, *Социально-экономическое положение России - 2017 г.*, с.220(러시아연방통계청, 러시아의 사회-경제 상황 2017, p. 220), 〈http://www.gks.ru/bgd/regl/b16_01/IssWWW.exe/Stg/d01/3-2.doc〉.

6 Федеральная служба государственной статистики (러시아연방통계청), *Социально-экономическое положение России*,(러시아의 사회-경제 상황) 각 분기별 자료, 〈http://www.gks.ru/bgd/bgd/free/B16_00/Main.htm〉; 〈http://www.gks.ru/bgd/free/B17_00/Main.htm〉(검색일: 2017.9.20.).

7 Interfax, 2018.11.16일자, 〈https://www.interfax.ru/russia/638132〉(검색일: 2019.7.10.).

연구단은 통계자료 등 객관적 지표 외에 노예제 혹은 강제노동이냐의 여부 확인에 중점을 두는 관련 연구들의 시각보다 해외 파견 북한 노동자의 역사와 현실을 구체적으로 이해하는 데 목적을 두었다. 세부적으로는 1940년대 극동지역인 사할린으로의 파견에서부터 오늘날에 이르는 역사적 과정뿐만 아니라 북한 해외노동자의 선발부터 입국과 귀국, 재송출에 이르는 과정, 북한 해외노동자의 내부 조직과 임금 체계, 송금, 그리고 근무 현장의 실상과 사회적 연결망 인식의 변화 등 생활 실태 전반에 주목했다. 또한 외국인 노동자 문제와 연계된 러시아의 정책 실행, 현지 주민과 노동자 간에 형성되는 사회적 연결망 등 현실을 살펴보는 데 초점을 맞추었다.

2
1940년대 사할린 파견 북한 노동자의 삶과 문화

1) 선주민과 파견노무자

한민족의 러시아 극동지역 진출은 구한말 시기로 거슬러 올라가나, 북한 노동자가 처음 러시아에 파견된 것은 1945년 소련의 북한 주둔 직후였다. 이후 북한 노동자의 러시아 파견은 역사적으로 대개 다음 네 단계로 구분되고 있다.

8 『연합뉴스』, 2019.7.19일자, "러시아 연해주 정부 '北근로자 송환 절차대로 진행'", 〈https://www.yna.co.kr/view/AKR20190715109900009?input=1195m〉(검색일: 2019. 8. 5.).

첫 단계는 1940년대 후반~1950년대 초의 시기로 소련 극동지역의 노동력 부족을 보충하기 위한 소련 측의 요청에 따른 파견으로 규정할 수 있다. 두 번째는 1967년~1990년대 초 북한과 중국의 접근을 막기 위한 소련의 정책적 북한 노동자 초청 시기로서 노동자들은 주로 벌목 분야의 작업장들로 파견되었다. 세 번째는 1990년대 중반~2007년으로 소련 붕괴 후 북·러 관계가 소원해지면서 노동자 파견이 정체를 보인 시기이다. 그리고 2007년부터 현재에 이르는 마지막 단계에는 극동지역 및 러시아 전역에 북한 노동자의 파견이 다시 확산되면서 북한 노동자들의 노동 종사 분야가 다양화되었다.

1940년대 후반부터 시작된 북한의 러시아(소련) 파견노무자의 역사는 그간 러시아에서 이루어진 연구들[9]을 통해 소개되었다. 러시아 극동 지역사에서 '파견노무자(пагенномуза)'라는 조선말 명칭으로 흔적을 남기고 있는 20세기의 집단적이고 기획된 북한 해외노동자의 최

9 Кузин А.Т., Послевоенная вербовка северокорейских рабочих на промышленные предприятия Сахалинской области(1946-1960-е гг.). // *Россия и АТР*, № 3, 2010, сс.148-156; Забровская Л.В., Трудовая миграция из КНДР в Россию(средина 1940-х-2003 гг.) // *Проблемы Дальнего Востока*, № 5, 2005; Ващук А.С., Трудовые мигранты из КНДР на российском дальнем востоке во второй половине XX - начале XXI века // *Гуманитарные исследования в восточной сибири и на дальнем востоке*. № 1, 2012. Чернолуцкая Е.Н., Трудовое и бытвое устройство корейцев в конце 1940-х начале 1950-х годов // *Вестник Центра корееведческих исследований ДВГУ*. № 1, 2004. Кожемяко Е.Г., Корейские рабочие как источник пополения кадров в рыбном хозяйстве Сахалина после окончания второй мировой войны, *Актуальные вопросы общественных наук: социология, политология, философия, история: сборник статей по материалам XLIX -L международной научно-практической конференции*.(17 июня 2015 г.), 〈http://sibac.info/conf/social/xlix/42464〉(검색일: 2016. 8. 20.).

초 출현부터 그들의 삶과 수용국(소련)의 정책 및 현지 상황의 변화가 그들에게 미친 영향을 살피는 일은 현재 북한 해외노동자의 실태와 자연스럽게 비교된다. 1940년대에 모집된 북한 해외노동자의 활동 공간은 연해주를 포함한 극동 전반에 걸쳐 있었지만, 여기서는 구체적인 사료들로 추적이 가능한 사할린을 중심으로 살펴보고자 한다.

태평양 전쟁으로 발생한 심각한 노동력 부족을 해소하기 위해 추진된 일제의 조선인 노동력 동원 정책은 20세기 사할린에 한인 사회가 출현한 주된 이유의 하나가 되었다. 당시 노동자의 모집과 관리의 주체는 일차적으로 개별 기업이었지만 기본적으로 국가의 철저한 계획과 통제 및 공권력의 협력 아래 인력 동원이 이루어졌다. 당시 '가라후토(樺太)'로 불린 사할린 역시 국가(즉 일제)가 동원의 주체이면서도 동원 과정의 실무는 개별 사업의 주체인 기업이나 인력 공급 업체들과 공권력 간의 긴밀한 협조 관계 속에 이루어졌다.

인력의 공급보다 항상 수요가 많았던 사할린에서 노동력 공급은 수지맞는 사업이었고, 같은 이유로 미숙련 노동자들에게 사할린은 기회의 땅이기도 했다. 일본 본토보다 높은 임금을 주는 일자리들이 도처에 존재했던 것이다. 1945년 8월 말 남사할린 지역이 구소련의 관할로 넘어감으로써 정치적 환경은 크게 변화하였지만 지역 경제의 정상화와 이를 위한 노동력의 확보는 여전히 점령 당국의 최우선적인 과제로 남았다. 그것은 일제 시기에 '강제 모집된' 조선인 노동자들의 잔류 상태에서 새로 수혈되는 외국 노동력의 유입 요구로 강력하게 작용하였다. 즉 전승의 결과로 사할린을 지배하게 된 당시 소련은 곧 귀환할 약 30만 명의 일본 민간인 노동력을 대체할 내국인 식민 정책의 한계를 깨달았으며, 한시적 가용 노동력에 불과했던 전쟁 포로를 전후 복구 이외의 영역까지 활용하기 어렵다는 것을 인식하게 되었고, 그 대안으로 외국인 노동자 모집에 나서게 된다. 긴요한 전후 복구의 필요로 인해 돌려보내야 할 일본 민간인들이 주로 담당하던 생산 분야를 대체할 수 있는 부문으로 외국인 노동력을 모집하도록 특정한 것이나, 노동자의 모집부터 노동 현장까지의 이동과 노동자 배치에 이르는 모든 과정이 사실상 소련의 계획과 주도 아래 이루어졌던 것도 같은 배경으로 설명이 가능하다.

소련이 우선 주목한 외국인 노동자 모집 대상국은 중국과 '북조선'이었으며, 형식적으로는 노동 자원이 필요한 극동지역에서의 단기 계절 작업을 위해 노동자를 소련으로 초청하는 방식이었다. 전후에 소련으로부터 금전적 지원과 물자 및 인력을 통한 기술 지원을 받았던 북조선과의 협의는 빠르게 이루어졌고, 1946년 3월 19일자 소련 인민위원 소비에트 결의로 확정되어 실행되었다.

초기 북한 노동자의 모집과 배치도 대단히 신속하게 이루어졌다. 1946년 6월 25일을 기준으로 극동지역에 배치된 북한 노동자는 1만 9,400명을 넘었는데, 지역별로 다수를 차지하던 캄차카(8,667명)에 이어 사할린(남부 및 북부 사할린과 쿠릴 등 7,539명)이 1/3 이상의 비중을 차지했으며, 아무르 지역이 그 뒤(3,200명)를 이었다.[10] 북한 노동자의 모집은 1946년 3월 말에 현지에 파견된 소련 수산업총국 인사가 '모

---

10 Кожемяко Е.Г., Корейские рабочие как источник пополения кадров в рыбном хозяйстве Сахалина после окончания второй мировой войны, *Актуальные вопросы общественных наук: социология, политология, философия, история: сборник статей по материалам XLIX - L международной научно-практической конференции*(17 июня 2015 г.), 〈http://sibac.info/conf/social/xlix/42464〉(검색일: 2016.8.20.).

집 선전'을 통해 '대량 모집'하는 방식으로 이루어졌다.[11] 사할린 지역에 파견된 인력은 함경도 동해안 지역의 3,500여 명을 주축으로 하고 있었는데 모집된 인원의 최초 도착 시기가 1946년 5월임을 보면 얼마나 빠른 속도로 행정 처리가 이루어졌는가를 짐작할 수 있다.

소련은 중국인 노동자를 주로 광업 분야에 배치한 반면, 북한 노동자는 어업 분야로 집중시켰다. 사할린의 경우 전쟁 중 해안가에 거주하던 어민의 90%가량이 철수한 데다, 1949년까지 전후 처리 과정에서 잔류하고 있던 어업 종사자 대부분이 귀환할 것으로 예상되었던 바, 어업 부문은 일제가 총동원 체제에서 다수의 조선인들을 배치했던 탄광이나 제지 분야, 건설 등에 비해 대체 인력을 시급히 확보해야 하는 분야였던 것이다.

당시 북한에서 파견된 이들의 사회적 성분은 농민, 벌목공, 교사, 의료인, 사무원 등 다양했지만 떠돌이나 극빈자, 죄수들까지 포함되어 있었으며 연령은 40세 이상이 다수였다.[12] 캄차카 지역으로 간 어업 노동자 중에 북한 치하에서 소위 '반동' 계급에 속하는 이들이나 북조선에 잔류했던 일본인들도 포함되었던 것을 보면, 어업 노동자 파견을 통해 북조선 임시인민위원회는 극심한 인력난을 해소하고자 하는 소련의 기대에 부응하는 동시에 향후 국내적으로는 잠재된 사회 갈등을 완화시킬 수 있는 방안을 함께 모색하는 일석이조의 효과를

---

11 러시아 인권운동가 김마리아의 언급 재인용, 〈http://blog.joins.com/media/folderlistslide.asp?uid=kangilee&folder=7&list_id=3518782〉(검색일: 2016.8.19.).

12 Кузин А.Т., *Исторические судьбы сахалинских корейцев*, т. 2, Ю.Сахалинск, с.77; Забровская Л.В., Трудовая миграция из КНДР в Россию(средина 1940-х - 2003 гг.) // *Проблемы Дальнего Востока*, № 5, 2005, сс.63-64.

도모하였다고 볼 수 있다.[13]

선주(先住) 한인들의 눈에도 동포이면서도 '부끄러울 정도로 형편없'는 행색으로 소련에 도착한 최초의 북한 파견노무자들[14]의 삶을 당대의 사할린 사회는 이류 인생을 의미하는 일본어 '니방꼬(二番子)' 혹은 더 낮은 삼류 인생이라는 뜻의 '산방꼬(三番子)'로 불렀다.[15] 이렇게 도착 후 얼마 되지도 않아 북한 '파견노무자'는 한반도 남부 출신이 대부분을 차지했던 남사할린 한인 사회는 물론, 소비에트 '당의 부름'을 받아 중앙아시아 등지의 대륙에서 '새로운 점령지' 사할린으로 들어왔던 '큰땅배기', 즉 고려 사람들과도 구분되었다.

2) 파견노무자의 계약 조건과 생활 환경

1년 단기 노동자로 모두 독신으로 소련에 들어온 북한 출신 파견 노동자들의 생활 조건을 확인할 수 있는 구체적 근거는 무엇보다 계약서상의 근로 조건이 될 것이다. 하지만 이들의 파견이 개인적으로 계약을 체결하는 정상적 절차에 따라 진행되었는가는 의심스런 부분이 있다. 이는 소련의 극동지역에 파견되는 노동자 모집 계약의 근거가 되는 결정이 1946년 6월 12일 소련각료협의회 지시 제1228호 '극동지역 기업체들에서의 노동을 위한 노동자 모집 조직에 대해'[16]로 구체화되기 때문이며,

---

13 Крушанова Л.А., *Миграционная политика СССР на Дальнем Востоке (середина 1940 х - 1970 е гг.)*, Владивосток, 2014, сс.130-131.

14 고 박노학의 증언. 박승의, 『사할린 한인의 운명: 역사, 현황과 특성』(춘천: 금강 P&B), 2015, pp. 176-177에서 재인용.

15 국사편찬위원회, 『사할린 한인의 동원 · 억류 · 귀환 경험: 광복 70주년 기념』(과천: 국사편찬위원회), 2015, pp. 188-189(정장길 구술) 및 같은 책, p. 32(김영빈 구술).

16 Государственны й Исторический Архив Сахалинской Области

동 지시는 최초에 파견된 노동자들에 이어 1947년 소련에 들어온 북한 노동자들에게나 적용될 수 있었기 때문이다.

사용자와 노동자 사이의 계약 조건을 구체화할 뿐 아니라 노동자가 가족을 동반할 수 있도록 한 제1228호 지시는 1946년 시기 외국인 노동자 수용 정책의 변화를 반영한다고 볼 수 있다. 즉 대민 행정 체계가 확립되지 못한 당시는 군 조직 등을 활용해 가며 모집이 행해지던 시기인 만큼 정책적 준비가 완전하지 못하였다. 그러나 유입된 외국인 노동자로 인해 초래될 수 있는 사회 불안 요인을 최소화하려는 의지가 제1228호 지시와 같은 방안으로 구체화되었고 이후 모집 과정을 거치며 정착되었다고 볼 수 있다. 그 같은 변화는 어업 부문의 생산력 강화를 위해 소련 각료협의회가 1947년 3월 16일에 발의한 지령 제570호에도 반영되었다. 사할린을 포함한 극동지역 북한 파견노무자의 1947년도 모집 인원을 2만 2,000명으로 정한 제570호 지령의 가장 두드러진 부분은 모집 인원 중 1만 명의 계약 기간을 최대 3년으로 한다는 4-b항이다. 이로써 임시 노동이라도 1년이 아니라 가족을 동반해 3년간 보다 안정된 노동활동에 종사할 수 있게 된 것이다.

소련의 정책 변화는 1947년도 분부터 확인되는 파견노무자 개인의 노동계약서에 고스란히 반영되어 있다. 다음의 '조선노동사의 재원동어업지대 노동계약서'는 북한 출신 노동자들의 이주 및 근로 상황을 짐작케 하는 물적 증거이다.

[Gosudarstvennyi Istoricheskii Arkhiv Sakhalinskoi Oblasti, 국립사할린주역사기록보존소, 이하 기아소(GIASO)로 줄임], Φ(F).53, Оп(Op).5, Д(D).86, ЛЛ(LL).14-16: 차례대로 Φ(F).-폰트(기록 군), Оп(Op).-시리즈, Д(D).-기록철, ЛЛ(LL)-장(lists)을 의미하며, 이후로는 편의상 별도 구분 없이 -으로 표기하기로 한다. 즉 기아소, 53-5-86, 14-16장. Постановление СМ СССР № 1228, 1946.6.12.

조선노동자의 재원동어업지대노동계약서

제 호

계약체결장소

서기 1947년 월 일

소련 동부지방어업성 대표자 *****(이하 채용자라고 칭함)하고 조선노동자 ***(이하 노동자라고 칭함)와 본 계약을 좌(左)와 여(如)히 계약함.

1. 노동자의 의무

노동자는 좌와 여한 의무가 유(有)함.

1. 소련원동어업지대에서 **(직책별)로서 ***(기간) … 노동할 사(事).
2. 북조선내에서 의사의 진료와 검역을 수(受)할 사(事).
3. 소련내 직장에 행(行)하기 위하여 승선장소에 1947년 *월 **일까지 도착할 사(事).
4. (탈락) … 작업장소의 규정을 준수하며 당국의 명령에 복종할 사(事).

2. 채용자는 좌(左)와 여(如)한 의무가 유(有)함.

5. 노동자 본인과 다음에 기록된(左記) 동행할 가족들의 현거주지에서 검역장소간 철도여행비를 부담할 사(事).

순번	성명	노동자와의 친족관계	생년월일

6. 승선항부터 소련 직장까지 노동자와 본 계약 제5조에 기(記)한 가족과 소지품(의복, 신발, 침구 기타 필요품) 중량은 노동자 각인 50천(瓩, 킬로그램) 이하 가족 매인(每人) 20천을 운송, 비용을 부담함. 승선항명: ****
7. 검역중과 직장에 행하는 항해중 노동자에게 대하여 일일 5루부루(20원)식 일당을 지급하고 좌와 같이 식량을 무료로 배급함. 노동자에 대하여서는 매일 백미 500와(瓦 그램), 생선 210그램, 조미료 200그램(장유(醬油)류), 야채 250그램, 가족에 대하여 매일 매명(每名) 백미 300그램, 생선 100그램, 조미료 100그램(장유류). 백미는 5할까지 조(粟)로 배급함을 득(得)함.
8. 승선시 전도금(前渡金)으로 ***루부루(조선화폐로 ****원), 작업복 1벌, 노

동화 1족, 백미 50킬로그램(瓩)을 교부함. 교부한 작업복, 노동화, 백미대금과 전도금은 5개월간에 노동임금에서 공제할 사.

9. 소련 직장에 도착한 시일로부터 규정임금을 지급함. 단 지불할 임금에서 현행 법률로서 규정된 노동 임금에 대한 소득세를 공제함.
10. 노동자가 요망하면 임금의 50%까지는 조선에 송금할 수 있음.
11. 작업에 착수하기 전 노동자에 대하여 기술과 작업장내의 규칙과 노동조건 등을 소개함.
12. 노동자와 그 가족에 대하여 소련 내에서 노동하는 기간은 사가(舍家) (바락그, ○○)를 제공할 사.(그 사용료는 ○○ 부담으로 함).
13. 직장에 도착한 시로부터 본 계약기일 만료한 시일까지 ○○와 일용필수품 등은 규정 가격(소련 인민에게 부과하는 가격)으로 ○○함.
14. 노동자가 병난 시는 의료는 무료, 단 병중 평균임금을 지불함.
15. 본 계약기간 만료하면 노동자와 그 가족과 소지품(노동자 매인 70천(킬로그램) 이하 가족 매명 25천(킬로그램)을 북조선 항구까지 수송함. 단 그 비용은 채용자가 부담함.
16. 소득 소련화폐는 귀국시에 조선화폐로서 교환하여 줄 사(事).
17. 노동에 관한 쟁의는 소련 노동법과 보험법에 의하여 해결할 사(事).
18. 본 계약 기한은 *********부터 ********로 함.
19. 본 계약서는 노문(露文)과 조선문으로 3통을 작성하여 1통은 노동자가 소지하고 1통은 직장에 부송(付送), 1통은 소련 동부지방어업성 주북조선 대표자가 보관함.

조선노동자의 신분조회서

씨명: *** 생년월일: 1914년 *월 *일 당년: (35)세

재북조선 거주소: ***도 ***시(군) **면 **리

송금영수자의 성명: *** 북

조선 주소: **도 **시군 **면 **리 **동 **번시

소련에 여행허가 발행기관명: ***시 **사령부

허가발행기일과 번호: (3) 월 (20)일 *****호

채용자 소련동부지방어업성 주북조선 대표자 *****

노동자의 성명: 허**

고용지에서 좌(左)와 같이 교부함(대금은 임금에서 공제함)

기일

종목: 백미 50천(킬로그램)/ 작업복 1착 / 신발(靴) 1족/
전도금 ***루부루 (****원)

2년간 조선노동자의 재원동어업기업소노동계약서

제 호

계약체결장소 북조선 ＊＊시

서기 1948년 월 일

소련 동부지방어업성 대표자 이. 아. 그레벤치곱(이하 고용주라고 칭함)은 조선노동자 ＊＊＊(이하 노동자라고 칭함)와 본 계약을 좌(左)와 여(如)히 체결한다.

1. 노동자의 의무

노동자는 좌와 여한 의무가 유(有)함.

1. 소련원동어업기업소에서 ＊＊(직책별)로서 소련내 직장에 도착한 날(日)로부터 2년간 노동에 의무할 사(事). 단 본 계약기한이 어기(漁期) 전에 만료되는 때(時)는 고용주는 노동자를 어기가 경과할 시까지 잔류시킬 권리가 유(有)하며, 노동자는 그(其) 시기까지 잔류할 의무가 유(有)함.
2. 북조선내에서 동행하는 가족과 함께 의사의 진료를 수(受)하며 검역소를 경과할 사(事).
3. 소련내 직장에 행(行)하기 위하여 승선장소에 1948년 ＊(3)월 ＊＊(20)까지 도착할 사(事).
4. 수명(受命)한 작업에 대하여 양심적으로 종사할 사(事). 비품기구와 원료품에 대하여 용심적(用心的)으로 이용할 사(事). 규율을 준수할 사(事). 노동시간을 충분히 이용(利用)할 사(事). 작업장소의 규정을 준수하며 당국의 명령에 복종할 사(事).

2. 고용주의 의무

고용주는 좌(左)와 여(如)한 의무가 유(有)함.

5. 노동자 자체와 다음에 기록된(左記) 동행할 가족들의 현거주지에서 검역장소간 철도여행비를 부담할 사(事).

순번	성명	노동자와의 친족관계	생년월일

6. 승선항부터 소련내 직장까지 노동자와 본 계약 제5조에 기(記)한 가족과 소지

품(의복, 신발, 침구) 기타 필요품으로 중량은 노동자 각인 50천(瓩, 킬로그램) 이하 가족 매인 20천을 운송하기 위하여 수송기관을 지정하며 기 비용을 부담함.

7. …. 항해중 노동자에게 대하여 매일 5루부루(조선화폐 20원)식 일당을 지급하고 매일 식량을 무료로 배급함. 노동자에 대하여서는 매일 백미 500와(瓦 그램), 어류 200그램, 장유(醬油) 200그램, 야채 250그램, 가족에 대하여 매일 매인 백미 300그램, 어류 100그램, 장유 100그램과 야채 150그램, 백미는 7할까지 조(粟)로 배급함을 득(得)함.

8. 승선시

가. 무반제(無返濟) 부조금으로 500루부루(조선화폐로 2000원)를 교부함.

나. 작업복(쟈케트, 바지) 1벌, 노동화 1족, 백미 50킬로그램(瓩)과 전도금(前渡金) (500)루부루(조선화폐로 (2000)원)를 교부함. 교부한 작업복, 노동화, 백미대금과 전도금은 5개월간에 노동임금에서 공제함.

9. 소련내 직장에 도착한 시일로부터 해당기업소 현행월급 및 평가와 실행된 작업에 상응하여 임금을 지급함. 단 지불할 임금에서 현행 소련 법률로서 규정된 노동 임금에 대한 소득세를 공제함.

10. 노동자가 요망하면 임금의 5할까지는 조선에 송금할 수 있음.

11. 작업에 착수하기 전 기술적 안전법, 작업장내의 규칙과 노동조건 등을 소개함.

12. 노동자와 그 가족에 대하여 소련 내에서 노동하는 기간은 공동숙박소(바락그 혹은 천막)를 제공하며 그 사용료는 현형 **(탈락)에 의하여 사용자가 부담함.

13. 직장에 도착한 시일로부터 본 계약기일 만료한 시일까지 현금으로 식당 혹은 다른 방법으로 식사함.

14. 노동자가 발병한 시는 의료는 무료로 하며 병중 평균임금을 지불함. 노동자의 병○은 현장 의료기관이 입증하여야 할 것.

15. 본 계약기간 만료하여 노동자와 그 가족과 소지품(노동자 매인 70천(킬로그램) 이하 가족 매인 15천(킬로그램) 이하)을 그들이 출발한 북조선 항구까지 수송함. 그 비용은 기업소가 부담함.

16. 기업소에서 소득한 임금 소련화폐는 귀국시에 조선회폐로서 교환하여 줄 사(事).

17. 노동에 관한 쟁의는 소련 노동법과 보험법에 의하여 해결할 사(事).

18. 본 계약체결 기한은 1948년 *월 *일부터 19**년 *월 *일로 함.

19. 본 계약서는 노문(露文)과 조선문으로 3통을 작성하여 1통은 노동자가 소지하고 1통은 직장에 부송(付送)하고 1통은 소련 동부지방어업성 주북조선 대표자가 보관함.

조선노동자의 신분조회서

성명: 허** 생년월일: 1914년 *월 *일 당령: (35)세

재북조선 거주소: 함북도 성진시 **면 **리

송금영수자의 성명: ***　　북
조선 주소: **도 **시군 **면 **리 **동 **번지
소련에 여행허가 발행기관명　성진시 **사령부
허가발행기일과 번호: (3) 월 (20)일　*****호
고용주 소련동부지방어업성 주북조선 대표자 그레벤치곱
노동자의 성명: **

고용지에서 좌(左)와 같이 교부함(대금은 임금에서 공제함)
기일
종목: 백미 50천(킬로그램)/ 작업복 1착 / 신발(靴) 1족/
　　전도금 ***루부루 (****원)
교부자의 직명과 (부)서명
노동자의 서명

사할린의 어업 중심 도시 중 하나였던 토마리(Tomari)에서 확인할 수 있었던 1948년도의 '2년간 조선노동자의 재원동어업기업소 노동계약서' 역시 약간의 명칭 변화나 일본식 어구의 수정 등을 제외하면 기본적으로 1947년도 계약서의 기본 골격을 유지하고 있다.

양 계약서의 가장 두드러진 차이는 1조인데, 1947년도 계약서에서는 노동 기한에 대한 언급만 보이지만 1948년도의 경우에는 노동계약 만료 시점이 어기(漁期) 전일 경우 고용자에게 해당 어기까지 노동자를 잔류시킬 수 있는 권리를 부여하고 노동자는 그 시기까지 잔류할 의무를 가지도록 규정하였다.

양 계약서를 비교하며 분석해 보면, 몇 가지 시사점이 드러난다. 우선, 형식상 계약은 북한 노동자 개인과 소련동부지방어업성 사이에 체결되어 있지만 소련 측의 관심이 보다 적극적으로 반영되어 있다. 여행 허가와 이동 등 실무적 업무는 소련이 주도하는 군사 조직(지역

사령부)이 담당하는 점이나, 작업할 장소의 선택권을 노동자에게 부여하지 않고 작업장에서 '당국의 명령'에 따르도록 의무만 부여한 조항(4조), 그리고 노동 관련 '쟁의는 소련의 법'에 의해 해결하도록 한다는 17조 등은 노동력 부족 문제 해결이 긴요했던 소련이 확보한 노동력을 통제하고 최대한 활용하기에 용이하도록 만들어져 있다.

다음으로 노동자 의무 규정(4개조)의 3배에 달하는 12개조(5~16조)로 구성된 고용주의 부담 관련 조항들 속에도 파견자들의 노동 효율을 제고하고자 하는 조항들이 곳곳에 들어 있다. 고용주가 지는 부담은 노동자와 동행하는 가족들의 여행비와 소지품의 송달비, 이동 중 급양비가 포함되어 있었고, 노동 현장에서 작업복과 식량 등의 제공 의무, 그리고 계약자에 대해 일정한 부조금과 귀환 관련 비용까지 지불해야 했다. 사전 지급되는 부조금 500루블은 당시 북한 일반 노동자나 사무원의 평균 월급의 2~2.5배에 불과한 금액이었고, 노동자와 관련된 일체의 비용은 '5개월간 노동임금에서 공제'되는 채무와 같은 성격을 가졌던 사실, 그리고 노동 기간 중에 합숙이나 천막생활을 해야 했던 노동자의 거주비까지 일종의 빚으로 처리되었다는 점은 노동 효율의 제고를 의도한 것으로 볼 수 있는 조항들이다. 또한 이와 같은 노동자 모집 조건은 사용자의 모집 활동에 소요된 일체의 비용이 사전에 빚으로 처리되고 이를 향후 노동자의 월급에서 공제하였던 일제 시대의 관행과 닮아 있다.

3) 파견노무자 관리 및 근로 여건

1946년을 시작으로 극동지역으로 파견된 북한 노동자의 유입은 실질적으로 1948년에 종결되었다. 사할린 지역으로의 파견 규모는 모두

〈표 2-2〉 사할린 지역 파견 북한 노동자의 유입 및 유출 현황(1946~1949)

<table>
<tr><th rowspan="3">연도</th><th colspan="3">유입</th><th colspan="3">유출</th></tr>
<tr><th rowspan="2">총수</th><th colspan="2">그중</th><th rowspan="2">총수</th><th colspan="2">그중</th></tr>
<tr><th>노동자</th><th>동반가족</th><th>노동자</th><th>동반가족</th></tr>
<tr><td>1946</td><td>7,523</td><td>7,523</td><td>-</td><td>6,595</td><td>6,595</td><td>-</td></tr>
<tr><td>1947</td><td>6,474</td><td>5,083</td><td>1,391</td><td>-</td><td>-</td><td>-</td></tr>
<tr><td>1948</td><td>11,888</td><td>8,105</td><td>3,783</td><td>5,406</td><td>4,113</td><td>1,293</td></tr>
<tr><td>1949</td><td>180*</td><td>180</td><td>-</td><td>2,394</td><td>1,678</td><td>716</td></tr>
<tr><td>합계</td><td>26,065</td><td>20,891</td><td>5,174</td><td>14,395</td><td>12,386</td><td>2,009</td></tr>
</table>

출처: 기아소, 53-1-105, 27장(1952.1.1. 생산).

*주: 1949년 유입자(180명)는 북한에서 신규 출발한 이들이 아니라 이미 이전 시기에 모집되어 아무르 지역의 '오호츠크 고스리브트러스트(Охотский Госрыбтрест)' 소속으로 일하고 있던 노동자들이 사할린으로 이전 배치된 것이었다.

2만 891명이었으며 연도별 유입과 유출 현황은 〈표 2-2〉와 같이 나타나고 있다.

노동자의 수만 비교하면 1946년에 유입된 이들의 규모가 가장 크기는 하지만 전체적으로 보아 사할린 파견 북한 노동자 역사의 주류를 형성한 이들은 역시 1947~1948년 기간에 파견된 가족 동반 유입자였음을 알 수 있다. 이들에 대한 관리와 구체적인 삶의 면모는 남아있는 다양한 기록과 증언 등을 통해 확인할 수 있다.

소련 당국은 사할린 지역 한인 인구에 관한 자료를 생산할 때마다 일본인에 의해 사할린으로 온 이들(즉 선주민)과 북한에서 모집으로 들어온 노동 계약자를 일관되게 구분하고 있다. 북한에서 파견된 이들의 출입국 관리가 비자를 기반으로 이루어졌음을 시사해 주는 부분이다. 모집자들의 출입국 경로는 북한을 출발해 핫산에서 소련 입국 절차를 밟고 나홋카로 이동하여 항구에서 승선한 후 사할린의 코

르사코프 항구에 도착하여 최종 작업장으로 이동 배치되는 방식이었다.[17] 파견 노무자의 구체적인 관리 실태와 그들의 삶은 개인 기록을 통해 볼 수 있다. 1947년부터 1953년까지 사할린의 여러 어업 콜호즈들에서 활동했던 조○학의 사례가 그 한 예다.[18]

최초의 기록에 따르면 1924년 청진 출생자인 조○학은 1951년 3월까지 약 4년의 계약을 체결하여 1947년 5월 1일에 사할린에 도착한 후 홈스크 군의 프라브다(Правда)촌에 위치한 '사할린어업총국' 소속 작업장에 배치된 인물이다. 1948년 4월에 그는 토마리시(市)로 작업장이 바뀜에 따라 새로 거주등록을 하게 되는데, 이 자료에서 조○학은 스스로를 1927년 함경도 길주 생으로 밝히고 있다. 이렇게 출생 연도와 태생지가 다르게 기재된 동일인물이 한 기록철에 들어 있고 작업장을 옮기거나 노동활동을 영위하는 데 문제가 없었음을 시사한 자료는 당시 북한 노동자 모집이 철저한 관리와 행정적 점검 속에 진행되지 않았음을 짐작케 한다.

사할린 각지의 수산업 관련 작업장에 배치된 파견노무자들은 현장에서 현지 업체의 관리 아래 놓이게 되었다. 이들의 사할린 사업체별 소속은 〈표 2-3〉과 같이 확인되며, 배치를 받은 노동자의 대부분인 85%가량이 어획 및 어류 손질 등 상대적으로 단순한 노무 분야의 현장 노동종사자들로 나타나고 있다.

---

17 이동 경로는 기아소, 53-25-2453, 49장, 60-84장 및 사할린 귀환운동에 앞장 선 박노학 등 당대의 회고에 기초한다.

18 기아소, 132-2-111(조○학)을 참조하여 재구성하였다.

〈표 2-3〉 사할린 사업체별 북한 파견노무자 배치 현황(1952.1. 기준)

사업체명	배치된 북한인 총인원	그중 노동자와 가족
서 사할린 트러스트	3,900	2,007+1,893
동 사할린 트러스트	1,764	946+818
북 사할린 트러스트	567	412+155
쿠릴 고스리브 트러스트	1,648	860+788
네벨스크 어항	277	206+71
크라스노고르스크 수선소	113	61+52
사할린 어업총국 소속의 기타 소규모 작업장들	1,248	918+330
계	9,517	4,910+4,107

출처: 기아소, 53-1-105, 28장.

북한에서 어업 분야에 종사한 경험이 없었던 조○학 역시 토마리 어업 콜호즈의 하급 노동자(рабочий)로 일하다가 1952년 5월의 계약 만료와 더불어 새 노동 분야인 건설 분야로 직종을 변경하기 위해 주도인 유즈노사할린스크로 거주지 이전을 청원하였다.[19] 초기 파견노무자들이 대체로 단순 현장노동 종사자로 근무하였던 주된 이유는 어업 분야의 기술 수준이 낮게 평가되었기 때문이다. 기록상으로 보면 1948년에 파견된 북한 노동자 중 50%가 넘는 2,760명이 당장 기술 훈련을 거쳐야 할 대상이었다.[20]

북한 노동자들이 배치된 작업장의 생활환경은 전후 복구가 완료되지 않은 상황이었던 만큼 법적 기준에 맞는 생활 조건이 구비되기

19 기아소, 132-2-111, 14-16장.

20 기아소, 53-1-105, 28장. 반면 중간 작업관리자 격인 작업반장은 378명으로 전체의 7%를 차지하였다. 같은 자료, 29장.

어려웠다. 특히 1946년에 파견된 이들은 열악한 주거와 위생 조건을 감수해야 했다. 비가 새고 빈대가 끓는 기숙사에 아무런 가구가 없는 방들에 배치된 노동자들은 폐허가 된 목욕탕을 사용하지 못했으며, 생필품의 보급도 원활하지 않아 전반적인 위생 상태가 위험할 지경이었다.[21] 현장 작업장에서 부당한 근로 배치나 제기된 문제에 대한 해결이 잘 되지 않는 경우, 배급권의 불공정한 지급, 구타와 욕설 등이 현장 감독관들에 의해 빈번히 보고되곤 하였다.[22] 음식은 한국식으로 제공되지 못했고, 쌀의 배급 기준은 있었지만 부식 재료의 구입이 어려웠기에 급식 수준은 열악해, 선주민 한인들의 '집에 와서 밀가루를 빌어가곤 했을' 정도로 '구차하게 살았다'.[23]

북한 노동자들의 거주 환경은 1947년 이래 가족을 동반하게 되면서 변화가 불가피했다. 그들은 소련식 기숙사 시설에 남았던 이전의 독신 노동자들과 달리 열악하기는 하지만 어촌의 작업장 인근에 소재한 '땅집', 즉 일본인들이 남긴 개인 집들에 거주하기 시작했다. 1951년 말경에는 어업 노동자의 70%에 육박하는 7,730명이 소규모나마 단독 공간에 거주하게 되었으며,[24] 당연히 작업장으로 출퇴근하는 생활 방식이 자리 잡았다. 거주 유형의 이러한 변화는 파견노무자들이 개인적 활동을 늘려갈 수 있는 기회가 되었다. 할당된 생산 기준을 채

21 아나톨리 쿠진, 문준일·강정하 역, 『사할린 한인사』(서울: HUEBOOKS), 2014, p. 117을 요약하여 재인용.

22 앞의 책, p. 118.

23 국사편찬위원회, 『사할린 한인의 동원·억류·귀환 경험』, p. 190(정장길 구술). 당시 노동자에 대한 쌀 배급 기준은 1일 500g이었지만 한식의 특성상 꼭 필요한 부식재의 공급은 상점망의 미비로 기대하기 어려웠다.

24 기아소, 57-7-105, 29장.

우고 성실하게 근무하면 노동자의 권리를 주장할 수 있었다.

생활의 객관적 조건이 전반적으로 좋다고 하기는 어려웠지만 조그만 야채밭이라도 딸려 있어 채소나 돼지와 같은 가축을 기를 수 있었던 판잣집은 북한 노동자들이 현지 생활을 인내하게 하는 긍정적 요소가 되었다. 게다가 노동이나 작업을 공동으로 진행하던 외국인이나 소련의 다른 지방에서 이주한 이들의 생활 조건과 작업환경도 파견노무자들과 별반 다르지 않았다. 그러므로 생활 조건의 열악함으로 북한 노동자 사이에 불만이 가중될 여지는 크지 않았다고 볼 수 있다.

파견노무자의 주축이 되는 가족동반 북한 노동자의 경우 3년가량의 다년 노동 계약을 체결함으로써 기대할 수 있는 수입의 수준도 점차 올라가게 되었다는 점에서 긍정적이었다. 당시 1년 단기 계절 노동자로 들어온 북한 노동자는 통상 200~250루블의 월급과 한 달치 정도의 무상 보조금 외에 수입을 기대하기 어려웠던 반면, 2년 이상의 노동계약을 체결한 이들은 1948년 1월 27일자 소련각료협의회의 제890-p호 지시에 따라 추가적인 보조금(500루블)과 1,000루블까지의 선불을 지급받을 수 있게 되었다. 특히 1948년 이후에는 3년의 노동계약을 체결한 이에게는 구소련 내 극북지역 근무 노동자에 대한 특혜를 적용해 주었으므로, 매 6개월 근무마다 기본급의 10%에 해당되는 추가 급여를 비롯해 더 많은 휴가와 노동 기한 연장 시 추가적인 보조금(900루블)까지 받을 수 있게 되었던 것이다.[25] 소련 당국의 이와 같은 정책은 파견노무자에게 오래 근무할수록 유리한 노동 조건이

25 기아소, 53-5-67, 14-15장. 1951년 말 북한 노동자 중 3년 근무자에게 주어지는 특혜 수혜자는 당시 잔류하던 북한 노동자(5,410명)의 약 70%인 3,756명에 달했다.

조성되고 있다는 의미로 해석될 수 있었다.

4) 1950년 이후 정착과 노동의 변화

짧은 기간이었으나 파견노무자들이 경험한 변화는 사할린 현지 선주민과의 관계에도 영향을 미쳤다. 현지 선주민(한인) 사회는 초기에 집단 거주 시설에 배치되어 집단노동에 종사하던 파견노무자에게 상당한 거리감과 심리적 거리를 유지했다. '파견놈'들과는 접촉하지 않으려 했던 선주민 사회의 문화적 분위기 아래서 이들 자제들과의 결혼은 허락을 기대하기 어려웠다.[26] 여기에 파견노무자 중 장기 노동계약자에 대한 국가의 특혜 부여 조치는 극지 근무자에 대한 혜택에서 제외되었던 선주민들로 하여금 '같은 일을 했는데 그 사람들은 우리보다 돈을 더 많이 벌고 받았다.'는 상대적인 차별과 박탈감을 느끼게 함으로써 심리적 거리를 배가하는 결과를 가져왔다.[27]

파견노무자들과 선주민 사회 사이의 거리 두기에도 불구하고 북한 노동자들이 대거 파견된 지역에서는 지역 한인 사회의 구성과 삶이 영향을 받지 않을 수 없었다. 파견노무자들이 쓰는 언어가 한반도 남부 출신자가 대부분인 선주민 사회의 언어를 '함경도 말투'로 바꾸어 놓은 우글레고르스크 지역이나, 1948년도 대규모 파견노무자로 인해 한인 인구가 3배가량이나 불어남으로써 토마리의 '조선 학교'가 크게 성장하게 된 사례는 그와 같은 영향 관계의 실례였다.[28] 이렇게 초

26 국사편찬위원회, 『사할린 한인의 동원 · 억류 · 귀환 경험』, pp. 165-166(전학문 구술).
27 앞의 책, pp. 81-82(박승의 구술).
28 앞의 책, p. 188(정장길 구술) 및 p. 233(허남훈 구술) 참고.

기 파견 북한 노동자들의 삶은 자체적 격리성과 소련 작업장의 통제 아래 위치함으로써 독립적인 형태를 유지하는 경향이 있었으나, 점차 현지 거주 기간이 늘어남에 따라 선주민과의 접촉 확대로 이어지면서 상호 간에 다각적인 영향을 주고받게 된다.

1940년대 극동지역 북한 노동자의 파견은 1948년에 실질적으로 종결되었지만 기왕 파견된 노동자들의 삶은 지속되었다. 동반가족을 함께 고려할 경우 파견 규모가 가장 컸던 1948년도 파견자는 대개 1951년까지 노동계약을 체결하였기 때문에 6·25의 전화를 피하면서 사할린에 정착하는 계기를 잡을 수 있었다. 1949년 7월 22일로 종결된 일본 민간인의 송환 사업에, 전쟁으로 인해 추가적인 북한 노동력의 유입이 불가능해진 외적인 요인들도 이미 파견된 북한 노동자들에게 영향을 미쳤다. 개별 작업장에서 북한 출신 노동자의 비율이 25%를 상회하는 곳들이 나타나고 있었다. 긴급한 전후 복구의 요구가 일정 정도 해소된 이후 사할린 지방의 생산 주체들은 중앙의 본격적인 계획경제 체제 아래 생산 증대 압력을 받던 터였다.

노동력 부족 문제의 해결은 지방 당국에게도 시급한 선결 과제가 아닐 수 없었지만 당국자들이 동시에 간과할 수 없는 문제는 국경지역 남사할린의 안보와 소비에트 이주민과 공존하는 외국인 노동자 관리였다. 선주민 사할린 한인과 북한 출신의 파견노무자가 관리 대상에 포함되었음은 물론이다. 1940년대 후반 전후 복구와 지역 개발의 필요성으로 수용된 북한 노동자들은 이렇게 1950년 직전부터는 안보적 필요에 따른 관리와 통제의 대상이 되었다.

1950년에 접어들면서 소련 당국이 취한 북한 노동자와 관련된 대표적인 관리 통제책으로 쿠릴 지역 어업 노동자의 이동과 등록 및 노동수첩 발급을 들 수 있다. 전자는 1950년 5월 1일까지 쿠릴 지역에서 일하고 있는 모든 북한 노동자를 사할린 본섬이나 기타 안보 위험이 적은 지역으로 이주시키고 다른 작업장으로 배치하도록 한 조치였다.[29] 후자는 1950년부터 선주 한인과 더불어 파견 노무자들도 개별적으로 거주등록을 해야 함은 물론 등록증과 거주증을 항시 휴대하도록 강제하는 조치였다. 직접 노동활동에 종사하는 한인에게는 노동수첩이 발급되어 채용과 해고 절차가 진행되었으며 수첩에는 직장과 직위의 모든 변화가 기재되었다. 기업 등 관리 주체(어업의 경우 사할린수산업총국)의 증명서로 가능하였던 전근이나 직장 변경은 이후로부터 반드시 노동수첩을 지참해야 가능해졌다. 전근과 직업의 변경은 거주등록 조치와 맞물려 있어서 관련 서류 작성 과정에 경찰이 관여하게 되어 있었기에 개인의 노동 활동과 이동에 대한 당국의 통제가 단번에 가능해졌다.[30]

개별적 통제를 강화하는 소련 당국의 조치는 노동자에게 선택의 여지가 없는 의무로서 더 엄격한 관리의 대상이 되는 제약임에 분명하였다. 그렇지만 1950년이라는 당시 상황 속에서 그것은 노동 현상에 장기간 체류할 수 있는 가능성을 여는 방향으로 작용했다. 가령, 쿠릴 지역에 배치된 파견노무자들은 사할린 본섬으로 이주 명령에 따라 어업 이외의 다른 직종으로 옮겨가게 되면서 법적으로 노동계약 기간 연장의 효과를 가졌다. 6·25 전쟁 등 한반도의 정세로 인해 사

29 1948년 당시 쿠릴 지역에는 831명의 북한 노동자가 어업 사업체에서 일하고 있었다. 이에 대해서는 기아소, P(당문서)4-1-556, 60장.

30 이상 기아소, 242-1-21, 83-85장.

할린 당국자들은 1950년에 계약이 끝날 예정인 1947년 유입자들을 위해 새로운 노동 현장을 찾고 계약을 연장해 주어야 했다. 사할린 내의 어업 작업장에 배치된 인원 중에서 약 3,000명가량의 계약 종료 예정 파견노무자들이 임산, 제지, 제조업 등으로 노동 분야를 바꾸기 원하고 있었다.[31] 초기에 어업 분야로 집중된 북한 출신 모집 노동자들로서는 1950년을 기점으로 사할린에서 수산업 분야 이외의 영역으로 본격 진출하는 계기를 만난 셈이었다.

1951년 말을 기준으로 보면 어업 노동자가 5,410명으로 여전히 가장 많았으나 임업이 303명, 제지업 종사자가 693명, 탄광업이 63명 등으로 나타났다.[32] 건설 분야로의 진출도 주목할 만하다. 어업총국 소속이지만 수산업 분야에서 건설 업무를 총괄하던 사업체인 '사할린어업건설(сахалинрыбстрой)'에 소속된 파견노무자가 2,118명으로 나타난다. 1951년에 건설 부문은 파견노무자가 어업 이외의 분야에서 가장 많은 수가 진출한 직종이 되었던 것이다.

북한 노동자들의 진출 분야가 다양해지는 만큼 획일화된 통제에 따르는 생활 방식은 줄어들 수밖에 없었다. 물론 등록 의무나 노동수첩을 발급하여 관련 절차를 진행해야 하는 의무는 엄격하게 요구되었으나 당국은 동시에 각 사업장에 대해 노동자들의 주거와 문화적 교양 환경 개선에 적극 나서도록 요구하는 한편으로 '노동계약 기간을 3

31 기아소, 53-7-105, 28장.

32 북한 노동자의 신규 분야 진출은 현지 사할린 한인들과 공동으로 활동하는 모습으로 나타나는 점도 두드러진다. 즉 어업 이외 분야 노동자들에 대한 통계는 한인 전반을 대상으로 하는 자료들에서 다루어지고 있다. 가령, 선주민이 다수를 차지하던 탄광업 분야의 경우 1,579명의 한인이 탄광업 노동자였는데 그중 63명이 북한 노동자로 서술되어 있다. 기아소, 53-7-105, 11, 19장.

년씩으로 할 것'을 지시함으로써 노동력 확보와 생산성의 향상을 동시에 추구하도록 압박하였다.[33]

결과적으로 개인에 대한 통제를 강화하는 듯 보이는 1950년대 당국의 조치들 가운데 북한 파견노무자의 사할린 체류 조건은 개선되어 가고 있었다. 이로써 북한 노동자들은 강제동원 등의 이유로 먼저 사할린에 들어갔던 무국적자 선주민과 외적으로 비슷한 지위가 되어 갔다. 사할린 지역 당국 역시 1950년대 초에는 북한 출신 노동자와 현지의 선주민 한인들을 같은 선상에서 보기 시작했다. 1952년 2월에 사할린 지방당국은 안보를 이유로 외국인들을 국경 지역으로부터 타 지역으로 이주시키는 방안을 모색하라는 소련 각료협의회의 지령에 대해 사실상 반대하고 나섰다.[34] 보다 결정적인 조치는 1952년 이후 한인에게 소련 국적을 부여하기로 한 조치에 무국적 선주민만이 아니라 북한 노동자를 대상에 포함시킨 것이었다. 이로써 소련적을 받은 한인 그룹에 선주민과 파견노무자가 섞이게 되었고, 이어 1950년대 후반기에 선주민에게 소련만이 아니라 북한으로도 국적을 선택할 수 있도록 허용하자 선주민과 북한 파견노무자 사이의 국적 구분은 더 이상 이전과 같은 의미를 갖지 못하였다.

---

33 기아소, 53-7-105, 36-37장.

34 Дин Ю.И., *Корейская диаспора Сахалина: проблема репатриации и интеграция в советское и российское общество*, Ю.-Сахалинск, 2015, с.84.

3

연해주 및 사할린 지역 북한 노동자의 삶과 문화

1) 북한 노동자의 파견 현황 및 근로 환경

북한 노동자가 진출하기 시작한 1940년대 후반을 거쳐 네 번째 단계인 2007년부터 현재까지 북한 노동자의 러시아 파견은 2007년 8월 31일에 체결된 「북·러 간 한시적 근로활동에 관한 협정」에 의거해 이루어지고 있다. 2007년 이후 파견되는 노동자들은 건설 분야로 집중되고 있으며, 러시아가 정한 쿼터에 따라 북한의 관계 기관이 현지 파트너를 찾아 노동자 파견 계약을 하여 파견하는 방식이다. 북한에서 파견자로 선발되려면 몇 가지 조건을 갖추어야 하는데, 기술자격증을 보유하고 신체검사를 통과해야 하며, 최근 5년간 거주지 생활과 정치행사 참여가 확인되어야 하는 개인적 요건에 더하여, 6촌 이내 정치범·경제사범이 없어야 하고 러시아어를 구사하지 못해야 한다.

북한 노동자는 러시아 기업과 북한 회사 사이에 체결된 노동계약에 따라 해당 현지 기업이 발행해 주는 초청장으로 노동비자를 받아 러시아에 입국한다. 파견을 받아 러시아로 나오는 교통편은 항공과 철도를 이용한 육로 이동으로 구분된다. 항공 요금은 800~1,000달러에 이르는데 이 요금은 노동자들이 파견지에서 노동을 하며 갚아 나가야 한다. 항공료가 부담스러운 노동자들은 항공 요금의 절반 수준인 철도를 이용한다. 노동자들을 태운 평양-모스크바 국제노선은 평양에서 북한의 두만강역까지 간 후 러시아 기관차로 교체하여 러시아의 첫 역인 핫산에 이르러 입국 절차를 밟은 후 모스크바까지 운행된다. 월 2~4회 운영되는 두만-모스크바 노선과 더불어 월 1회가량 운행되고 있는 두만-하바롭스크 노선도 있다. 이때 북한 사람들만 타는 별도의 객차 하나가 만들어지기도 한다. 섬인 사할린으로 가려면 블라디보스토크에서 국내선을 한 번 더 이용해야 한다. 이와 같이 러시아 극동은 다방면으로 향하는 북한 노무자의 출입 관문이다.

러시아에 도착한 북한 노동자들은 이후 현지 북한 회사(사업소)들의 관리를 받는다. 러시아 내 북한 합자 회사는 총 300여 개이며 연해주에 70여 개, 대도시인 모스크바에는 80여 개가 등록되어 있다.[35] 사할린이 포함된 연해주 일대의 북한 회사는 블라디보스토크 북한 총영사관의 관장 아래 놓여 있다.[36] 연해주에는 남강, 성공, 락원, 젠코, 릉라도 등 주로 건설사 형태인 70여 개의 북한 회사(사업소)가 있으며, 회사 혹은 사업소별로 200~400여 명의 북한 노동자를 관리하고 있는 것으로 파악되었다. 사할린 지역에서 활동하는 회사들 역시 연해주 회사 명칭과 일치하는 경우들이 있어 북한 내에서의 조직적 연계성을 암시하고 있으나, 사업의 운영과 노동자 활동은 대체로 독자적으로 이루어지는 것으로 파악되고 있다.

2014~2016년 시기는 러시아 루블화의 가치 하락으로 중국인 노동자들이 크게 줄어 건설업 분야 북한 노동자들의 일자리가 부족하지 않았다. 풍부한 건설 노동자 수요는 북한 노동자들이 개인 상납금 등을 채우기 위해 소속 회사의 일감 외에 부업에 종사하는 것을 용이하

35 BBC, 2018.2.12일자, "Работа мечты": чем занимаются рабочие из КНДР в России(꿈의 노동: 북한에서 러시아로 온 노동자들은 어떤 일을 하나), 〈https://www.bbc.com/russian/features-42989901〉.

36 아무르부터 노보시비르스크에 이르는 시베리아 지역은 하바롭스크에 위치한 북한 대표부가 관리하며 노보시비르스크 이서 지역에 소재한 북한 회사에 대한 관리는 주러 북한 대사관에서 담당한다.

게 하는 조건이 되었다. 하지만 러시아가 2014년 말부터 외국 노동자에 대해 '노동허가증'을 부여하는 심사 절차를 시행하고 있는 점은 북한 노동자들에 추가적 부담을 강요하는 불리함으로 작용하고 있다. 심사에는 자격과 건강 요건에 더하여 언어와 법적 지식에 대한 소양을 평가하는 시험이 필요하다. 러시아어, 러시아 역사와 러시아 연방 기본법 등에 대한 종합 시험을 통과해야 하는 것이다. 파견부터 러시아어를 구사하면 안 되는 조건으로 파견된 북한 노동자로서는 노동허가증을 구입하거나 대리자가 연수에 참여하고 시험을 치를 수밖에 없는 상황이다. 또한 러시아의 외국인 노동허가와 관리감독, 관련 법 집행의 주관 기관은 연방이민청이지만 현지 체류 요건의 감독이나 법률 위반 사항은 내무부 소관으로 노상 검문 등의 대상이 되어 있다.

이와 같이 2017년 국제적 대북제재가 본격화되기 이전에도 현지의 노동 환경은 북한 노동자들에게 대체로 불리하게 작용하고 있었다. 북한 노동자는 풍부한 현지의 노동 수요에도 불구하고 월 임금에서 매달 북한 당국에 부담하는 계획분을 비롯해 소득세, 사회보험료, 거주비와 식비, 관리비 등 각종 부대비용을 부담해야 하는데 환율 하락으로 인해 계획분 부담이 가중되는 부정적인 영향을 받고 있다. 작업 시간 및 임금에 대해 제대로 알지 못한 채 근로 현장에 투입되는 경우가 대부분인 북한 노동자들이 러시아 내 소속 회사에 도착하자마자 여권을 압수당한 채 강제로 집단생활을 하며 작업현장에 매여 하루 12시간 이상의 중노동을 해야 하는 원인도 언급된 현지 상황과 무관하지 않았다.

북한 회사와 러시아 기업이 체결하는 노동계약에 따른 근로(통상 오전 9시에서 오후 5시까지) 이외에, 북한 노동자들은 엄연히 불법으로

〈사진 2-1, 2-2〉 연해주 및 사할린 도심에서 건설 작업 중인 북한 노동자

출처: 연구자 및 연구협력자 촬영(위: 2014.9. 연해주, 아래: 2016.7. 사할린)

규정되어 있는 부업 혹은 청부, 다시 말해 다른 작업장에서 추가적으로 일하는 것에 적극적이다. 노동계약서에 따른 일만 할 경우 법정 근로시간과 주말 휴무가 보장되지만, 국가계획분과 개인별 상납금, 부대비용을 채운 후 개인 몫의 수입을 확보하려면 추가노동이 불가피하기 때문이다. 청부 일은 상대적으로 많은 돈을 받을 수 있으나 도급제로 일감을 받기에 일거리를 소개해 주는 단계마다 소개비가 지불되어야 하는 데다 규율상 금지된 외박을 통해 작업을 진행하려면 회사 관리자의 허락을 받아야 하는 관계로 추가적인 비용들이 들어가게 된다. 이와 같은 부패 구조로 인해 노동자들은 공기(工期) 단축을 위해 현장에서 숙식을 해결하며 16시간이 넘어가기도 하는 과도한 노동을 하게 되고, 쌀과 부식을 가장 저렴한 가격에 구입하고자 다양한 방법을 모색한다. 이러한 노동 환경은 노동자의 건강 악화와 높은 사고 위험으로 이어질 수밖에 없다.

2) 북한 노동자의 해외 파견 과정

(1) 러시아의 쿼터제와 파견 노동자 인원

북한 노동자가 소련 지역으로 본격 파견되는 계기가 된 1967년의 '임업협정'은 벌목 분야로 노동자 파견을 한정하고 있었다.[37] 현재 러시아 파견 노동자는 벌목공뿐 아니라 건설공, 광산 일꾼, 농업 일꾼, 수산 일꾼 등으로 다양하다. 러시아에 제일 많이 파견되는 벌목공들은 북한 각 지역의 임업부 산하 '재쏘관리부'가 담당하며 모스크바, 상

37 '임업협정'으로 벌목공 3,500명이 파견되기 시작했다. 이원웅, "북한 해외근로자, 어떻게 사나?", 『통일한국』 2013년 12호(평화문제연구소), 2013.

〈표 2-4〉 러시아 각 기관에서 파악하는 파견 북한 노동자의 직종별, 시기별, 지역별 인원 및 분포 현황(2014년 현재)

구분		노동자 현황(명)		최초 입국 허가권자 및 입국시기	활동 지역
		① 외무성 이민국 T/O 통계 (최근허가년도)	② 연방보안군 (FSR) 추정치		
1	벌목공	13,700명 (2010년)	약 15,790명	브레즈네프 (1972년)[38]	하바롭스크 지역의 틴타와 체크도민 등 5개 지역
2	건설공	1,500명 (2011년 3월)	약 1,880명	안드로포프 (1983년)	특히 연해주 APEC공사장에 최근 많이 왔음.
3	광산 일꾼	1,100명 (2001년)	약 970명	후루시쵸프 (1954년)	츄코트카 마가단 캄차카와 사하자치공화국 등
4	농업 일꾼	550명 (2009년)	약 540명	후루시쵸프 (1963년)	연해주와 흑해연안 크라스노다르와 로스토프 지역
5	수산 일꾼	150명 (2010년)	150명	브레즈네프 (1979년)	베링해와 오호츠크해 등 북극권 해역
6	떠돌이 일꾼	0 (통계 없음)	약 1,090명	한·소 수교 이후인 1990년대부터 나타나기 시작했음.	산삼, 사향, 웅담 등 약재와 수퍼노트 유통
합계		17,000명 (T/O)	20,420명		

출처: 통일연구원 연구과제 비공개 워크숍 자료집(2014. 10. 31.)
* 기관에 따라 북한 노동자 인원 수가 다르게 산출됨.

트페테르부르크, 크라스노야르스크, 연해주, 사할린 등의 도시 지역에 많이 파견되는 건설공들은 내각 산하 각 기구의 사업소에서 담당하였으며 2009년 이후에는 대외건설지도국으로 통합되어 운영되었다. 대외건설지도국을 담당하던 장성택이 처형된 2013년 이후에는 내각, 당, 군 등 권력기관들이 노동자의 해외 파견에 경쟁적으로 참여하

38 일반적으로 1967년을 기점으로 하고 있으나 본 표에서는 1972년을 최초 입국 시기로 보았다.

고 있다고 한다.[39] 노동자 중 일부는 특수하게 군부대 소속의 군인들이 파견되는 경우도 있다. 삼림이 많아 벌목공이 주로 파견된 아무르주나 하바롭스크주 등과 달리 연해주, 사할린 등 건설 수요가 많은 중소도시 지역에는 건설노동자가 대다수이며 이들은 콘크리트작업자, 미장, 석공, 목수, 배관공, 엔지니어 등의 업종으로 쿼터를 받아 러시아에 입국한다.

북한 노동자들은 러시아 정부의 관리 대상이다. 외국인 노동자 쿼터는 무비자 출입국 외국인과 비자 출입국 외국인 두 가지가 있으며 북한은 후자에 속한다. 쿼터제 운영방식은 다음과 같다. 먼저 러시아 기업체들이 매년 5월까지 고용목적을 밝히고 다음 해에 고용할 외국인 노동자 수를 지방정부에 신청한다. 지방정부는 이를 취합해 연방정부에 요청하고 연방 보건사회개발부가 경제개발통상부 및 연방 이민국과 협의해 지역별 쿼터를 배정한다.[40] 이처럼 정해진 쿼터에 맞추어 지방정부가 러시아 기업체들마다 고용할 수 있는 외국인 노동자 수를 정해 준다.

쿼터 수를 기준으로 보면 연해주 지역이 약 8,500명으로 노동자 수가 가장 많으며 다음으로 모스크바주가 약 3,800명, 상트페테르부르크가 약 3,300명, 모스크바(시)가 약 3,200명, 사할린 지역은 약 2,100명이다.[41]

---

39 『데일리한국』, 2016. 2. 17일자, "[김정은의 돈줄] ①북한 해외파견 근로자 번 돈도 당으로 간다".

40 Alyona Pak, "2014년 러시아 내 외국인 노동자 쿼터 확정 및 불법체류 처벌강화", 2013.12.16, 〈http://news.kotra.or.kr/user/globalAllBbs/kotranews/album/2/globalBbsDataAllView.do?dataIdx=126292〉(검색일: 2016.11.3.).

41 BBC, 2018. 2. 12일자 앞의 기사.

〈표 2-5〉 북한 노동자 유입 지역 및 지역별 쿼터 수

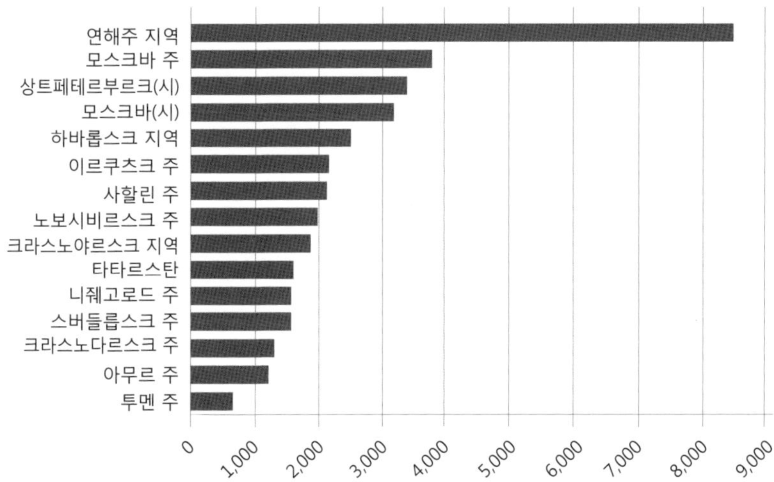

출처: 2017. 12. 6일자 러시아 노동부 명령 제831호(BBC, 2018. 2. 12일자에서 재인용).

사할린의 경우 북한 노동자를 고용하는 러시아 회사는 30여 개가 있으며 대개 한 사업체당 100명 정도 쿼터를 신청하고 있다. 쿼터가 배정된 러시아 기업체는 쿼터에 따른 노동자 입국 비용을 당국에 납부한다. 일반적으로 1인당 쿼터에 드는 수수료 등의 비용은 600~800달러에 달하는데 사할린의 한 러시아 회사의 경우 1인당 쿼터 비용을 5만 루블(약 800달러)로 계산했다. 쿼터에 따른 고용인원이 많을수록 1인당 비용이 줄어든다고 한다. 그러나 쿼터를 배정하는 데 드는 실제 비용은 이보다 적어 나머지 차액은 러시아 회사 관리자가 가져가는 것으로 알려져 있다.

쿼터를 배정받을 수 있는 러시아 기업은 북한 회사에 연락해 노동자를 선발한다. 북한 회사가 파견할 노동자 명단을 기술이나 숙련도에 따른 구분과 함께 러시아 회사로 보내면 러시아 회사가 필요 인

력을 선발한다. 그런데 러시아 회사들은 배정받은 수보다 적은 수의 북한 노동자들을 고용하는 것이 보통이다. 따라서 남는 쿼터만큼의 인력이 개인 청부에 나갈 수 있게 된다. 사할린의 경우 이런 허수(虛數) 노동자들, 즉 쿼터에 따라 러시아에 입국했으나 러시아 회사에 고용되지 않은 노동자들이 많이 유입되기에 개인 청부의 비중이 높은 편이다.

최근 UN 대북제재 조치가 강화되고 각 지역의 예산 문제로 인해 2017년부터는 북한 노동자 쿼터 인원을 감축하기 시작했으며 2018년에는 쿼터의 발급이 중단되었다. 2017년 말 유엔 안전보장이사회가 취한 대북제재가 확대되면서 러시아 정부가 2019년까지 러시아 내 모든 북한 노동자가 본국으로 귀환할 것과 북한과의 합작회사를 폐쇄하도록 조치하였기 때문이다.[42] 러시아 정부가 외국인 노동자 고용 쿼터를 축소 및 중지함에 따라 사할린의 러시아 기업 관리자들은 북한 회사를 통해 북한 노동자를 고용하는 것이 불편하다면서 차라리 인터넷의 인력시장에서 개별적으로 북한 인력을 구하는 것이 낫다고 말한다. 한 건설회사의 사장은 작업할 인부를 구하기 위해 지금은 싸콤(Sakh.com), 구글 등의 인터넷 사이트를 이용한다고 말한다. 러시아의 쿼터 발급 중지로 인해 2018년부터는 북한 노동자들이 체류기간이 90일인 관광비자나 학생비자로 입국하여 노동을 하는 형태가 늘어나기 시작했다. 이들은 90일 비자로 일단 러시아에 입국한 후 높은 수수료를 들여 비자 기간을 연장하는 방식으로 노동시간을 확보해 나간다.[43]

42 BBC, 2018. 2. 12일자 앞의 기사.

43 연구 협력자가 북한 노동자와 나눈 인터뷰(2019.7.) 내용 중.

(2) 러시아로 파견되기 위한 노동자들의 노력

김정은 시대 이후 러시아로 파견되는 건설공의 출신 지역이 확대되고 있기는 하지만, 조사를 통해 볼 때 이들의 대다수는 여전히 평양 출신으로 전체 러시아 파견 건설노동자의 약 85~90%에 달한다. 이들은 대개 군 제대 후 일반 공장에 배치되어 기능공으로 일하다가 외국으로 파견될 가능성이 많은 각 성의 대외건설사업소에 배치되기 위해 관계자에게 뇌물을 주는 등 다방면으로 노력을 기울였다. 각 성 내 사업소 혹은 대외건설지도국에 소속되어 있으면 러시아 내 사업소에 교대자가 있는 경우에 러시아로 나갈 수 있다. 따라서 순서에 맞춰 가기 위해서는 몇 년이 걸릴지 모르기 때문에 '줄을 잡거나'(도움 받을 사람과 연결을 맺거나) 뇌물을 주어야 한다. 뇌물은 여러 사람에게 주어야 하는데 선호 지역에 따라 100달러 이상이 든다고 한다. 뇌물을 마련하기 위해 노동자들은 돈을 벌고 빚도 지지만 여의치 않을 경우 자신의 집을 처분하는 경우도 있었다.

북한 노동자들의 해외파견에 대한 인식은 1990년대 고난의 행군 시기와 크게 다르다. 즉 1990년대까지만 해도 북한 주민들에게 있어 가장 중요한 것이 생존이었지만 2000년대 들어서는 신념과 생존, 탈출이라는 이미지에서 벗어나 풍요로움을 위한 경제활동이라는 인식이 강해졌다.[44] 해외파견은 자유롭게 돈을 벌 수 있는 기회의 획득으로 인식되고 있다.

오늘날까지 북한은 러시아를 비롯해 중국, 몽골, 쿠웨이트, 아랍에미리트, 카타르, 앙골라, 폴란드, 오만, 리비아, 미얀마, 나이지리아,

---

44 이지은, "국제사회의 대북제재 이후, 러시아 극동지역의 북한 노동자 현황", p. 49.

알제리, 적도 기니, 에티오피아 등 북한과 외교 관계가 형성되어 있는 세계 각국에 노동자들을 파견해 왔다. 그중에서 러시아는 북한 노동자들이 가장 선호하는 지역이다. 중국 등 공장지대가 많은 곳은 파견될 경우 '월급'에만 의존해 생활해야 해서 '싼 곳', '여자들이나 가는 곳'으로 알려져 있고, 중동 쪽은 기후 조건이 맞지 않아 다녀온 사람들이 병을 앓고 죽는 경우가 많다고 소문이 나 있기 때문이다.[45]

러시아 지역 중 적어도 2010년대 초반까지만 해도 북한 사람들이 가장 선호하는 지역은 사할린이었고 그 뒤가 연해주 지역이었다. 사할린 지역이 인기 있었던 이유 중 하나는 파견된 노동자들이 집체노동 혹은 대상노동[46]만 해야 하는 것이 아니라 회사 측과 정식계약을 맺지 않고 개인적으로 나가서 일하는 청부 활동이 용이한 데다 개별적인 수입이 높다는 점이었다.

그러나 이 지역들이 노동자들에게 인기를 끌면서 이 지역 내 사업소에 관리자로 오기 위한 관리자급 사이의 경쟁도 치열해졌으며[47] 그 결과 관리자들의 착취가 과거보다 더 심해졌다. 따라서 김정은 시대 이후로는 특정 지역보다는 사업소 분위기가 자유스러운지, 사업소 지배인의 성품이 어떤지, 관리자들과의 연줄이 작동되는지 등 이미

---

45 기후 조건으로 인해 파견 희망자들의 비선호 대상지였던 아랍지역은 한때 밀주 제조 및 판매로 수입을 올렸다는 소문이 돌면서 인기 있는 지역이 되기도 했다.

46 대상은 북한 사업소(회사)와 계약을 맺은 상대방 회사(주로 러시아 회사)를 뜻한다. 회사 단위의 계약이기 때문에 노동자들의 임금은 주로 북한 사업소에서 관리한다. 대규모 단지 등에 다수 노동자들이 투입되는 경우가 많기 때문에 집체노동 혹은 국가대상이라고도 부른다.

47 러시아 내 인기 있는 지역의 지배인(사장)으로 오기 위해선 10만 달러 정도로 '사업(혹은 후방사업, 뇌물 등을 지칭)을 해야' 한다고 알려져 있다.

러시아에서 파견 근무를 마친 '재쏘생'[48] 등에게서 전해들은 상세한 정보에 기초하여 파견지를 선택하고 지원하는 경향이 자리를 잡았다.

3) 파견 북한 노동자의 관리 체계

북한 노동자들은 러시아 사업소 내 교대자로 확정되면 러시아로 떠나는데 러시아로부터 받는 비자는 대개 5년 기한이다.[49] 그러나 실제로는 근무를 시작한 지 3년 만에 러시아에 계속 있을지, 북한으로 돌아갈지 여부를 심사받는다. 3년 만에 다시 심사를 하는 이유는 과거 김일성의 유훈 때문이다. 김일성이 사망하기 전 "해외근로자는 3년이면 충분합니다."라고 교시했고 이를 관철하기 위해서 기본적으로 3년을 해외체류 기간으로 둔다. 그러나 러시아 내 사업소 관리자들은 뇌물을 받고 2년 더 체류할 수 있게 허용하는 일이 종종 있다고 한다.

북한 노동자가 러시아로 가게 되면 원칙적으로는 러시아 지방정부나 러시아 회사의 관리하에 일거리를 배당받고 노동을 하게 되지만 실제로는 현지에 설립된 북한 회사(사업소) 소속으로 관리된다. 북한 측 회사는 표면상으로는 러시아 회사 측과의 계약, 통역, 노동자들의 주거 확보 목적으로 설립되어 있지만 실제로는 노동자들의 임금 관리, 계획분 수납 및 감시가 주요 업무이다. 따라서 북한 당국이나 노동자들은 회사보다는 사업소라는 명칭을 주로 사용한다. 이 사업소들은 외국인 투자회사 형태로 만들어져 있으며 주로 교외지역의 아파트

---

48 과거 러시아 지역을 '쏘련'이라고 부른 데서 유래했다. 일반적으로 러시아에 파견되었다가 북한에 다시 돌아온 사람을 뜻한다.

49 일반 건설공과 달리 조선인민경비대 등 군 소속 건설공의 경우에는 3년 만에 본국으로 되돌아가며 비자가 연장되지 않는다.

〈사진 2-3〉 북한 사업소 및 노동자의 숙소로 사용했던 건물(사할린)

출처: 연구자 촬영(2016.7.)

나 공장을 임대해 사용한다. 북한 노동자들의 일종의 단체숙소이기도 한 이곳에는 노동자 이외에도 지배인, 부지배인, 당비서 등 다양한 직급의 북한파견 관리자들도 근무하고 있다.

이들 사업소(회사)는 연해주의 경우 각 지역(나홋카시, 블라디보스토크시, 아르촘시, 우수리스크시 등)별로 1~4개가량이 있으며 각 사업소별로 대략 200~400명 정도가 함께 기거한다. 사할린의 경우 북한 사업소는 2016년 현재 칠보산, 금릉, 황용산, 묘향산 등 3~8개 정도이다.

러시아에서 북한 사업소(회사)는 지역마다 조직구성이 다르다. 다시 말해 각 사업소는 현지의 사정에 맞춰 조직된다. 연해주와 같이 도시 규모가 비교적 크고 사업소 규모와 작업이 큰 경우에는 한 개의 사업소가 2~4개의 직장으로 구성되어 있는 '직장' 체계로 이루어져 있으며 주로 아파트 단지 건설 등 큰 규모의 대상건설을 맡는다.

〈표 2-6〉 연해주 진출 북한회사 리스트

번호	회사명	비고	번호	회사명
1	릉라도 대외무역총회사 – 블라디		11	임업성 〈원동임업〉 총국
2	조선아연 총회사		12	대외무역 총회사 〈락원〉
3	조선해외건설총회사 – 젠코		13	조선과학회사
4	조선기술무역회사(청계천)		14	조선석유 총회사
5	〈철산〉 무역총회사		15	조선흑색금속수출입회사
6	조선육해운성 극동운수 총회사	원양 해운	16	조선수산성
7	조선대외무역회사(룡성)		17	기술발전회사
8	젠코 핫산지사		18	조선경제회사 〈룡홍〉
9	〈남강〉 (*북한 보위부)	북한 보위부	19	조선성산경제무역련합회사 〈성산〉
10	대외건설사업소 〈성공〉		20	〈청송〉

출처: 2013년에 수행한 인터뷰 및 조사 내용을 종합하여 정리.

〈표 2-7〉 사할린의 북한 회사들

<table>
<tr><th colspan="2">북한에서 관리하는
사할린의 건설사업소</th><th>사할린 내 형식상의
외국인 회사 명칭</th></tr>
<tr><td rowspan="2">대외건설지도국
(前대외건설총국)</td><td>제1건설사업소
(前30건설)</td><td>칠보산</td></tr>
<tr><td>제2건설사업소
(舊당39호실 소속)</td><td>2건설
(舊철산회사)</td></tr>
<tr><td rowspan="2">인민보안부
(前보안성)</td><td rowspan="2">미파악</td><td>금릉</td></tr>
<tr><td>황용산</td></tr>
<tr><td>수산성</td><td>미파악</td><td>수산회사
(건설부문 담당)</td></tr>
<tr><td>131지도국
(원자력 담당 기관)</td><td>미파악</td><td>묘향산
(러시아에 가구회사로 등록)[50]</td></tr>
</table>

출처: 2016년에 수행한 인터뷰 및 조사 내용을 종합하여 정리.

50 이 부분은 추가적인 확인이 필요하다.

연해주 블라디보스토크의 경우에는 지배인 다음으로 부지배인, 종합지도원 순으로 되어 있으며 업무에 따라 재정지도원, 당비서, 통역이 배치되어 있다.

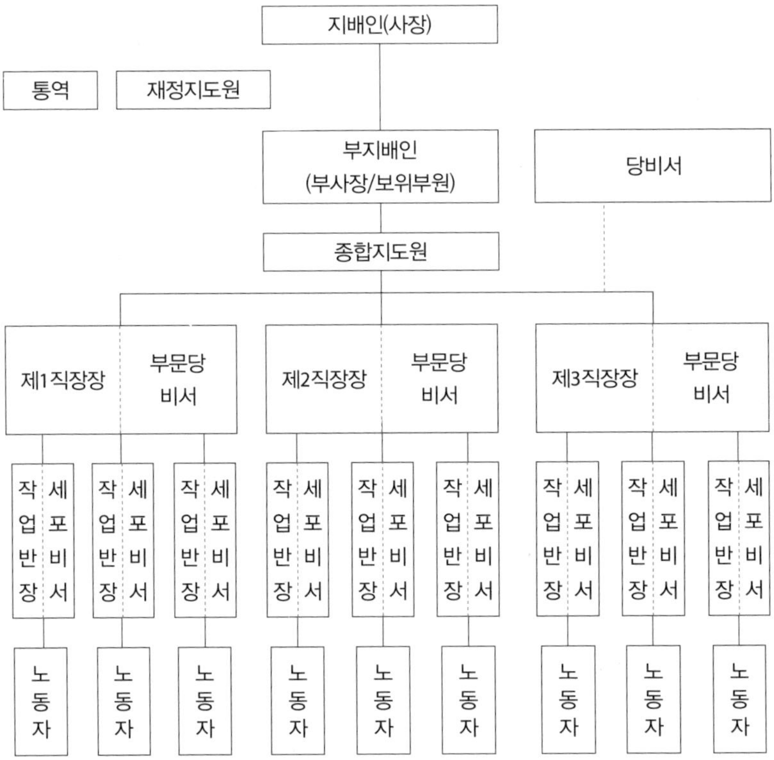

〈그림 2-1〉 연해주 북한 사업소(회사) 내 조직도

출처: 인터뷰 및 조사 내용을 종합하여 정리.

* 부문당 비서는 부직장장이 맡기도 하고 드물게는 직장장이 겸하기도 한다. 세포비서 역시 작업반장이 겸하기도 하고 별도로 존재하기도 한다.

사업소의 최고 총괄자는 '지배인'(혹은 사장)이다. 대체로 파견지에서 3년간 근무하는데 회사의 전체 수입과 노동자 전체 계획분을 관리하며 사업소당 할당된 계획분을 북한으로 보내는 역할을 한다. 그

다음으로는 부지배인(부사장)인데 이들은 대부분 보위부에서 파견한 보위부원이다. 각 국가의 이주노동자 정책상 보위부원이라는 직책으로는 외국에 나오기가 어렵기 때문에 부지배인의 형식으로 나온다고 한다. 이 보위부원은 노동자들의 동향을 검열하고 노동자들이 작업장을 탈출하지 않도록 감시하는 역할을 하며 노동지도원 혹은 노동안전지도원이란 명칭으로 부사장과 독립해서 존재하기도 한다.

당비서는 조선노동당에서 파견한 관리로 주로 사상총화를 담당한다. 노동자 중 당비서의 지시에 따른 역할을 하는 사람은 부문당 비서와 세포비서인데 당비서가 이들의 당생활총화를 감독한다. 재정지도원은 주로 사업소 내 부기를 담당한다. 재정지도원이 하는 역할 중 중요한 한 가지는 노동자들의 수입을 관리하는 것이다. 노동자들은 자신의 수입을 따로 은행에 예금하지 않기 때문에 현금을 가지고 다니거나 사업소의 재정지도원에게 맡긴다. 재정지도원은 돈을 맡긴 노동자의 이름을 봉투에 써서 돈을 넣은 후 금고에 넣어 관리해 준다. 노동자들의 돈은 재정지도원을 통해 비교적 투명하게 관리가 되지만 노동자들은 자기가 번 돈의 액상(액수)이 회사에 노출되는 것이 싫어서 자신이 직접 관리하는 경우도 많다고 한다. 사할린 지역에서는 돈이 많은 노동자들이 한인 혹은 고려인이나 조선족에게 돈을 빌려주기도 한다.

통역은 3~4명 정도가 있는데 큰 회사는 보통 4명을 둔다. 통역은 다시 주통역과 지배인 통역으로 나뉜다. 주통역은 주로 계약을 담당하고 나머지 통역은 일감을 '물어오는' 역할을 한다.

노동자의 실제 작업에 대한 관리는 각 사업소에 4~5명씩 배치된 직장장이 각각의 작업반을 담당한다. 직장장 밑에는 작업반 수에 따라 3~4명 정도의 작업반장이 있으며 각 작업반별 노동자는 사업소 규모에 따라 20~40명 정도씩 배치되어 있다.

각 작업반의 책임자인 작업반장은 '소대장'으로도 불리는데 이들의 중요한 역할 중 하나는 매주 작업총화 혹은 계획분 총화를 담당하는 것이다. 이와 다르게 부문당비서와 세포비서는 '당생활총화' 즉 사상총화를 담당한다. 당생활총화는 매주 한 번으로 주로 토요일 저녁에 1시간 정도 이루어진다. 매달 한 번씩 열리는 작업총화에서는 주로 국가에 납부할 계획분에 대한 논의가 중심이 된다. 사상총화는 한

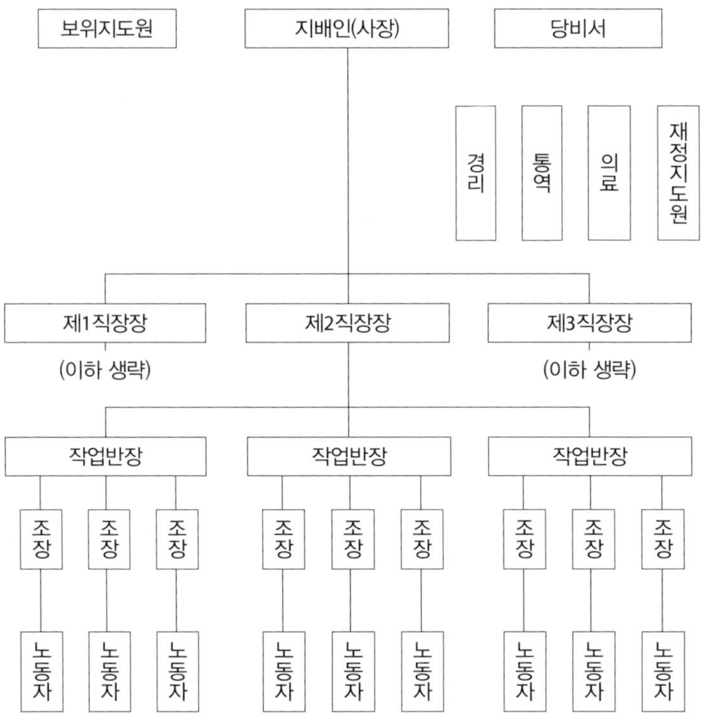

〈그림 2-2〉 사할린 북한 사업소(회사) 내 조직도

출처: 인터뷰 및 자료 내용을 종합하여 정리.

*각각의 직장장 하부 체계는 동일하다(좌우 직장장 하부 체계는 생략한 것임).

국 드라마나 인터넷 등에 접촉하는 것을 감시한다. '동지 호상간 비판'도 존재하여 동료끼리 서로 맞대고 비판해야 하는 어려움도 겪는다. 그러나 모두 해외에 나와 고생하는 처지임을 알기에 북한에 있을 때보다는 그 강도가 덜하며 그냥 말로 끝나는 경우도 있다고 한다. 정작 북한 노동자들이 두려워하는 것은 작업총화, 즉 계획분 총화다. 노동자들이 받을 실제 임금 액수와 관련이 되어 있기 때문이다.

러시아 내 북한사업소가 북한 노동자에 대해 가장 역점을 두는 부분은 노동자들의 수입 관리와 외부 자본주의에 물들지 못하도록 노동자를 감시하는 것이다. 따라서 사업소는 겉보기에 일반적인 회사의 조직체계를 갖추고 있지만 실제로는 군대식 위계로 이루어져 있다. 노동자들이 작업을 나갈 경우에 반드시 2~5명씩 조를 짜서 움직이도록 함으로써 조원들끼리 서로 감시하게 하는 것이 대표적이다. 조원은 작업과 책임의 공동체다. 한 명이 잘못했을 경우 조원 모두가 징계를 피하기 어렵다.

4) 북한 노동자의 수입과 계획분

(1) 계획분과 노동자의 실제 수입

북한 노동자들의 일감은 계약 여부에 달려 있다. 대부분의 경우 러시아 회사와 북한 측 회사가 건설 작업에 대한 계약을 맺으면 북한 사업소가 노동자들을 작업현장에 투입시키고 러시아 회사에서 노동자들에 대한 임금 전액을 받아 각 노동자들에게 계획분을 제외한 급료를 지급한다.

북한 노동자들은 주어진 일감에 따라 노동을 하고 매달 25일경에 열리는 작업총화 혹은 계획분 총화를 통해 국가에 납부하는 계획분을 제외한 금액을 실제 임금으로 지급받는다. 북한 노동자 관련 연구자들 사이에서 '상납금액'으로 알려져 있는 계획분은 해마다 증가해 노동자 1인당 매월 1,000달러 이상이 되는 것으로 기술되어 왔다. 또한 파견된 사업소 혹은 회사의 관리자들이 노동자들에게 계획분 금액을 정확히 알려주지 않아 북한 노동자들에게 계획분은 매달 정해져 있는 관리비 일체까지를 의미했다.

러시아에서 준관리자급으로 근무한 경험이 있는 북한이탈주민과 인터뷰를 한 결과 국가에 납부해야 하는 계획분 자체 금액은 2013년 당시까지 매월 240달러로 정해져 있었다고 한다. 북한 내각에 보내는 국가계획분 혹은 계획분[51]은 2013년까지는 240달러 정도였으나 2016년 현재는 2만 루블(약 300달러) 정도라고 한다.

그러나 북한 회사의 지배인들은 식비, 충성자금 등의 명목으로 노동자들에게 내각에 송금되는 금액보다 더 많은 액수의 계획분을 요구한다. 특히 청부로 나가는 노동자들은 회사일(국가대상 일)을 하는 노동자들보다 1.5~2배 정도의 계획분이 부과된다. 즉 북한 노동자들은 러시아 기업에서 일하는 국가대상과 개인청부를 나가는 사람의 계획분이 다르며 사업소(회사)마다도 다르다. 연해주의 경우 계획분 외에 기숙사 임대료, 식비와 관리비, 러시아에 내는 세금을 더하는 경우가 많기 때문에 이것을 계획분까지 합해 북한 노동자가 매월 지불해

---

51 '국가계획분'이라고도 한다. 북한과 같은 사회주의 경제에서 계획화(planning)란 국민경제 내의 제반 계획의 작성과 실행, 계획수행 감독과 평가를 가리키는 개념으로 1960년대에 만들어졌으며, 전통적인 계획경제와 1990년대 이후 새롭게 성장한 시장경제가 공존하면서 이중경제의 양상이 나타나는 지금까지도 그 골격은 유지되고 있다. 양문수, 『북한의 계획경제와 시장화 현상』(서울: 통일부 통일교육원), 2013, pp. 7-11. 연해주 일부 지역에서는 노동자들이 이를 '기획비'라고도 한다.

야 하는 금액으로 책정하며, 이 경우 달러로 환산 시 550~1,000달러에 이른다. 사할린의 경우 계획분 액수는 일반적으로 국가대상이 매월 400~800달러, 청부는 800~1,500달러 정도라고 한다. 이 계획분을 3개월가량 미납한 노동자는 북한으로 송환된다고 알려졌는데 비자 문제와 쿼터제가 얽혀 있어 실제로 송환되는 경우는 드물며 부족한 계획분을 동료들에게 빌려서 내는 경우도 있다. 노동자들은 국가 계획분 납부에 대한 부담이 늘 있어서 러시아 회사 고용주나 공사를 맡긴 집주인에게 인건비를 미리 당겨서 지급해 달라고 부탁하는 경우가 많다.

따라서 노동자들은 계획분, 회사운영비, 세금 등 구체적인 금액을 모르는 채 무조건 합해진 금액을 '계획분'이라는 명목으로 임금에서 제하게 된다. 때로는 여기에다 '충성의 자금'이라는 명목이 합해질 경우도 있다. 이 금액은 항상 정해져 있는 것이 아니어서 북한 측 사업소 혹은 회사 관리자들은 "러시아 측이 공사단가 등을 낮춰 잡는 바람에 이번에 계획분이 올랐다"는 식으로 구실을 붙인다. 따라서 노동자들은 러시아 측에서 통상 북한 노동자 1인에게 정한 급여인 800달러(미화 기준)를 받는 경우가 거의 없다.

계획분은 해외파견 노동의 가장 중요한 목표다. 노동자뿐 아니라 각 사업소에서는 오로지 계획분을 얼마나 달성할 수 있는가가 제일 중요하며, 매달 25~31일까지는 계획분을 분납으로라도 해서 채워야 한다. 노동자들이 계획분을 내지 못하는 경우는 '미수 차고 나간다'고 하며 미수금은 그다음 달까지 꼭 채워 넣어야 한다. 따라서 고정적으로 받는 월급은 문서상에는 존재하지만 실제로 자신들에게는 존재하지 않는 것이라고 노동자들은 말한다. 실제로 회사 지배인과 통역은 이 사업이 얼마인지 공개를 하지 않고 총화 때마다 계획분을 '(달성)했다', '안 했다'만을 알려 주기 때문이다.[52] 만약 몇 개월간 계획분에 대해 계속 미수를 차게 되면 노동자들은 본국으로 송환될 것에 대해 두려워하기 시작한다. 그동안 러시아에 오기 위해 빚을 진 경우들이 많아 본국으로 송환된다는 것은 거의 죽음과도 같다고 노동자들은 생각한다.

러시아 내 모든 노동의 핵심은 국가에 상납하는 계획분의 납부 여하에 달려 있다. 북한 노동자들은 사회주의 경제체제의 특성상 '개인'이 일한다는 개념이 없기 때문에 이 부분에 대해서 러시아 이주 초반에는 당연하게 생각한다. 이들은 계획분이 '몸에 붙어 있다'는 표현을 자주 쓰는데 북한에서부터 러시아로 떠나는 순간부터 3~4개월간은 갚아야 할 계획분이 이미 정해져 있다는 뜻이다.

계획분을 제외한 노동자들의 수입은 청부의 유무와 계절적인 편차에 따라 각기 다르다. 계절적으로 노동자들의 소득이 제일 많을 때는 4~5월이며, 겨울인 11~3월까지의 5개월 정도는 공사가 많지 않아 소득이 상대적으로 낮다. 청부로 일을 나갈 경우 러시아 회사에서 일하는 것보다 수입이 많은 것이 보통이다. 기술자들의 경우 '하루에 한 장 잡이'라는 말이 있는데 여기서 '한 장'이라는 것은 100달러를 뜻한다. 이렇게 볼 때 청부로 작업을 나가는 일반 노동자들에게는 월 약 3,000달러가 수입 최대치라고 할 수 있으며 작업반장 등 현장 관리자

52 사업소에 따라서 계획분 외에 기숙사 임대료, 식비와 관리비, 러시아에 내는 세금을 더하는 경우가 많다. 이 경우 계획분까지 합해 북한 노동자가 매월 지불해야 하는 금액이 700-1,000달러에 이르기도 한다.

급인 경우는 그 이상의 수입을 올리기도 한다. 그러나 이러한 노동자들은 전체의 20% 내외에 불과하다. 전체적으로 노동자들의 평균 수입은 낮은 편으로 대부분 3년 내내 일하고도 계획분을 제하고 나면 1,000~3,000달러밖에 수입을 올리지 못하는 경우가 많다.

(2) 청부를 통한 수입

청부는 회사 단위가 아닌 개인별로 공사를 수주하여 작업하는 것을 말한다. 청부와 반대되는 개념은 '대상(노동)' 혹은 '국가대상'이 있으며 '집체로동(집체노동)'이라고도 한다. 북한에서는 파견노동자 경험을 가진 사람들이 "러시아에 가면 대상으로 하지 말고 청부로 하면 돈을 많이 번다"고 파견을 희망하는 사람들에게 말해 주는데 이때의 '대상'은 주로 큰 규모의 사업을 회사 간 정식 계약을 체결하여 공사하는 것을 말한다. 예컨대 아파트 단지나 관공서 공사 등을 수주하여 대규모 노동자가 투입되어 작업하는 경우가 전형적 대상에 속한다.[53] 그러나 실제로는 (국가)대상노동 혹은 집체노동과 청부가 엄격하게 구분되지는 않는다. 예를 들어 북한 회사들이 러시아 업체와의 정식 계약이 작을 경우에는 관리자가 개별적으로 소규모 공사를 수주하여 노동자들을 동원하는데 이것은 형태상으로 보면 청부이지만 노동자들은 이것을 (국가)대상노동 혹은 집체노동이라고 부른다.

청부는 집수리, 건물 내부 수리, 도로 수리 등 소규모로 진행되는 것이 많으며 정식 계약서가 없고 주로 현금으로 임금을 받는다. 일

53 '대상'이 꼭 대규모인 것만은 아니다. 작업 대상이 소규모일 경우 3-4명으로 꾸려지기도 한다.

반적으로 30~50명의 노동자를 인솔하는 작업반장이 지역 내의 인맥들을 활용하여 소규모 공사를 수주하는 경우와 노동자 개개인이 개별 연락망을 이용하여 일감을 받는 경우가 청부의 대표적인 예이다. 러시아에 파견된 북한 노동자들은 사업소의 감시와 관리체계 속에서 노동하며 벌어들인 수입이 계획분 상납 때문에 얼마 되지 않아 항상 고국의 가족에게 얼마를 송금해야 할지 걱정이 많다. 그러나 북한 노동자의 입장에서 한편으로 생각해 보면 계획분을 모두 채우게 될 경우 나머지 노동에 따른 수입은 자기 개인의 것이 된다. 즉 계획분 외에 개인 수입을 올리기 위해서 지정된 일 외에 일을 더 하거나, 아예 지배인에게 사정을 얘기하고 따로 나가 노동할 경우 그 수입은 고스란히 자신의 것이 된다. 지배인 혹은 사장에게 공식적으로 얘기하고 일거리를 스스로 찾는 경우를 '청부' 나간다고 한다.

청부는 계획분보다 더 많은 수입을 올릴 수 있을 때 관리자에게 얘기하고 나가는 경우와, 귀국을 1년 정도 앞두었는데 고향에 가지고 갈 수입이 없는 경우에 한해 허락된다. 노동자들은 초반에는 통역을 통하여 일감을 받아 지정된 일 외의 일을 하기 시작하지만 나중에는 그동안 일하면서 알게 된 사람들의 인맥을 동원하기도 하고 러시아 내에서 이런 일을 중개해 주는 고려인[54]을 통해 일감을 얻기도 한다.

---

54 현지 고려인들은 일반적으로 임금의 10% 정도를 중개 수수료로 받고 일감을 중개해 준다. 이들은 북한 노동자들에 대해 같은 동포로서 측은한 마음에서 진심으로 중개를 해주는 경우가 많으나, 일부는 북한 노동자들이 받아야 할 보수를 중간에서 가로채기도 한다. 북한 노동자들은 이와 같은 악덕 고려인들을 '개상주', '사바카 상주' 등으로 부른다. '사바카(собака)'는 러시아어로 '개'라는 뜻이며, '상주'는 '거주한다', '산다'는 뜻으로 이 두 단어가 합쳐지면 심한 욕이 된다. 그러나 북한 노동자들이 러시아어가 능숙하지 못한 경우에는 할 수 없이 고려인에게 일감을 구해 달라고 부탁해야 한다.

최근에는 러시아의 스마트폰 대중화로 인해 인터넷으로 구인을 하는 경우가 많아 고려인들이 인터넷 벼룩시장에 북한 노동자들의 구직을 신청하는 광고를 올려 주고 수수료를 받기도 한다.

북한 노동자들은 기본적으로 사업소와 맺은 계약에 의한 노동 외에 개인적으로 러시아인의 집수리 등을 수주해 공사를 하는 경우가 많다. 러시아 연해주 지방의 경우에는 지은 지 20~50년 이상 된 오래된 집들이 많으며 창문틀 등이 대부분 목조로 되어 있어 겨울이 되면 외풍이 심하다. 오래된 집을 수리하는 과정은 통상 창문틀을 목조 대신 플라스틱으로 바꾸고 화장실이나 욕실을 수리하거나 싱크대 등을 교체하는 정도다. 이런 집수리에 참여하는 노동자들은 러시아 노동자뿐만 아니라 북한, 우즈베키스탄에서 온 이주노동자가 대표적이며 최근에는 베트남 노동자들도 새롭게 등장했다. 이들 중 우즈베키스탄 노동자와 베트남 노동자는 일이 너무 느리고 숙련도가 떨어지는 것으로 알려져 있다. 이외에도 중국인 노동자도 있다. 그러나 중국과 접경지역인 이 지역에서 중국 노동자들은 환영받지 못한다. 우즈베키스탄 노동자 역시 러시아 정부 입장에서 통제가 힘들고 시민권을 부여해야 한다는 부담이 있다. 결국 집수리 일에서는 북한 노동자들이 가장 인기가 있다.

비자 발급에 있어서도 북한 노동자들은 다른 국가 출신에 비해 '특혜'에 가까운 혜택을 누리고 있다. 북한 노동자들은 통상 5년을 받고 더 연장해서 심지어 10년 이상 체류도 가능하지만, 중국이나 다른 국가들에서 온 노동자는 통상 1년이며 1년에 해당하는 쿼터를 할당받기 때문에 1년이 지난 뒤 연장도 힘들다. 체류기간이 길어질수록 북한 노동자들은 타 국가 출신 노동자들에 비해 숙련도가 높아진다.

타국 출신 노동자에 비해 근면하다는 점도 있으나 북한 노동자가 선호되는 또 다른 이유는 집수리 등과 관련된 계약이 일당제가 아니라 도급제로 계산되기 때문이며 이 경우 북한 노동자가 여타 다른 노동자들에 비해 좀 더 유리한 입장에 있다. 예를 들어, 집수리 공사 최소 비용이 10만 루블(약 1,870달러, 2014년 10월 기준)일 경우 러시아 노동자들은 공사기간 한 달에 20만 루블을 청구하는 반면 북한 노동자들은 보름 동안 10만 루블에 일을 끝낼 수 있다고 제안한다. 러시아 노동자들은 정시에 출근하고 6시에 퇴근하며, 중간에 휴식시간도 갖지만 북한 노동자는 아침부터 밤 10~12시까지 쉬지 않고 일하며, 심지어 작업장에서 숙식까지 하면서 공사기간을 단축한다. 이렇게 해서 남은 15일 동안 새로운 일거리를 맡을 수 있게 된다. 도급제가 아닌 일당제로 하더라도 북한 노동자의 생산성이 러시아 노동자의 3배에 달하기 때문에 크게 유리하다. 러시아 노동자가 14,000루블 정도 받는 보수의 일을 3일에 걸쳐서 한다면 북한 노동자는 같은 보수를 받고 단 하루에 끝내버리기 때문에 집주인이 이들을 선호할 수밖에 없는 것이다. 그러나 이렇게 휴식 없이 일하고 출퇴근 시간까지 절약하기 위해 작업장에서 숙식을 해결하기 때문에 북한 노동자들의 건강이 크게 위협받고 있다. 또 우즈베키스탄 노동자와 베트남 노동자들도 시간이 지나면서 점차 숙련도가 높아지고 있어 미래 노동조건이 밝지만은 않다.

인건비는 공사마다 다르다. 사할린의 경우 24~25평 기준 아파트의 내부 인테리어 공사(재료 집주인 구입)의 경우 노동자 3인이 3개월 동안 일하는데 10,000달러를 받은 사례가 있었다. 도배, 내장 등 주택 내부의 간단한 수리에는 인건비로 3,000~4,000달러를 받은 경우도 있었다. 목욕탕이나 화장실 수리의 경우 인건비가 400~500달러 정도다. 북한 노동자들이 도로 건설 및 보수 작업에 참여하기도 하는데 일당 30달러를 받는다고 한다.

러시아 입장에서 볼 때 북한 노동자들의 편법적인 노동은 자국 노동자 보호와 세금징수 측면에서 문제가 된다. 그러나 북한 노동자들이 계획분뿐만 아니라 숙소 임대료, 지배인과 통역들에 바쳐야 하는 상납금의 압박, 이들이 거주하는 숙소의 위생문제와 소방문제 등 전반적인 노동조건이 극도로 열악하다는 것을 러시아 정부도 알고 있기 때문에 오히려 문제가 되는 것은 북한 노동자의 '인권'이라고 말한다. 시정부 역시 북한 사업소가 정식 계약에 따른 사업소득 이외에도 많은 소득을 올리면서 세금을 낮추기 위해 소득을 축소해 신고한다는 사실을 알고 있지만 북한 사람들이 '심각한 고난 속에 살고 있다.'고 인식해 되도록이면 눈감아준다고 한다.[55] 그러나 문제가 더 커질 경우 이민국, 위생국, 소방국 등을 통해 북한 사업소에 압력을 가할 가능성도 배제할 수 없다.

5) 북한 노동자의 일상생활과 정체성

북한 노동자들은 주로 정해진 사업소가 정해 준 숙소에서 단체 생활을 한다. 계획분 외의 급여는 자신의 소유가 될 수 있다는 점 때문에 노동자들은 정해진 노동시간을 초과해서라도 수입을 올리려고 노력하며, 공사기간을 단축하여 다른 일을 빨리 맡을 수 있기 위해 출퇴근하기보다는 공사장에서 숙식을 해결하려 한다. 사할린의 경우에는 기

55 연해주 △△시정부 고위급 직원으로 근무하는 A씨와의 인터뷰에서 나온 내용이다.

업체를 운영하는 한인들이 많아 이들이 제공한 간이 숙소에서 생활하기도 한다. 러시아 한인 G씨가 운영하는 사업장에는 200명까지 수용하는 간이 숙소가 있으며 연구진이 방문했을 때 북한 노동자 50명 정도가 생활하고 있었다. 이곳에선 옷, 음식, 신발 등을 규정에 따라 무상으로 공급한다. 가령 신발은 6개월에 1켤레를 지급하도록 정해져 있다. 또 위성수신기도 있어서 TV시청도 가능하다. H씨 작업장의 경우 하루 100루블 정도에 잠자리를 제공하고 있다. 전기, 수도, 샤워시설, 난방이 제공되지만 식사는 제공하지 않는다. 조리시설이 있어 식사는 각자 해결한다. 사할린은 숙소의 규율이 느슨한 편이라고 한다. 할당금액(계획분)만 맞춰 내고, 토요일 모임(총화)에 참석하기만 하면 어디에서 먹고 자든 상관하지 않는다고 한다. 북한 노동자들은 이렇게 해서 모은 돈을 따로 은행에 저축하지 않고 몸에 지니거나 자신만이 알고 있는 곳에 묻어두기도 한다. 사할린의 경우에는 한인들이 운영하는 러시아 기업체 내 숙소에서 생활하는 경우도 있다. 러시아 기업체 내 숙소에 머무는 것도 역시 공사기간을 단축하기 위해서다. 이 경우에도 매주 한 번 진행하는 총화[56]에는 반드시 참석해야 하는데 간혹 주말까지 일이 밀려 있을 경우에는 생략하는 경우도 있다고 한다.

계획분을 내고 못 내고의 차이, 계획분 외에 얼마를 벌었는지의 차이 때문에 숙소에서는 동료 간에 불신이 생기고 싸움이 벌어져 간혹 살인에 이르는 경우가 발생한다. 동료 노동자를 '승냥이'라고 부르기도 하는데 같은 지역이라 일감이 제한되어 있어 "다른 사람의 일을

---

56 북한 노동자들은 총화를 러시아어로 '사브라니예(собрание)'라고 부른다. '모임'이라는 의미이다.

빼앗아 와야 자신의 수입이 생긴다."고 생각하기 때문이다. 또한 같은 지역에 근무를 갔을 경우 누가 더 일을 했고, 누구는 일을 하지 않고 놀았는지에 대해 서로 옥신각신하다가 우발적으로 살인을 저지르는 일도 있다고 한다. 당연히 서로 얼마를 벌었는지 얘기하지 않으며 어느 공사장을 다녀왔는지도 밝히지 않는다고 한다.

노동자들은 이탈 방지와 감시 차원에서 작업을 나갈 경우에 반드시 조를 짜서 움직이도록 되어 있다. 그런데 이렇게 조를 이뤄 단체로 활동하는 방식은 북한 노동자들이 현금을 몸에 지니고 있다는 것을 아는 범죄자들로부터 노동자를 보호하는 수단도 되고 있다. 실제로 강도들이 북한 노동자들의 출퇴근길에 매복해 있다가 혼자 있는 노동자를 대상으로 돈을 강탈하기도 하고, 일부러 북한 노동자를 자동차로 치어 죽이는 일까지 발생하였다고 한다.

앞서 언급했듯이 북한 노동자들은 작업장의 성격에 따라 매일 숙소에 돌아오지 않고 아예 작업장에서 숙식을 해결하는 경우가 많은데, 이 경우 사업소에서 '검열'이 나온다. 검열은 보위부에서 파견된 부지배인과 직장장이 불시에 찾아와 북한 노동자들의 노동 상태를 감독하는 방식으로 이루어진다. 최근에 가장 문제가 되는 것은 '스마트폰'이다. 북한 노동자들에게 허용된 전화는 오로지 중국산 구식 핸드폰으로 인터넷이 연결되지 않는 제품이다. 그러나 북한 노동자들은 따로 일감을 얻기 위해 스마트폰을 사용하는 경우가 많으며 스마트폰을 쓰다 보면 일감에 관련된 것 외에 인터넷을 검색할 기회가 생긴다. 2009년쯤부터 사할린 북한 노동자들 사이에 스마트폰이 유행하기 시작해, 현재는 거의 대부분의 노동자들이 이를 가지고 있다. 노동자들은 스마트폰을 통해 구글에서 한글로 검색하면 볼 수 있는 한국 소설 등을 즐겨 본다고 한다. 그러나 인터넷 동영상은 통신비가 많이 들어 잘 보지 않는다고 한다. 부지배인과 직장장이 불시에 북한 노동자들이 일하는 작업장에 검열을 나오게 되면 스마트폰은 바로 압수당하는데, 부지배인은 단순히 압수만 하는 것이 아니라 스마트폰을 컴퓨터와 연결해 노동자들이 어떤 것을 검색했는지 세밀하게 체크한다. 만일 스마트폰 내용에 한국의 드라마나 한국 관련 정보, 음란물 등 자본주의와 관련된 내용이 발견될 경우 이를 소지한 노동자는 바로 징계 절차에 들어가는데, 실제로 징계를 받을 경우 북한으로 송환될 확률이 높아진다. 이렇게 검열에 걸렸을 경우에 노동자들은 "얼떨결에 눌렀는데 그렇게 됐다"는 식으로 변명하지만 관리자들은 대개 인정하지 않는다. 그러면서 노동자들을 봐주는 대신 관리자가 개인적으로 맡은 일감에 높은 수수료를 내고 일하게 만들기도 한다. 스마트폰 외에도 건축 일을 하다 보면 자연스럽게 러시아 가정 내에 있는 TV를 접하게 되는데 이를 통해 북한 노동자들은 자신이 그동안 배운 것과 전혀 다른 내용들을 알게 된다. 예를 들어 6·25전쟁을 북한이 일으켰다는 사실이나 한국의 발전상 등을 접한다. 북한 노동자들과의 대화를 통해 이들이 '남조선'(한국) 소식을 상당한 정도 파악하고 있음을 알 수 있었다.

북한 노동자들은 보위부 검열에 걸리거나 계획분 미납액이 너무 많아진 경우, 또는 사업소가 부실해져 해산되는 경우 등 북한에 송환될 위험이 커지면 사업소를 이탈해 버리는 일이 종종 있다. '토끼'라고 불리는 사람들이다. 간혹 인터넷이나 TV를 통해 북한의 이념이 잘못되었다고 판단한 노동자들이 '토끼'가 되기도 한다. '토끼'는 일종의 '행방불명자'로 탈북자와는 성격이 다르다. '토끼'가 된 사람들은 보위부와 당 기관에서 파견한 인력들에게 쫓겨 다닌다. 이들을 피하기 위해 '토끼'들은 시골로 숨어들거나 러시아 여자나 고려인 여자와 같이 살기도 한다. '토끼'들이 얼마나 있는지는 파악하기 어렵다. 일설에 따르면 연해주 우수리스크시의 경우 약 5,000명 정도가 있다고 하는데 일부 과장된 표현으로 보이며, 러시아 전역에 걸쳐 20,000명이 존재한다고 하는데 확인된 바는 없다.

'토끼'의 증가 원인 중 하나로 몇 년 전 북한 노동자들이 술과 도박에 깊이 빠져든 일을 꼽을 수 있다. 사업소 간부들이 도박장 입구 곳곳에 지켜 서서 북한 노동자들이 못 들어가게 막았을 정도로 술과 도박이 러시아의 북한 노동자들 사이에서 한동안 유행이었으며,[57] 여기에서 탕진한 노동자들이 계획분을 제때 내지 못해 사업소를 대량 탈출하기도 했다. 그러나 이러한 특별한 경우들을 제외하고는 '토끼'라 불리는 사업소 이탈자들이 급격하게 늘어나지는 않을 것이다. 건설노동자들은 근력뿐만 아니라 기술이 필요한 직업이기 때문에 벌목공 등 여타의 직업에 비해 수입이 높으며, 가족이 모두 북한에 있기 때문에 무작정 탈북을 결심하지는 않는다. 이들이 탈북을 결심하는 경우는 북한에 다시 송환될 위험이 있을 때가 대부분이다. 러시아에 파견되기 위해 관련된 부처의 관리들에게 뇌물을 상납하는 과정에서 빚을 지고 심지어 집까지 팔았던 북한 노동자들에게 북한으로의 송환은 거의 죽음과도 같은 '사회적 매장'이기 때문이다.

사할린의 경우 도서지역이라는 특성상 러시아 본토보다는 노동

57 북한 노동자들이 찾는 대표적인 윤락업소 지역은 블라디보스토크의 치카이며, 도박장은 루고바이아, 발리아에바, 뻬르브이루치카 등이었다. 노동자들끼리 숙소에서 주패 등 도박을 벌이는 경우도 종종 있다고 한다.

〈사진 2-4〉 사할린 지역의 북한 식당

출처: 연구자 촬영(2016. 7.)

자에 대한 감시가 비교적 느슨한 편이다. 간혹 북한 노동자들은 휴식을 위해 사우나를 찾기도 하는데 공식 허가를 받고 영업하는 곳이 아닌 개인이 운영하는 사우나를 주로 이용한다. 한편, 생일인 노동자가 있는 날에는 여럿이 모여 잔치를 벌이기도 한다. 이날에는 숙소에서 별식을 만들어 먹는 것이 보통이며 북한 식당이나 중국음식점에서 술을 마시기도 한다. 이들이 즐겨 찾는 북한 음식점 '데베(Дб)'에는 2층에 노래방도 있어 식사 후에 함께 노래를 부르기도 한다. 술은 보드카 외에도 한국소주인 '참이슬'도 즐겨 마신다. 식당 계산대에서는 '초코파이' 등 한국산 과자도 판매하고 있다. 일감이 없어 쉬는 때는 낚시를 하거나 바다 구경에 나서기도 한다. 임금을 대부분 현금으로 받기 때문에 동료들끼리 주패 노름을 하는 경우도 있으며 간혹 시내에 나가 '이그라찌 압토마트'[58]와 같은 동전오락기 놀이를 즐기기도 한다. 가족과 떨어져 3년 이상 해외생활을 하는 북한 노동자 일부는 외로움을 달래기 위해 중국에서 이주한 조선족 여성을 소개받아 사귀기도 한다. 가족과 떨어져 지내야만 하는 상황 탓에 벌어지는 일일 것이다. 북한 노동자들은 러시아 여성을 사귀려면 '돈이 많이 들지만' 조선족 여성은 '말도 잘 통하고 함께 생활도 할 수 있으며 밥도 해 주기' 때문에 훨씬 낫다고 생각한다고 한다. 조선족 여성들은 대부분 시장에서 장사하는 상인들이다. 그러나 사할린에 거주하던 조선족 여성들이 2012년경부터 한국으로 이주하기 시작하면서 현재 시장에서 상업활동에 종사하는 사람은 소수만 남은 것으로 알려져 있다.

북한에서 파견되는 노동자들의 연령은 2014년경부터 계속 낮아지고 있다. 사할린은 섬지역이어서 그동안 탈북이 거의 없었으나 최근 탈북 우려가 커지면서 10년이 넘은 노동자들을 귀국시키기도 했다. 2016년 말 현재 사할린에 10년 이상 노동자로 일한 사람은 4명뿐이며 사업소 관리자들은 탈북을 막기 위해 하루에 3번씩 노동자들의

58 '이그라찌(играть)'는 '놀다, 오락하다'를, '압토마트(автомат)'는 '자동기계'를 뜻하는 러시아어로 여기서는 동전오락기나 사행성 기기인 슬롯머신을 의미한다.

행동을 점검하는 것으로 알려지고 있다.

젊은 노동자들은 휴일이나 일이 없는 날 3~4명씩 짝을 지어 주로 중국산 물품을 판매하는 중국시장에서 쇼핑을 한다. 예전에는 주로 값이 싼 옷이나 신발 등을 구입했지만 최근엔 가격보다 유행에 맞는 물건을 고르는 추세다. 북한에서 금지돼 있는 청바지나 영어 문구가 쓰인 옷은 꺼리는 것이 보통이나 청바지는 작업복으로 구입해 사용하다가 귀국할 때는 버리고 가는 경우가 많다고 한다. 영어 문구나 한국어 문구가 적힌 옷을 사서 문구를 떼어내기도 한다.

북한으로 휴가를 가거나 귀국하는 노동자들은 가족, 친지에게 줄 선물 외에도 재고품 등을 저가에 대량 구입해 간다고 한다. 북한에서 팔기 위한 것이다. 사업소 관리자들이 엄격히 단속하는 스마트폰과 동영상 복제 CD를 은밀하게 사는 경우도 꽤 있다. 유즈노사할린스크시 외곽에 위치한 사할린스카야 거리의 중국인 시장에선 한국 영상물 복제 CD가 북한 노동자들에게 인기다. 주로 〈각시탈〉, 〈추노〉, 〈감격시대〉, 〈왕의 얼굴〉, 〈명량〉, 〈해를 품은 달〉 등 역사물이지만 간혹 에로물도 팔린다. CD는 중국 베이징에서 불법 복제품을 수입해 오는 것으로 사할린에서의 소매가격은 장당 300~800루블(5~13달러) 정도이다. 북한 노동자들은 한국 CD를 소지하거나 보는 것 자체가 금지되어 있으나 은밀히 구입해 보고 있다.

북한 노동자들은 사할린에 파견된 이후 국가대상(혹은 집체노동)에서 개인청부로 나가기 위해 작업을 마친 후 야간에는 러시아어 공부에 몰두하는 경우가 많다. 사할린에 한인들이 많아 타 지역보다는 일감을 구하기가 쉽지만 러시아어를 할 줄 알아야 개인적으로 러시아인들과 협상하면서 더 많은 일감을 수주할 수 있기 때문이다. 이들은 자신이 러시아인들보다 일도 더 열심히 하고 공부도 열심히 한다고 생각한다. 실제로 이들은 작업장에 나가서 러시아 노동자와 자신을 비교하곤 하는데 러시아 노동자가 머리가 좋지 않고, 술을 많이 마시는데 비해 자신들은 머리가 영리하며, 일하고 공부하는데 '악질'이라고 평가한다. 북한 노동자들이 해외 경험 속에서 타 민족과의 비교를 통해 자신의 정체성을 새롭게 확립하고 있음을 보여 주는 것으로 해석된다. 그러나 북한 노동자들은 한인이나 러시아인들 앞에서는 절대로 자부심을 드러내지 않는다. 오히려 계획분이 너무 높아 살기 힘들다는 식으로 엄살을 부려 일감의 금액을 올려 줄 것을 간접적으로 호소하는 경우가 많다.

엄격한 상호 감시 체계하에서도 노동자들은 간혹 북한에 대한 불만을 드러낼 때가 있다. 간혹 사석에서는 드물게 김정은에 대한 불만을 표출하는 경우가 종종 있다. "어린 것이 지가 뭐 안다고…" 하는 식이다. 그러나 아주 친한 사람끼리만 불만을 얘기할 뿐 숙소 등에서는 절대 말하지 않는다고 한다. 조국에 대해서 불만을 표시할 경우 가장 엄중한 제재가 가해지기 때문이다.

6) 송금과 귀국 후의 생활

노동자의 기술과 고용 여하에 따라 개인에게 돌아가는 돈은 각각 다른데, 개인 수입이 1년에 500달러 정도인 노동자가 있는 반면 3,000달러 정도인 노동자도 있으며, 작업반장 혹은 소대장의 경우 1개월에 3,000달러 이상을 벌기도 한다. 이렇게 번 돈은 고국에 돌아가는 동료를 통해 가족에게 전달을 부탁하기도 하고[59] 휴가 때 직접 자신이 가지고 가기도 한다.

러시아에 노동을 다녀온 사람들을 북한에서는 ‘쏘련’에서 글자를 따서 ‘재쏘생’ 혹은 ‘탕생’이라고 한다. 탕생은 외국에 파견된 경력에 따라 불리는데 한 번 파견된 경력이 있으면 일탕생, 두 번이면 이탕생 혹은 두탕생, 세 번이면 삼탕생 혹은 세탕생으로 부른다. 이들은 돈이 많은 축은 못되고 중간 정도 생활을 영위하는데, 직장에서는 이들 재쏘생 혹은 탕생들이 돈이 많다고 알려져서 주변의 시선이 곱지는 않다고 한다. 재쏘생들은 직장에 다니기보다 관리자에게 뇌물을 주고 직장 밖으로 나와 주로 장사를 하는데, 수익을 올리는 경우는 많지 않으며 오히려 종종 사기를 당한다고 한다.

그래서 재쏘생들은 가진 돈으로 간부가 된 뒤 다시 러시아에 가기를 희망하는 경우가 많다. 뇌물을 통해 직장장이 되거나 암시장에서 대학졸업증을 위조한 ‘명판’을 구입해 소장으로 진급한 뒤 다시 러시아로 나가는 것이다. 이렇게 다시 러시아에 나가는 것을 ‘재탕’이라고 한다. 그러나 아무리 재탕이 되어 나가도 가족을 데리고 나가는 것은 불가능해 이혼 등 가족 해체의 문제가 되기도 한다. 북한은 2007~2008년경부터 가족동반을 엄격하게 금지하고 있다.

이상과 같이 러시아에 파견되어 이주노동을 경험한 노동자들은 귀국 후 신분 상승을 통해 다시 러시아에 나가는 일종의 이주 회로 속에 편입되는데, 이 과정에서 뇌물상납과 노동자 착취의 연결고리가 자연스럽게 생성되어 이주의 순환과정 속에서 지속적으로 재생산된다.

---

59 동료에게 보내는 경우 보내는 금액의 10% 정도는 사례비로 주는 것이 상례로 되어 있으나, 절친한 경우 그 수수료를 받지 않고 가족들에게 전달해 주기도 한다.

4
결론

러시아 당국의 공식 통계에 기초하면 2017년 상반기까지 러시아의 북한 노동자는 25,200명으로 외국인 노동시장에서 차지하는 비중이 19.1%였다.[60] 2017년 유엔 제재 등의 영향으로 현재 그 수는 크게 감소하여 2018년에는 11,000여 명 수준으로까지 떨어진 것으로 보고되고 있다. 쿼터 규제로 인해 2018년 이후에는 90일 한도인 관광비자나 학생비자 등의 형태로 입국하는 것이 일반화되었지만, 적어도 2018년 전까지 북한 노동자들은 대부분 외국인 노동자 쿼터제에 따라 입국했다. 입국 후 이들은 북한 당국이 러시아 내에 설립한 회사(사업소)에 소속되어 원칙적으로 교외 아파트 또는 공장건물에서 단체생활을 하지만 작업장에서 숙식을 해결하는 경우도 많았다. 열악한 작업 환경으로 인해 자살 및 산업재해 등이 증가하고, 사상 이완현상이 심해짐에 따라 더욱 엄중한 감시를 받게 돼 이들은 이중의 어려움을 겪고 있다. 현실적으로 러시아 당국의 외국인 노동자 근로현장 감독이 충분히 이루어지지 않고 있으며, 이들의 생활, 근로실태에 대해서는 당국이 정확하게 파악하지 못하는 경우가 대부분이다.

러시아의 북한 노동자들의 생활은 지역에 따른 차이가 커서 전체를 모두 일반화하기 어렵다. 러시아에 파견된 북한 노동자들은 지역에 따라 근무형태나 수입뿐 아니라 사회적 연결망을 확장할 수 있는 여건도 각각 다르게 나타난다. 연해주 지역의 경우 1860년 베이징조

60 Федеральная служба государственной статистики(러시아 통계청), 앞의 자료.

약에 의해 청(淸)에서 러시아 영토로 편입된 이후 개발정책의 추진과 함께 수많은 이민자들이 유입되기 시작하였으며, 오늘날에는 동북아시아 특히 한·중·러의 경제 협력과 개발의 중심지로 성장하면서 새로운 국제노동 이주자를 필요로 하고 있다. 북한의 해외파견 이주노동자는 이러한 러시아의 상황과 요구에 부합하는 동시에 북한 내 외교정책과 경제발전에도 많은 도움이 되어 왔다.

사할린의 경우 러시아 중부나 연해주 지역보다 개인 청부 형태의 노동이 훨씬 더 많기 때문에 가장 선호되는 파견 희망 지역이다. 사할린이 북한 노동자들에게 인기를 끄는 배경으로 노동 이민의 역사와 사회 환경 등 다양한 맥락을 살펴볼 필요가 있다. 개발인력이 항상 부족한 극동지역에서도 사할린은 지정학적, 민족적 특성들이 교차되는 '경계적(境界的)' 공간이며, 일제가 다수의 한인(조선인) 노동력을 강제동원하기 이전부터 한인들이 일자리를 찾아 이주했던 지역이다. 동시에 북한 노동자들이 소련-북한 간 교섭에 의해 사상 처음으로 러시아 땅에 집단 진출한 곳이기도 하다.

외국인 노동자 활용 문제에서 국경 지역의 안보와 부족한 노동력의 안정적 확보라는 상충되는 과제를 해결해야 했던 소련의 입장은 1940년대 후반이나 1950년대 초나 본질적으로 다르지 않았으나, 1950년대 들면서 노동력의 이용을 더 중시하게 됐다. 이에 따라 현지 선주민인 무국적자와 외국인인 북한 노무자를 구별하지 않는 정책이 채택됐다. 이와 함께 노동수첩을 발행하면서 노무자 개인에 대한 당국의 통제가 가능해졌으며 결과적으로 북한 공민인 파견노무자와 현지 선주민 간의 구별이 없어졌다.

초기에 어업 분야로 사실상 한정되었던 북한 노동자들의 직종이

1950년대 초에 들어 임산업이나 건설을 비롯한 다양한 분야로 확산됐고 집단생활에서 벗어나 가족과 함께 개별적으로 거주하면서 장기 체류할 수 있는 기회도 많아졌다. 이들은 숙달된 노동자가 될 수 있었고 그에 따라 현지 선주민보다 오히려 유리한 정치·경제적 혜택을 누리는 등 특권적 지위마저 누릴 수 있게 됐다.

북한은 1950년대 후반 들어 최초 파견노무자들의 장기 체류가 증가하자 이들을 귀환시키기 위해 소련 외교부와 지방당국에 지속적으로 협조요청을 하고 노동자 개별 면담까지 추진했지만 노동자들의 정착을 막는 데 실패했다.

오늘날의 사할린 역시 이러한 역사적 상황의 영향이 크게 남아 있다. 사할린의 북한 노동자들은 러시아의 외국인 노동자 쿼터를 통해 유입되지만 러시아 내 다른 지역과 달리 집체노동(국가대상)보다는 개인청부 노동에 종사하는 경우가 많다. 북한 노동자의 입장에서 청부가 많다는 것은 북한 사업소(회사)의 규율에서 벗어나 비교적 자유롭게 일하고 생활할 수 있다는 것을 뜻한다. 따라서 사할린의 북한 노동자 개개인의 자율성은 유럽이나 러시아 내 타 지역보다 비교적 높게 나타난다. 북한 노동자들은 이 청부 노동을 통해 점차 자본주의 방식을 습득하고 내면화한다. 사할린은 또한 러시아어를 잘하지 못해도 주변에 한인이나 조선족이 많아서 생활하기에 불편하지 않다는 것이 장점이다. 역사적으로 형성된 특권적 공간이 현재에도 지속적으로 재생산되고 있는 것이다.

그러나 최근 UN 대북제재에 러시아가 동참하고 있고 북한 노동자와 관련된 규제가 대폭 강화됨에 따라 미래가 낙관적이지만은 않다. 러시아 내 북한 노동자 감소의 원인이 핵문제와 인권문제로 인해 국제제재가 강화됨에 따라 정치적, 외교적으로 결정된 것으로만 보기는 어렵다. 사할린과 같은 극동지역의 노동 수요는 지역 발전에 안보만큼이나 긴요한 요소로 작용하기 때문이다. 따라서 정치적 상황이나 외교 관계에 영향을 받아 러시아 내 외국노동자들 가운데 북한 출신이 차지하는 비중이 일시적으로 달라질 수는 있다 해도 러시아가 외국인 노동자를 일정하게 필요로 한다는 사실 자체가 없어지지는 않는다.

따라서 효율적인 대북제재를 위해서는 정치적인 측면보다 러시아 내 각 지역의 경제적인 상황과 맥락의 파악이 더 필수적이다. 또한 파견 노동을 무조건적으로 비판하기보다 북한 사회에 변화를 촉발할 수 있는 '사회적 송금(social remittances)'[61] 등의 개념으로 접근하는 새로운 시각과 분석틀이 개발될 필요가 있다. 예컨대 북한 노동자들의 송금이라는 개념을 단순히 물질적인 '돈'을 넘어서서 '사회적 송금'의 의미로 파악해 보면 러시아 사할린 파견을 통해 북한 노동자들이 경험한 사고방식, 행위형태, 정체성, 사회자본 등이 점차 북한에 전파 혹은 확산되고 있다는 것을 알 수 있다.

점진적이기는 하지만 러시아 파견을 통해 보다 많은 북한 노동자들이 자본주의 방식을 내면화하게 된다면 장차 통일됐을 때 사회통합에 도움이 될 수 있음을 이해할 필요가 있다. 북한 노동자 해외파견의 긍정적 측면을 새롭게 인식함으로써 이를 통일의 밑거름으로 삼아야 할 것이다.

2018년부터 남북정상회담 등 평화적인 분위기가 새롭게 조성되

61 Peggy Levitt, "Social Remittances: Migration Driven Local-Level Forms of Cultural Diffusion", *International Migration Review*, Vol. 32, No. 4, 1998, pp. 926-927.

면서 향후 남북한 경제 교류가 활성화되어야 한다는 기대의 목소리가 높아졌다. 최근 북미 관계가 답보상태이고 잇따른 북한의 미사일 시험으로 남북미 간 조정상태이지만, 다층적인 경제 교류에 대한 요구는 여전하다. 남북경협에 대한 다양한 제안들 가운데는 고질적인 인력난에 시달리는 국내 중소기업계가 북한 노동자를 '산업연수생' 등의 형식으로 남한에 파견하도록 하는 방안 등도 포함되어 있다.[62] 북한 노동자들의 인적자원을 남북경협 및 현장에 참여시키기 위한 다양한 제안들이 실제로 구체화되기 위해서는 그동안 해외에 파견되었던 북한 노동자의 삶과 문화에 대한 총체적인 이해가 선행되어야 하며 이들을 둘러싼 국제사회 및 러시아 등 파견 국가, 그리고 이에 대응하는 북한사회의 복잡한 상황과 맥락에 대한 다각적인 분석이 필요하다 하겠다.

62 『조선일보』, 2018. 6. 20일자, "中企업계 '年 10만 명씩 북한 근로자 들여오자'".

제3장

EU의 북한 해외노동자

법의 준수와 집행의 중요성

렘코 브뢰커
Remco E. Breuker
(라이덴대학교 한국학 교수)

임꺼 판 할딩엔
Imke B. L. H. van Gardingen
(네덜란드 노동조합연맹 이주노동정책 고문)

번역: **강민주**
(서울대학교 고용복지법센터 연구원)

감수: **김광철**
(동국대학교 경찰사법대학 초빙교수)

이다혜
(서울대학교 법학전문대학원 강사,
서울대학교 고용복지법센터 연구위원)

이 연구는 유럽연구위원회(European Research Council)의 신진연구자 지원 프로그램(Starting Grant) War of Words - Proposal 338229의 지원을 받아 수행된 것이다.

1
서론

북한 해외노동자들이 파견된 40여 개의 국가 중 유럽연합(EU)은 가장 적은 수의 노동자가 파견된 지역일 것이다.[1] 근로자의 수가 곧 수익의 규모를 나타내는 것은 아니라는 점은 차치하고라도 (유럽의 임금을 고려할 때 그 규모는 상대적으로 높아질 수 있으므로), 유럽연합 내 북한 노동자는 그 수적 규모 측면에서 흥미로운 연구주제가 되는 것은 아니다. 유럽연합 내 북한 노동자 연구가 연구주제로서 강점을 가지는 부분은 그 주제에 대한 기록이 아주 잘 남아 있다는 것이다. 국제노동기구(International Labor Organization, ILO)의 공식문건을 비롯하여, 상공회의소 등기기록이나 근로감독관의 조사보고서 등의 문건에는 북한 노동자들이 북한법에 의거한 고용계약을 통해 북한기업에 어떻게 고용되었고, 유럽연합에 어떻게 파견되었으며, 현지기업 혹은 합작회사에 어떻게 연계되고 고용되었는지에 관한 상세한 기록이 남아 있다. 이 공문서들은 북한 노동자들이 유럽에서 어떻게 고용되었

1 정확한 수치는 알 수 없으나 북한 해외노동자는 전 세계 약 40여 개 국가에 파견되는 것으로 추정되고 있다. 최근인 2018년 7월 23일 미국 국무부가 발행한 '북한 제 재 및 집행 조치 주의보'에 의하면 북한 노동자들이 2017~2018년간 다음의 국가 및 관할지역에서 활동하는 것으로 파악되었다.: 알제리, 앙골라, 방글라데시, 벨로루 시, 인도네시아, 기니, 콩고, 이집트, 라오스, 리비아, 말리, 몽골, 모잠비크, 나미비아, 네팔, 나이지리아, 페루, 폴란드, 카타르, 러시아, 르완다, 세네갈, 태국, 우간다. "US State Department Advisory on North Korean Sanctions & Enforcement: "Risks for Businesses with Supply Chain Links to North Korea", 23rd July 2018, 〈https://www.state.gov/documents/organization/284481.pdf〉(검색일: 2018.9.5.).

는지, 그 구조와 고용관계, 근로 조건 및 임금지불 방식 등은 어떠하였는지에 대한 큰 그림을 제공하여 주고 있다. 나아가 유럽연합 내 북한 노동자 사례에서 특별히 관심을 끄는 부분은, 법제상 노동자의 권리가 상당히 잘 보장되는 것처럼 되어 있다는 점이다. 그러나 불행히도 그렇게 되어 있다는 것이 곧 노동자의 권리보장을 실질적으로 담보하는 것은 아니다. 따라서 유럽 내 북한 노동자 사례는 법의 준수와 이행이라는 관점에서 연구에 흥미로운 시각을 선사한다.

폴란드 근로감독관이 보고한 북한 노동자 근로현장의 불법행위자들은 벌금형에 처하여졌으며, 폴란드 조선소 내 북한 노동자 사망사건 또한 사법기관의 수사로 이어졌다. 또한 폴란드 내 북한 노동자의 근로조건이 강제노동으로 판단될 여지가 있는바, 그 내용이 ILO에 전달되기도 하였다. 이외에도 폴란드 내 북한 노동자 사례가 유럽연합의 사법관할 영역이라는 맥락에서 법적으로 검토될 수 있는 여지는 많다. 이러한 점에서 유럽연합 내 북한 노동자 사례는 추후의 연구로 이어질 다양한 경로를 제공한다는 가치가 있다.

2016년 5월 17일, 유럽이주네트워크(European Migrant Network; EMN)는 폴란드 당국으로부터 '북한국적자의 국가노동시장 접근을 제한하는 특별절차의 수립에 관한 국가 규정'의 여부에 대하여 유럽 회원국들 내 자료를 수집하여 달라는 특별 요청을 받았다. 그 요청에는 각 회원들에게 '귀국에서의 북한국적 노동자들에 관한 경험(최신 통계, 위법행위 사례 등)은 어떠한지'를 질문하는 내용도 포함되어 있었다.[2] 요청에 대한 보고서는 2016년 7월 29일 편찬, 출판되었으며, 몰

2 Ad-Hoc Query: North Korean Migrant Workers, Requested on 17th May 2016,

타 · 폴란드 · 체코 · 독일 · 네덜란드 · 오스트리아 등의 국가에서 질의 시점 당시, 혹은 그 이전에 공식적인 노동허가를 받고 활동하였던 북한국적자의 수를 명시하고 있었다. 이들 국가 중 북한국적자에 대한 노동허가증 발부 수가 두드러지게 많았던 국가가 바로 폴란드였다.[3]

본 장은 유럽연합, 특별히 폴란드 내의 북한 노동자 사례에 집중할 것이다. 또한 본 연구진이 진행한 2016년 『유럽연합 내 북한 노동자 강제노동: 폴란드 사례(North Korean Forced Labour in the EU, the Polish case)』 연구 및 2018년의 후속 연구보고서 『이익을 위한 사람들: 세계적 규모의 북한 강제노동(People for Profit; North Korean Forced Labour on a Global Scale)』을 바탕으로, 북한 해외노동자의 법적 지위 관련 (초국적) 규제 및 기관의 관리감독 메커니즘과 그 이행에 대하여 논하고자 한다.[4] 폴란드 근로감독청이 발부한 문건들[5]을 중심으로 분

Compilation produced on 29th July 2016, European Migrant Network, 〈http://www.emnsweden.se/download/18.2d998ffc151ac387159187c7/1484748711445/North+Korean+migrant+workers_Poland.pdf〉(검색일: 2018.8.23.).

3 독일 또한 세금과 사회보장세를 납부하는 북한국적자들이 1,600명에 육박한다고 언급하여 큰 주목을 끌었는데, 이후 추가적인 조사에서 독일 연방 노동사회부는 수치가 정확하다고 확인하여 주었다가 다시 추후의 소사에서는 부인하였다. 당시 이는 북한국적자와 남한국적자의 수치를 종합한 것일 것이라는 보도가 있었다. 이후 이 흥미로운 문제의 진상을 규명하여 보려는 시도가 여러 번 있었으나 독일 당국은 답변을 중단하였다.

4 Remco Breuker & Imke van Gardingen (eds.), *North Korean Forced Labour in the EU, the Polish case: How the Supply of a Captive DPRK workforce fits our demand for cheap labour*(Leiden: Leiden Asia Centre), 2016; Remco Breuker & Imke van Gardingen (eds.), *People for Profit; North Korean Forced Labour on a Global Scale*(Leiden: Leiden Asia Centre), 2018. 상게 논문에 주요 사항이 기록되어 있으며, 이하 본 장에서 분석하는 내용과 관련된 경우 상게 논문을 인용하도록 할 것이다.

5 Polish Labour Inspectorate, "Letters from the Polish Department of Legality of Employment", Chief Labour Inspectorate, dated 25th April 2016.(GNL-439-0512-

석을 전개할 것이며, 폴란드 중앙 고용근로감독기구가 발행한 세 건의 보고서[6]를 통해 보다 자세한 내용을 다룰 것이다. 폴란드 출입국사무소의 통계와 상공회의소에 등재된 기록 또한 유용한 정보를 제공한다. 2017년 ILO 총회의 기준적용위원회 보고서,[7] 유엔북한인권조사위원회 특별보고관의 해외노동 관련 발표자료[8] 및 보고서들 또한 분석을 위한 원자료로 활용될 것이다. EU 지침 및 규정, ILO 협약 또한 폴란드 내 북한 노동자 사례의 맥락상 관련될 경우 이를 참조할 것이다. 폴란드의 관련법은 분석의 범위에 속하지 않으며, 폴란드의 국내법상 규제는 폴란드 중앙 고용근로감독청의 시정명령 및 폴란드 내

1-1/16), 31st March 2016. and 9th June 2017 (GNL-575-0512-7-2/17).

6 Polish Labour Inspectorate "Letters from the Polish Department of Legality of Employment", Report Nr. 03186-53100-K033-Pt/13 (Rungrado), issued aug. 2013, Korea Rungrado General Trading Corp.; Report Nr. 03186-53100-K033-Pt/13 (Armex), issued aug. 2013, ARMEX SPÓŁKA Z OGRANICZO-NĄODPOWIEDZIALNOŚCIĄ

7 ILO, *Provisional Record International Labour Conference 15 Part Two (Third item on the agenda: Information and reports on the application of Conventions and Recommendations Report of the Committee on the Application of Standards)*, 2017. International Labour Organization, -published 106th ILC session, June, 2017, Third item on the agenda: Information and reports on the application of Conventions and Recommendations, Report of the Committee on the Application of Standards(ILC106-PR15-PartII-NORME-170615-3-EFS-docx), p. 40; Forced Labour Conventions, No. 29, 1930, Poland; International Labour Organization,-published 106th ILC session, June, 2017, List of Member States invited to appear before the committee and texts of the individual cases, (C.App./D.4/Add.1), p. 87; Forced Labour Conventions, No. 29, 1930, Poland.

8 Special Rapporteur on the Situation of Human Rights in the DPRK, *Report of the UN Special Rapporteur on the situation of human rights in the Democratic People's Republic of Korea*, A/70/362, 8th September 2015, pp. 7-9.(B. People working outside the country).

노동 지형의 맥락에서만 제한적으로 활용될 것이며, 이는 고용근로감독청과의 소통하에 이루어진 것임을 밝혀 둔다. 근로현장에서 진행된 근로자 인터뷰는 근로감독보고서에 포함된 것들에 한하여 인용될 것이다.

본 연구 자료출처의 상당부분은 근로감독보고서이다. 따라서 본 장은 폴란드 고용근로감독청이 발행한 서신과 보고서를 살펴봄으로써 시작되며, 근로감독의 역할, 기능 및 권한에 대하여 고려하여 볼 것이다. 폴란드 중앙 고용근로감독청은 북한 노동자를 사용하는 근로현장에 대해 많은 조사를 시행하였으며, 그 결과보고서는 북한 노동자들의 고용기업 및 그 상황과 조건 등에 대한 귀중한 자료의 원천이 되었다. 그러나 이 보고서들은 매우 중요한 내용을 빠뜨리고 있기도 하다. 이러한 문제의 원인으로는 조사관들이 사용자 측이 제공한 통역에 의존할 수밖에 없었던 상황에서의 언어장벽, 근로자들의 사회적 배경에 대한 지식 부족, 대부분의 조사가 문서상으로 이루었다는 점, 근로감독 권한의 제한 등이 꼽힐 수 있을 것이다.

나아가 본 장은 북한 노동자들의 EU 내 제3국 국민(Third Country Nationals, TCN)으로 고용된 이주노동자로서의 법적 지위에 대하여 실질적, 이론적 관점 모두에서 논할 것이다. 이주노동자로서 북한 국적자는 경유국 및 도착국(수용국)에서 동일대우, 노동조합 조직, 최저생활임금 보장, 사법접근의 권리를 비롯한 여타 노동기본권과 인권을 보장받을 독립적인 권리를 가진다. 그러나 이러한 원칙이 개별 이주노동자들에게 현실적으로 이행되는 것은 아니다. 이는 비단 법을 집행하지 않는 수동적인 측면의 문제일 뿐만 아니라, 최저임금과 최저노동기준 준수를 회피하기 위하여 독창적인 법적, 경제적 실체의 네트워크를 만드는 적극적 차원의 문제일 수 있다. 이러한 문제의 부차적인 영향은 근로자들을 지속적으로 종속적 지위에 속하게 한다는 사실이다. 근로자들은 자신들의 근로나 임금뿐만 아니라 이동이나 숙박에 관한 사항까지 의존해야 하며, 중개인이나 기업 간의 폭넓은 '그물망'에 사로잡혀 있게 된다. 이러한 의존성은 일반적인 이주노동자의 상황에도 적용되는 것이며, 북한 노동자의 경우에는 그 정도가 더욱 심한 것이다. 북한 노동자들이 불평을 하지 않는 편이라거나 자신들의 권리를 제창하지 않는다는 점 또한 추가적인 유인요소가 될 수 있다. (하)도급업자, 합작회사, 고용임대업자, 자회사들 간의 복잡한 네트워크는 결정적인 역할을 하므로, 이러한 측면 또한 분석에 포함될 것이다.

본 장은 또한 법의 집행과 감독 메커니즘에 관하여 논할 것이다. 국제노동기구(ILO)는 그 회원국들이 비준한 협약과 의정서상의 노동기준들을 이행하도록 격려하는 감독기제로서 활발히 활동하고 있다. 비록 북한은 ILO 회원국이 아니지만, 북한 노동자를 유치한 대다수의 국가는 ILO 회원국이다. 마찬가지로 ILO 기준적용위원회(Commission on the Application of Standards, CAS)는 2017년 ILO 총회 당시 폴란드 내 북한 노동자 사례에 대하여 논한 바 있다. 이는 ILO 보고기제의 효과성을 드러낸 것으로서, 폴란드의 북한 노동자 사례는 위원회가 폴란드 당국에 관련 사항에 대한 질문서를 우송하는 '직접청구(Direct Request)'가 이루어진지 한 해 만에 국제적인 논의의 장에 올랐다. 나아가 본 연구진은 책임과 책무 문제, 그리고 사법 접근권과 관련한 법적 경로들에 대하여 탐색할 것이다.

위와 같은 분석에 앞서, 먼저 북한의 해외파견노동에 대하여 개괄하고자 한다. 북한의 해외파견노동은 때로 무계획적으로 집행되는 것처럼 보일 수 있으나, 임의적으로 이루어지는 것은 아니다. 오히려 북한 당국의 외화벌이를 위한 구조적이며, 폭넓고도 긴밀한 통제를 통하여 이루어지는 것으로서 세계 곳곳에서 눈에 띄게 유사하면서도 현지 사정에 적용된 형태로 드러나고 있다. 그러므로 본 장은 북한 노동자 해외파견 현상에 대한 종합적이고 일반적인 분석으로 시작하려 한다.

2 북한의 해외파견노동: 일반적 분석

북한의 대규모 노동자 해외파견은 전 세계 법 집행기관에 흥미로운 문제를 제기하고 있으며, 국제 노동법 전문가들에 대한 도전임과 동시에 인권침해의 관점에서 시급한 문제이기도 하다. 1960년대부터 2000년대에 이르기까지 북한의 해외노동자 수는 급격히 증가하였으며, 그 파견대상국도 매우 다양하여졌다. 북한이 최초로 유럽연합에 노동자를 파견하였던 시기는 분명하지 않으나, 북한이 폴란드, 불가리아, 체코 등의 EU 회원국과 역사적으로 긴밀한 관계를 유지하여 왔다는 사실을 고려하여 볼 때, 이들 국가들이 EU에 가입하기 전부터가 아니었을까 추측하여 볼 수 있다. 체코의 경우 최소한 1998년부터 북한 노동자들을 수용하였음이 입증되었고, 이러한 관계는 2008년까지 지속되었다. 체코와 북한이 (체코가 체코슬로바키아의 일부였을 때부터) 우호, 협력의 역사를 가지고 있고, EU 내 다른 국가들도 이런 역사를 공유하고 있음을 고려하여 볼 때, 다른 국가에서의 북한 해외노동자 상황도 유사할 것이다.

북한 노동자들이 파견된 지역들 별로 현지 환경이 매우 상이함에도 불구하고 EU로의 파견이 특별한 것이 아니라는 점은 지적하고 넘어가고자 한다. 북한 당국은 정부에 가하여진 재정적 압박을 완화하기 위하여 해외로 노동자를 파견하기 위해 상당한 노력을 기울였다.[9] 이와 같이, 북한 당국 내에서 작동하는 공동의 체계로 인해, 블라디보스토크로부터 그디니아에 이르는 다양한 지역에 북한 노동자들이 파견, 고용되는 과정에는 상당한 구조적 유사성이 발견된다.

체코의 북한 해외노동자 사례의 경우 전체적으로 반복적인 패턴을 보여 준다는 점에서 여러모로 유익한 예가 된다. 체코의 북한 해외노동자 사례가 가지는 특징은 다음과 같다. 첫째로, 체코 사례는 유럽연합에 파견된 북한 노동자의 수는 비교적 적다는 점을 시사하고 있다. 1998년부터 체코에서 북한 노동자의 고용이 금지된 2008년 사이에는 많아야 약 400명가량의 북한 노동자가 존재하였다.[10] 연구 경

---

9 북한 해외노동자들의 활동과 관련된 문건 및 전직 북한 공직자들의 증언을 조사한 결과, 중앙당 차원에서 해외에서의 외화벌이에 대한 지시를 내린 것은 맞지만 이를 이행하는 것은 해외인력 파견의 권한이 있는 각종 기관, 회사, 부처, 군부에 의하여 이루어진 것으로 보인다. 결과적으로 북한 당국조차 해외로 파견된 노동자의 수와 그 파견국에 대해 총체적으로 파악하기 어려울 것으로 보인다. 본 연구진이 인터뷰하였던 전직 북한 간부의 경우 북한이 파견한 해외노동자의 수에 대한 질문에 유엔 특별보고관이 2015년에 제시하였던 수치를 인용하여 답변하였다. 다시 말해 북한 당국 내에도 이러한 내용을 파악할 중앙 감독기관이 없다는 것이다.

10 Jan Blinka, "Employing North Korean Workers in the Czech Republic", in *People for Profit; North Korean Forced Labour on a Global Scale*, edited by Remco Breuker & Imke van Gardingen(Leiden: Asia Centre Leiden), 2018, pp. 84-117을 참고.

험상 짐작컨대, 개별 노동자의 평균 임금이 높은 국가일수록 그 국가에 파견되는 북한 노동자의 수는 적은 것으로 보인다.[11] 이는 북한 당국이 해외파견을 담당하는 각 기관에 설정한 재무 달성목표와 연관이 있을 수 있다고 생각된다. 다시 말해 각 기관의 목표는 특정 규모의 노동자를 파견하는 것이 아니라, 특정 수준의 외화를 버는 것이라는 점이다. 둘째로, 체코 내 북한 노동자들의 존재와 활동은 모두 합법적인 것으로서, 모든 노동자들은 합법적인 거주허가증과 노동허가증을 소유하고 있다. 노동자들이 파견되기 전, 북한과 체코 양국의 대표는 그 사업기관을 합법적이며 운영가능한 것으로 만들기 위하여 필요한 법적 및 기타 조치들을 취한다. 셋째로, 노동자들은 북한에서 단일의 집단으로서 파견되었다. (2~3명 단위의 소그룹으로 입국하는 경우도 있기는 하였다.) 이것은 북한 당국이 노동자를 어디로 파견하든, 통제와 감시 및 사회주의 사상 주입 기능을 하는 기이한 북한 특유의 체계가 동반되었다는 중요한 사실을 보여 준다. 원칙적으로 북한 사람들은 셋 이상이 모이면 '생활총화'라 불리는 모임이나 자아비판의 자리를 가질 수 있다.[12] 이를 위해서는 모임을 주도하는 '위원장', 이를

---

11 ILO에 의하면 강제노동으로 인한 수익은 피해자 한 명 당 아프리카의 경우 3,900달러(이하 모두 USD), 아시아태평양지역의 경우 5,000달러, 중동의 경우 15,000달러, 소위 선진국의 경우 34,800달러가량이었다. 수치는 지역별로 매우 다르게 추정되고 있다. ILO는 덧붙여 '[총]수익은 아시아(518억 달러)와 선진국(469억 달러)이 매우 높은데, 그 주된 이유는 아시아의 경우 강제노동 피해자의 수가 많으며, 선진국 경제시장에서의 경우 피해자당 벌어들이는 수익이 높기 때문이다.'라고 하였다. ILO, *Profits and Poverty, The Economics of Forced Labour*, 〈http://www.ilo.org/wcm-sp5/groups/public/---ed_norm/---declaration/documents/publication/wcms_243391.pdf〉를 참고.

12 생활총화는 모든 북한주민들이 근로단체 · 학교 · 지역과 같은 다양한 소속조직을 매개

기록하는 '서기', 그리고 요구된 사항을 수행하는 '위원'이라는 최소조건이 필요하다. 넷째로, 미리 수립된 합작회사가 중개자로서 근로자들의 실제 업무와 근로관리, 지속적인 일자리의 조달 및 제반 재정적 측면을 손에 쥐고 있었다는 점이다. 다섯째, 노동 외에도 많은 작업들이 강제되는 북한체재 내에서의 경험으로 인해 강제노동 자체의 심각성을 잘 느낄 수 없었을 것임에도 불구하고 체코 내 북한 노동자들은 본인들이 현장을 떠날 수도, 거절을 할 수도 없는 상황이라는 것을 인지하고 있었다. 여섯째, 개별 북한 노동자를 고용한 기업은 각 노동자의 임금을 중개 합작회사에 지급했으며, 합작회사가 이를 배분체계에 따라 노동자에게 지급하지 않는 것이 일반적이라는 사실도 은연중에 인식할 수 있었다는 사실이다. 다시 말해 노동력을 필요로 했던 현지 기업과 중개기업 간에 이루어진 합의에 따라 북한 노동자들의 노동보수가 전부 지불되었음에도, 노동자 당사자들에게는 총량 중 극히 일부만이 돌아갔다는 것이다.[13] 이런 식으로 개별 근로자의 권리는 거의 보장되지 않는 방식의 체계가 설계되어 있었다.

북한 해외노동자들의 활동은 유럽연합 내 고용기업의 수요에 맞추어진 것이었다. 예를 들어 폴란드 조선소에 용접공으로 고용된 북한 노동자들은 현장에서 용접기술을 습득하곤 하였는데, 이들이 보다 수요가 많은 숙련 용접공으로 발전하지 못하였다는 사실은 북한 노동자들의 동기가 돈을 벌어 고국으로 돌아가는 데에만 있었다는 점, 그

로 하여 참가하여야 하는 정치사회적, 사상적 모임 · 의례 · 교육 등을 일컫는다. 이러한 조직모임에 잘 참여해서 좋은 평가를 받는 것이 취직, 승진, 주택배급, 결혼, 해외근로 파견 등의 사항을 좌우하므로 매우 중요하게 여겨진다.

13 Jan Blinka, 앞의 글, pp. 84-117.

리고 노동자들이 속한 체계가 이에 대한 압박을 가하고 있었다는 점을 잘 보여 준다. 북한 노동자들과 마찬가지로 이들을 파견, 관리했던 북한 합작회사들 또한 현지의 (법적) 환경에 신속히 적응하였으며 이는 최대의 수익창출을 위해 여러 규제를 활용하는 현지기업들과 본질적으로 다르지 않았다.

따라서 북한 노동자들이 유럽연합으로 파견되었던 사례는 북한 당국 차원에서 노동자들을 해외로 파견하였던 관례가 현지에 맞는 형태로 적절히 변형된 것이라 할 수 있겠다.

해외로 파견된 북한 노동자의 전체 규모는 짐작되지 않으나, 지난 5년간 대다수는 중국과 러시아로 보내졌다는 사실만은 분명하다. 말레이시아나 캄보디아 등 동남아시아 국가에도 상대적으로 많은 수의 노동자들이 파견되었다. 중국이 수만 명 규모의 북한 노동자들을 수용할 때, 유럽연합 국가들은 수백 명 규모로 수용하였을 뿐이다. 러시아가 유엔 대북제재에 정면으로 반하여 북한 노동자들을 수용하였다는 사실이 공식화되었으며, 유엔의 북한 노동자 고용금지 제재 이후 러시아에 합법적인 수준으로 새로 유입된 북한 노동자의 수는 약 1만 명 이상이었음이 명확하다.[14] 이들 노동자들의 전부 혹은 대부분이 건축업, 농업, 제조업 등 임금이 극도로 적은 영역에서 근로하게 되었다. 투자금을 회수하고 이익을 창출하기 위해서는 비교적 많은 수가 파견되어야 하였던 것이다. 그러므로 중국이나 러시아와 같은 국가에서는 북한 노동자의 1인당 순수익은 가장 적었을 것으로 보인

14 예로서 다음의 사이트를 참고. 〈https://www.wsj.com/articles/russia-is-issuing-north-korean-work-permits-despite-u-n-ban-1533216752〉.

다. 한편 숙련된 노동자를 파견할 경우에는 훨씬 높은 1인당 순수익을 얻을 수 있다. 폴란드에서 용접공으로 근무한 북한 노동자의 경우 한 달에 약 800유로가량의 임금을 받는데, 이는 중국에 파견된 북한 노동자 임금의 10배에 달하는 것이다. 물론 유럽연합의 높은 물가도 감안하여야 할 것이지만, 북한의 기업, 기관 등이 투입한 초기투자에 대해 빠른 수익환수가 가능한 것이다.

북한당국이 국가차원에서 그 국민들을 파견노동자로 해외에 보내는 것은 그 자체로는 합법이다. 실제로 북한당국은 파견된 북한국민들이 합법적으로 거주, 활동할 수 있도록 매우 치밀한 조치를 취하고 있다. 심지어 2014년부터는 유엔북한인권조사위원회 보고서가 파견된 북한 해외노동자들의 송환에 활용될 것을 우려하여 유럽연합 내 북한 노동자들의 인권을 최소한으로라도 보장하려는 시도를 하기도 하였다.[15] 미국과 유엔, 유럽연합의 대북 송금제재 조치로 인해 북한 해외노동자 관련 기업 자체의 합법성이 크게 흔들리게 되었고, 북한외교관들은 송금액을 미국 달러로 현금화한 뒤 개인적인 짐에 넣어 당국으로 이송해야 했다.[16] 2017년 11월까지만 해도 북한으로의 송금이 불법일 수는 있었으나, 북한국적자의 해외 노동 자체가 불법인 것은 아니었다. 그러나 2017년 12월 유엔이 대북제재조치를 강화함에 따라 북한국적자의 해외노동 자체가 직접적인 제재의 대상이 되어 노

15 다음을 참고. Remco Breuker, "Non-Enforcement: The Conscious Choice Not to Enforce", in *People for Profit*, pp. 161-162.

16 이렇게 북한 당국으로 흘러들어간 자금이 핵무기 등의 개발에 사용될 우려로 인한 북한에의 송금 제재조치를 위반한 사례에 해당하는지에 대한 적절한 논의가 진행되어야 하였으나, 제대로 이루어진 바가 없다.

동자들이 벌어들인 자금이 어떤 목적으로 사용되는지에 대한 논의는 더 이상 필요하지 않게 되었다. 2017년 이래 UN 및 유럽연합의 대북제재에는 일부라도 북한 해외노동자에 대한 추가적인 제재가 포함되었다.[17] 제재의 내용에는 북한과의 합작회사의 폐쇄기한이 명시되었고,[18] 추가적인 북한 노동자를 고용하는 것을 금지하며, 2019년 10월까지 모든 북한 노동자를 본국으로 송환하도록 하였음에도 불구하고,[19] 실질적인 해외노동의 관례에 미친 영향은 제한적인 것으로 보인다.[20]

---

17 다음의 문건들을 참고. Larissa van den Herik, "Testing the Protective Reach of UN Sanctions", in *People for Profit*, pp. 208-116; United Nations Security Council, Committee established pursuant to resolution 1718, 2006; "Resolution 2270. S/RES/2270, 2016, 2nd March 2016, 〈http://www.securitycouncilre-port.org/atf/cf/%7B65BFCF9B-6D27-4E9C-8CD3-CF6E4FF96FF9%7D/s_res_2270.pdf〉; Resolution 2321.S/RES/2321, 2016, 30th November 2016, 〈http://www.securitycoun-cilreport.org/atf/cf/%7B65BFCF9B-6D27-4E9C-8CD3-CF6E4FF96FF9%7D/s_res_2321.pdf〉; Resolution 2371.S/RES/2371, 2017, 5th August 2017, 〈http://www.securitycouncil-report.org/atf/cf/%7B65BFCF9B-6D27-4E9C-8CD3-CF6E4FF96FF9%7D/s_res_2371.pdf〉; Resolution 2375.S/RES/2375, 2017, 11th September 2017, 〈http://www.securitycoun-cilreport.org/atf/cf/%7B65BFCF9B-6D27-4E9C-8CD3-CF6E4FF96FF9%7D/s_res_2375.pdf〉; Resolution 2397.S/RES/2397, 2017, 22nd December 2017.

18 "회원국들은 2018년 1월 8일 이전까지 제재위원회의 사례별 승인을 받지 못한 모든 합작회사나 개별기업을 폐쇄하여야 한다. 회원국은 제재위원회가 승인요청을 거부한 이후 120일 이내에 기존의 모든 합작회사나 개별기업을 폐쇄하여야 한다." 다음을 참고: EU COUNCIL DECISION (CFSP) 2017/1838 of 10th October 2017, amending Decision (CFSP) 2016/849 concerning restrictive measures against the Democratic People's Republic of Korea, Article 11.4, 〈https://eur-lex.europa.eu/legal-content/EN/TXT/?uri=CELEX:32017D1838〉.

19 UNSC. S/RES/2397, § 8.

20 어떤 국가들이 북한 노동자들을 송환하였는지에 대하여는 불분명하나, 유럽연합의 경우 송환을 하지 않은 것으로 보인다. 북한당국과의 합작회사도 해체된 것으로 보이

결과적으로 유럽연합 내 북한 노동자의 존재를 확인하기 위해서는 유럽연합 국가들의 공식적인 출입국 및 비자 발행 통계가 여전히 유용하게 활용될 수 있으나, 한편 폴란드 사례에서 드러나듯 영주권을 받은 북한 노동자들은 비자가 필요 없으므로 이 통계에 속하지 않는다는 점 또한 고려되어야 할 것이다. 합법성을 구비하여 노동인력 수입에 따른 마찰을 최대한 줄이고자 하는 욕구는 북한기업과 유럽연합 내 합작회사의 적응력에서도 잘 드러난다. 이 기업들은 예외 없이 유럽연합 각 회원국들이 제시하는 여러 법적 환경을 매우 창의적으로 활용한다.[21]

북한 노동자의 해외파견에 대한 구체적인 계획과 집행이 중앙정부 차원에서 이루어지지 않는다 하더라도 그 정책 자체는 최고위 중앙정부 차원에서 구성되었다. 그렇기 때문에 북한 노동자들이 파견국까지 집단으로 이동할 뿐만 아니라, 도착 후에도 집단적으로 근무하며, 사회적으로 응집력 있는 집단으로 기능함으로써 외부의 접촉을 차단하고 북한당국의 규율에 지속적으로 순응할 수 있었던 것이다. 구체적으로 말하자면, 북한 노동자들은 '당조직생활'이라는 사회, 정치, 이념적 실천을 엄격히 고수함으로써 국가차원에서 의도적으로 고

지 않는다. 예를 들어 폴란드 상공회의소와의 회담에서는 『체제의 노예(Slaves to the system)』에서 자세히 다루어졌던 합작회사들이 2018년 1월 9일 이후에도 유엔 및 유럽연합의 제재에 반하여 여전히 존재한다는 점이 드러났다. 러시아의 경우 유엔의 제재에 대한 전적인 저항으로써 2017-2018년간 북한 노동자들을 공개적으로 환영한 바 있다. UNGA. S/RES/2375, § 17. and UNSC.S/RES/2397, § 8.

21 *Slaves to the system*의 제3장 "DPRK Citizens Working in the EU: The Labour Law Perspective"와 제4장 "Working Relation betweenthe Hirer and the Workers"는 이러한 방식들에 대해 자세히 다루고 있다.

립된 생활을 한다고 볼 수 있다. 그러므로 북한 해외노동자들의 일상은 자아비판과 호상(상호)비판, 당 교육, 사상총화, 기부독려 등이 끊임없이 반복되며 이를 통해 북한사회의 일원으로서의 정체성을 보급하고, 북한체제의 편재성, 강제성, 중요성을 통해 순응을 강조하는 것으로 이루어져 있다. 당조직생활에 참여하는 이들은 조직원들이며, 참여하지 않는 이들은 조직원들이 아니라는 식으로, 내부자와 외부자 간의 명백한 사상적 구분이 이루어진다. 이는 북한 노동자들은 현지인과의 접촉을 최소화하여야 한다는 규정을 통해 강화된다. 이러한 북한 노동자들의 내성적, 내부지향적 성향은 이들을 수용한 거의 모든 국가들에서 잘 기록되어 있다. 이는 침묵이 집단의 안정을 보장하고, 생산성을 강화시키며, 집단을 떠나기 어렵게 만드는 것임을 의미한다. 여기에 북한에 남아 있는 가족에 대한 제재의 가능성 또한 큰 기여를 할 것이다.[22]

북한 해외노동자에게 강제된 공동생활과 노동이 의미하는 것은 곧 이들의 모든 행동이 집단 단위로 편성되어 있다는 것이다. 그러므로 북한 해외노동자들이 일반적으로 보이는 특징은 북한당국 소유의 기업이나 합작회사 등 종종 다양한 모습으로 드러나는 중개역들의 존재가 중요한 역할을 하고 있다는 사실이다. 폴란드 사례는 일군의 현지기업의 담당자와 북한국적자들이 이러한 기업을 소유, 운영하며 노동자들을 관리했다는 점을 보여 준다. 이들 중개인들은 일자리 마련부터 노동자 관리, 숙소마련, 고용기업과의 계약서에 서명 대필까지

22 다음을 참고. Remco Breuker, "Exporting the System", in *Slaves to the System*, pp. 76-83.

하였으며, 고위 관리자(폴란드의 경우 종종 통역자가 이 일을 담당)를 지명하여 현지기업과 노동자 간의 유일한 접촉지점으로 만들었다. 북한의 고위 관리자가 이 기업들을 소유하였으며, 기업소유권은 관리자가 변동되면 함께 바뀌었다. 폴란드 그디니아(Gdynia) 지역의 조선소와의 파트너십을 위해 근무, 생활하도록 되어 있는 북한 측 관리자는 '레드실드(Red Shield)'라는 회사의 소유주로 등록되어 있었으며, 레드실드는 파트너십을 맺은 조선소와 북한 노동자 사이의 고용 중개 에이전시 기업으로 기능하였다. 이러한 점은 다시 북한 당국의 책임 부서(기관, 회사)에 현지 대표의 지명, 교체에 대한 결정권이 있었다는 사실을 보여 주는 것이다.

> 폴란드 사례에서는 중개회사들의 네트워크에 침투하기 위한 노력을 통해 예상치 못했던 점을 발견할 수 있었다. 이 중개회사는 (서류상 단일 법인의 하도급회사로 기록되어 있는) 각 개별 북한 노동자들의 임금을 일괄 지급받고 있었으므로, 세금이나 사회보장 부담금을 내고 있지 않았던 것이다. 이러한 상황에 대하여 폴란드 정부는 해당 회사가 북한에 세금과 사회보장 부담금을 내고 있을 것이므로 문제가 되지 않는다는 견해를 밝혔다.[23]

북한 해외노동자의 책임자들은 이런 식으로 중개역을 활용함으

23 "Manuel Freundt and Sebastian Weiss, Cash for Kim: North Korean Forced Labourers in Poland", *Vice*, 2016, 〈https://www.vice.com/en_id/article/ypea8j/cash-for-kim-north-korean-forced-laborers-in-poland〉.

로써 그럴듯한 회피의 구실을 얻는다(북한 기업과 연관된다는 오명에서도 벗어날 수 있다). 북한 노동자들을 단일 법인의 하도급 기업으로 일괄 취급할 수 있는 법적 수단을 얻고, 개별 노동자에 대해 지불하였어야 할 세금을 납부하지 않게 됨으로써 예상치 못했던 재정적 이득도 보게 되는 셈이다.

상술한 북한 해외노동자의 파견방식은 노동자들에게 매우 억압적인 근로환경을 조성한다. 따라서 북한 내에서 자유를 박탈당한 채 살아왔던 노동자들이 해외파견을 통해 좀 더 나은 상황에 처할 것이라는 주장은 유지되기 어렵다. 유럽연합 내 북한 노동자들의 근로 및 생활조건을 분석한 결과, 북한당국이 정치사회적, 사상적 체계('당 조직생활')를 일관적으로 현지에 이식하고, 당국 대표들이나 관리인들이 중개역이자 고용자로서 노동자들의 활동을 엄격히 제한함으로써 노동자들은 말 그대로 '거부하지도, 떠나지도 못하는' 상황에 처한다는 충격적인 사실이 드러났다. 북한 내의 상황과 유사하게, 노동자들은 인터넷이나 다른 매체에 접근할 수 없었으며, 각 집단별 배당된 정치지도자의 구체적인 허가 없이는 현지인 등 외부인들과 어울릴 수 없었고, 마찬가지로 구체적 허가 없이 근무지와 숙소 외의 장소에 갈 수도 없었으며, 병가나 휴가를 낼 수 없었고, 관리자의 허가 없이 퇴직을 할 수도 없었다. 또한 EU의 관련 법령에도 불구하고 북한 노동자들은 노동조합을 조직할 권리도, 현지 법원에 사법적 도움을 요청할 기회도 없었다.

상술한 구조적 특징에서 예상될 수 있는 결과로서, 북한 노동자의 해외노동을 착취적인 강제노동으로 규정할 수 있는 결정적인 단서가 있다. 그것은 바로 북한 해외노동자들이 수령하는 임금의 평균

70~100%가 국가에 귀속된다는 명분하에 관리자에게 착취당한다는 사실이다.[24] 이는 북한 해외노동자들이 러시아 블라디보스토크 등에서 발생하기 시작한 담보노동(채무상환을 위한 강제노동) 형태는 고려하지 않은 것이다.[25]

일반적으로 북한 해외파견 노동과 관련된 이들에게 매력적인 요소로 작용하였던 상황들은 여전히 지속되고 있다. 본 장의 연구진은 일전의 연구 보고서를 통해 다음과 같은 사항들을 정리한 바 있다.[26]

1. 북한당국은 외화를 벌어들일 기회가 많지 않으며, 광산업 등 외화벌이에 특화되었던 산업이 쇠락한 상황에서 북한 당국은 외화를 최대한 끌어모으려고 하고 있다.
2. 외화벌이에 참가하였던 북한주민이나 당국 모두는 해외 파견

---

24 종종 현지에서 북한 관리자들이 노동자들에게 국가명의로 요구하는 금액과 국가가 실제로 요구했던 고정 금액 간에 차이가 발견되곤 한다. 북한 인권침해를 막고자 했던 2014년의 노력은 상당부분 개별 관리자들의 착취 행위에 집중되어 있었다. 이러한 착취적 관행은 근로자들의 불안과 불만을 가중시킨 한편 외부 감찰의 기회를 증가시킨 것이기도 했다.

25 블라디보스토크의 북한 노동자들은 특정 액수의 금액을 벌어 국가에 상납한 후에야 개인적인 자산을 축적할 수 있었다. 상납금의 액수는 지난 몇 년간 증가하여 왔으며, 블라디보스토크 내 외국인 노동자들의 연간 수입과 비슷한 수준이다. 때문에 새로 유입된 북한 노동자들은 목표 상납액을 달성하지 못해 국가에 부채를 지게 되며, 몇 년의 기간 내에 이를 상환해야만 한다. 블라디보스토크 내 북한 노동자들과의 인터뷰에 의하면 하루의 공식적인 근로(이 자체로 종종 12시간이 넘기도 한다고 한다)가 끝난 후에 별도의 노무를 하여야만 상납금 외에 추가적인 금액을 모을 수 있는 수준이라고 하였다. 다음을 참고할 것. Britt C. H. Blom and Rosa Brandse, "Surveillance and Long Hours: North Korean Workers in Russia", *People for Profit*, pp. 43-66.

26 다음을 참고. Remco Breuker & Imke van Gardingen, "A new lease of life? DPRK forced overseas labour in the EU", Leiden Asia Centre Working Paper, 2015.

노동을 통해 모을 수 있었던 풍부한 외화에 대한 역사적 경험과 기억을 가진다.[27]

3. 현재 북한의 국가 및 사회체계는 노동착취를 위한 강제적 시스템으로 활용되기에 거의 완벽한 체계라 할 수 있다. (북한 국내법을 고수하는 중에 노동력을 수집하고 해외파견을 강제할 수 있다는 점, 해외주재 북한 외교관들을 통해 합법적이고 효과적인 비자취득 절차를 진행할 수 있다는 점, 국가 당국 자체적인 필요에 따라 임금을 수집하고 재배분할 수 있다는 점, 북한 고위층이 사기업에 경제적 자금을 투자하고, 이를 해외 중개기관으로 등록할 수 있는 기이한 구조 등.)
4. 북한당국의 감시체계가 해외파견 노동자들과 함께 움직임으로써, 현지에 '작은 북한'을 조성하고 노동자의 탈북이나 '외부 오염' 가능성을 최소화할 수 있다.
5. 중국 등 아시아지역 국가에는 많은 수의 노동자를 보내 개별 노동자에게 할당된 제한된 임금을 축적하고, 유럽연합의 선진국가들에게는 훨씬 적은 수의 노동자를 파견하지만[28] 노동자당 훨씬 많은 수익을 얻는 등(북한의 해외 의사 파견도 노동자당 높은 수익을 얻는 사례에 속할 수 있다.)[29]의 방법을 통해 높

---

27 미국은 북한의 해외노동자 파견지가 아니다. 누구나 쉽게 그 이유를 추측할 수 있을 것이다.

28 북한 의사의 해외파견은 1960년대에 성행하였으며 1980년대에도 지속되었다. 다음을 참고. Zabrovskaya, Larisa V., "Economic Contacts between the DPRK and the Russian Far East: 1992-2005", *International Journal of Korean Unification Studies* 15.2. 2006, pp. 95-111.

29 다음 기사를 참고. 〈http://koreajoongangdaily.joins.com/news/article/Article.

은 총수익을 얻을 수 있다.

이러한 현상은 매우 복합적인 현상의 총체로 나타난다. 사회주의와 전체주의적 요소를 자유롭게 혼합하고, 자유시장에도 이를 적용하는 식이다. 북한 해외파견 노동을 창출한 이 적응력은 해외 현지의 환경에 따라 북한의 노동 형태를 빚어내고 있으며, 유럽연합은 그 사례 중 하나인 것이다.

이렇듯 북한의 해외파견노동을 북한 중앙당이 외화벌이를 위해 선동한 기업행위로 보아야 한다는 사실은 명백해 보인다. 문제는 이것이 북한 국민들을 파견하고 수익을 거두어들이는 별도의 관리주체(관료기관, 군대, 무역회사 등)들에 의해 분산되어 수행된다는 점이다. 유럽연합 내 북한 노동자는 바로 이러한 거대기업의 일부로서 존재하는 것이며, 세계 다른 지역의 북한노동과 유사한 구조를 보여 주고 있다. 유럽연합 내에서 관찰되는 이러한 기이한 환경(특히 법적 환경 면에서)은 현지의 상황에 따라 변형, 적응되어 왔으나 이 기업의 핵심 사항들(목표, 실행방식, 노동자들이 처한 환경 등)은 동일하다. 이러한 사정을 주지하는 한, 유럽연합 내 북한 노동자들을 고용하는 관행에 대해 보다 면밀하고 합법적인 시각이 취하여져야 할 것이다.

---

aspx?aid= 3011968〉.

3
근로감독의 역할: 그 역량과 한계

2016년, 유럽이주네크워크(European Migrant Network, EMN)는 회원국들에게 각 국가별로 북한 노동자에게 발부한 노동허가증의 수와 통계에 대한 정보를 요청하며, 북한 노동자의 고용과 관련하여 제기된 위법행위에 대한 정보를 요청했다. 이 추가적인 요청은 다음과 같은 사실에서 비롯된 것이었다.

> 폴란드 가족노동사회정책부는 폴란드 내에서 자행되고 있는 조선민주주의인민공화국 국적자의 고용과 관련한 위법행위와 관련된 정보를 제보 받고 있다. 고용노동조건의 침해(임금의 대부분이 북한정권에 몰수되고, 휴게시간과 휴일에 대한 권리가 존중되고 있지 않음) 및 개인의 자유에 대한 침해에 대한 혐의가 제기되고 있다.[30]

폴란드 중앙 고용근로감독기구는 자국 내에서 발생한 북한 노동자 관련 위법행위를 상세히 보고하였다. 기구차원에서 북한 노동자들이 고용된 근로 현장에 대해 수십 건의 감독을 시행하였으며, 노동허가, 고용관계, 근로조건, 안전관련 인증 여부, 보건관련 문제, 계약상의 임금 정도 등에 대하여 보고하였다. 폴란드 고용근로감독기구는 규정에 의해 이러한 사정에 대하여 조사, 보고해야 할 의무가 있었다.

30 Ad-Hoc Query: North Korean Migrant Workers, p. 1.

국경수비대 등 타 기관과의 협력에 의해 습득된 정보, 국가근로감독청(National Labour Inspectorate, NLI)에 접수된 민원, 기타 정부기관의 요청이나 통지, 신문, 라디오, 텔레비전, 인터넷 등 언론매체에 보도된 정보, 감독관의 자체조사 등을 통해 불법 고용에 대한 합리적인 의심이 제기된 경우 당해 집단에 대하여 국가근로감독청에서 채택된 지침과 절차에 따른 고용 및 기타 임금노동, 외국인 근로에 대한 조사가 이루어져야 한다.[31]

2013년부터 북한 노동자들을 고용하는 사업장에 대한 조사 건수는 꾸준히 증가하다가 2016년에는 눈에 띄게 늘어났다. 2013년부터 2015년 사이에는 총 13건(2013년 4건, 2014년 3건, 2015년 6건)의 조사가 이루어졌으며, 여러 기업에서 총 285명의 북한 노동자들이 근로하는 것으로 드러났다. 2016년에는 근로감독 및 조사 건수가 16건으로 치솟았고, 총 457명의 북한 노동자에 대한 조사를 진행하였다.[32] 이렇듯 조사 건수가 증가한 것에는 여러 이유가 있었겠으나, 그중에서도 '폴란드에 파견된 북한 노동자들의 근로에 관하여 반복적인 정보'가 제기되었기 때문으로 보인다.[33]

근로감독관이 조사한 주요 사항들은 고용에 있어서의 합법성, 노

31 Polish Labour Inspectorate, "Letter from the Polish Department of Legality of Employment", 25th April 2016.

32 정확한 조사 건수가 항상 분명히 발표된 것은 아니었다. 폴란드 중앙 고용근로감독기구가 2016년 3월 31일 발송한 서신에서는 조사 건수가 다르게 표기되어 있다. 2010년부터 2012년까지는 연 1회, 2014~2015년에는 각 5회, 2015년에는 총 9회의 조사가 진행되었다고 한다. 앞의 글, 31st March 2016.

33 앞의 글, 9th June 2017.

동법의 준수 및 산업보건 및 안전 문제였다. 근로감독관은 사용자와 근로자 모두 노동법을 준수하고 있는지 여부에 대하여 확인, 보고서를 작성하도록 되어 있었으며, 위반이 발견될 시 처벌규정도 존재하였다. 조사의 대상이 되어 보고서에 수록된 주요 자료들은 현장시찰에 대한 기록들과 자격증, 고용 및 근로계약서, 임금지불증명서 등과 같은 문서들이었다. 사업장 내 다른 폴란드 노동자들이나 북한 노동자들의 통역들의 증언이 포함된 보고서도 있다. 몇몇 보고서상에는 위법행위에 대한 기록이 없기도 하며, 위법행위에 관한 내용이 있는 보고서에서는 사용자와 외국인에 대한 적절한 법적 조치에 대하여 기록되어 있다. 법적 조치들은 법원에 해당 위반에 대한 책임자에게 처벌이나 벌금을 부과하고, 조사 대상 기관에 통지와 지시사항을 전달하고, 정부 기관장이나 국경수비대 등 적절한 기관에 위법행위의 발견에 관하여 알릴 것[34] 등을 포함한다.

근로감독 보고서에 기록된 위법행위와 규정위반의 내용, 성격, 정도는 매우 다양하다. 폴란드 중앙 근로감독기구는 2013~2015년간 발견된 위반 내용을 아래와 같이 분류하였다.[35]

- 노동시장기구 및 고용증진에 관한 법에 의거, 외국인 고용 및 고용중개업 운영 관련 규정의 위반과 관련하여 다음과 같은 사항이 있었다.

  * 의도적인 호도를 통해 외국인에게 불법적 노동을 수행하도

34 앞의 글, 31st March 2016.

35 앞의 글, 9th June 2017.

록 함

* 단기 거주 및 노동 허가 혹은 노동허가증에 명시된 것에 반한 기간 혹은 조건으로 외국인을 근로하도록 함
* 외국인과의 근로계약서상에 노동허가증에 명시되어 있는 고용조건을 명시하지 않음

- 노동보호법의 위반과 관련하여 다음과 같은 사항이 있었다.
  * 폴란드 노동법상 명시된 주당 및 일일 노동시간과 휴식시간, 주 5일 근무 규정 등을 준수하는 고용조건을 향유한다는 사실을 외국인에게 주지시키도록 할 의무의 위반
  * 근로에 대해 임금을 지급할 의무의 위반
  * 근로자들의 휴가수당을 책정, 지급할 의무의 위반
  * 개별 근로자의 임금 및 근로관련 수당에 대해 명세서를 발급할 의무의 위반
  * 근로자들의 실제 근로 시간 및 휴무에 대하여 근로 시간을 기록할 의무의 위반

- 산업안전보건 관련규정의 위반과 관련하여 다음과 같은 사항이 있었다.
  * 밀폐된 공간에서 특별히 위험한 작업을 수행하는 노동자의 작업장소에 안전을 보장할 것에 대한 위반
  * 작업장소의 높이 규정을 준수할 것에 대한 위반
  * 특별히 위험한 작업을 수행할 시 필요 절차를 준수하도록 할 것에 대한 위반

* 작업장소별로 개인 보호장비, 보호구, 보호용 신발 등을 적절히 선정하여 개별 노동자들에게 할당, 착용하도록 할 것에 대한 위반
* 각 근로자에게 유효한 의료진단서를 제출하게 하여 할당된 업무 수행 시 금기사항에 노출되지 않도록 할 것에 대한 위반
* 산업안전보건 교육을 실시할 것에 대한 위반
* 낙하방지 장치 등 개인 보호구를 착용하도록 할 것에 대한 위반

2016년의 경우 근로감독의 건수가 급증하였는데, 이에 대하여 폴란드 중앙 근로감독기구는 '2016년 폴란드 관할권 내에서 북한기업에 의해 고용된 북한국적자들의 노동에 대한 정보가 지속적으로 입수된 것과 관련, 고용근로감독청은 북한 국적자들이 근로하고 있는 것으로 알려진 사업장을 선별하여 합법적 고용 여부 및 외국인 근로에 관한 종합적인 조사를 계획, 시행하기로 하였다.'고 하였다.[36] 같은 해 근로감독청은 불법 고용에 관한 사항을 확인하지는 않았으나, 노동시장기구 및 고용증진에 관한 법 및 기타 노동법에 규정된 사항에 대한 위반을 확인하였다고 하였다. 2016년 이루어진 16건의 근로감독 조사에서 발견된 위반사항들은 중앙 근로감독기구의 서신에도 동일하게 기록되어 있다.

- 외국인에게 업무를 위탁하는 기업의 의무 및 고용중개기관을 사용하는 기관으로서 다음에 해당하는 위법행위가 있었다.

---

36 앞의 글, 9th June 2017.

* 고용중개업무를 수행할 조건충족 및 등록 없이 고용중개업을 수행함
* 지방당국에 제출한 고용중개기관의 활동에 대한 연례보고서의 내용이 신뢰할 수 없거나 마감기한을 초과함
* 지방당국에 고용중개기관의 등록 요구사항인 경제활동 중지, 갱신, 연장 등에 관한 정보 변동을 보고하지 않음

- 노동보호법의 위반과 관련하여 다음과 같은 사항이 있었다.
  * 고용조건과 관련한 서면 정보의 미제공
  * 신뢰할 수 없는 근무기록
  * 초과근무에 대한 급여 및 추가수당 미지급
  * 유급노동자에 대한 사회보장체계 전달 지연

- 산업보건안전 관련규정의 위반과 관련하여 다음과 같은 사항이 있었다.
  * 필요 보호장비 및 위험구역(위험장소) 표지의 부재
  * 높은 곳에서의 위험작업 수행 중 작업구역에 대한 불충분한 보호 혹은 보호의 부재
  * 개방구조물 및 맨홀 등에 대한 보호 미비
  * 비계와 사다리 사용 시의 안전사항 위반
  * 개인 보호장비(낙하방지장치, 하반신보호장치 등), 보호구 및 보호용신발 등의 부재

폴란드 중앙 근로감독기구의 서신은 북한 노동자들의 근로장소

에 대한 감독의 범위를 잘 보여 준다. 주요한 위반사항은 고용의 합법성, 법적 보호, 산업안전보건과 같은 내용이었다. 위반사항의 자세한 내용을 살펴보면, 특정 사안들은 정형화된 범주를 초과하며 노동착취와 같은 보다 심각한 사안에 맞닿음을 알 수 있다. 예를 들어 근로자들에 대한 잘못된 정보제공, 임금이나 휴가수당, 추가수당 미지급, 근로조건의 서면명시, (신뢰할 수 있는) 근로조건의 기록, 보호구 및 장비의 착용 등은 노동착취로 이어질 수 있는 것들이다.

요약하여 상술된 폴란드 근로감독관의 확인사항에 대한 보다 깊은 이해를 위해 세 건의 보고서를 직접 참고하여 볼 수 있을 것이다. 이 보고서들은 상호 연관되어 있어 전체적인 상황을 이해하는 데 도움을 주면서도, 보고서 각각이 파견근로자와 고용구조에 기저하는 법적 문제뿐만 아니라 산업보건문제, 고용관계와 임금문제에 대해 다른 주제를 다루고 있기도 하다.

첫 번째와 두 번째 근로감독보고서는 북한기업 '릉라도'에 고용된 29명의 북한 노동자들에 관한 것이다. 릉라도는 폴란드 현지에 사무소를 두고 있지는 않으며, 폴란드 내에 기업 대리인을 두고 북한 노동자들을 폴란드 현지에 있는 아멕스(Armex)라는 기업에 파견, 폴란드 북부 기드니아 지역의 크리스트(Crist) 조선소에서 근무하도록 했다. 근로감독 결과 이들은 필수 노동허가 없이 진행된 것으로 결론지어졌다.[37]

37 이 조사는 '릉라도'와 '아멕스'라는 두 회사의 합작활동에 대한 것으로서, 두 회사는 모두 크리스트조선소의 북한 노동자와 관련되어 있다. 두 회사에 대한 조사보고서는 각기 따로 기록되었으나 같은 보고서 번호로 표기된다. Report Nr. 03186-53100-K033-Pt/13 (Rungrado), issued aug. 2013, Korea Rungrado General Trading Corp., Report Nr. 03186-53100-K033-Pt/13 (Armex), issued aug. 2013, ARMEXSPÓŁKA Z OGRANICZONĄ ODPOWIEDZIALNOŚCIĄ.

상기 이유로, 아멕스 (ARMEX Sp.) [주소] (검사보고서 번호 03186-53100-KO33-Pt/13)에 대한 근로감독을 실시한 결과, '조선릉라도무역총회사'(KOREA RUNGRADO GENERAL TRADING CORP.) [주소]에 고용된 29명의 조선민주주의인민공화국 국민은 "D"형 노동허가에 의거하여 업무를 수행하였으며, 아멕스 기업으로 파견되어 다시 고용기업 크리스트 조선소(Crist S.A)의 업무를 수행하였다.

수집된 여러 사실들과 증거에 의하면, 아멕스의 대표자는 불법적 수단을 통해, 본인이 수행할 작업에 대해 적절히 이해할 능력이 없는 근로자 당사자의 역량 혹은 실수를 이용하여 문제의 기업을 대표하는 대리인을 선정, 총 29명의 조선민주주의인민공화국 국적자로 하여금 불법노동을 수행하도록 하였다. 북한 노동자들은 크리스트조선소를 위해 업무를 수행할 어떤 허가도 받지 않았음에도 아멕스를 통해 파견되어 당 기업의 이익을 위해 임시직 근로를 하였다.

보고서는 아멕스와 북한기업이 함께 북한 노동자들의 법적 지위 등을 이용하여 위법행위를 하였다고 보았다. 이러한 전체적 상황으로 보아 북한 노동자들이 어떻게 국가기업인 '릉라도'를 통해 폴란드의 작업장으로 파견되었는지를 알 수 있다. 보고서는 나아가 또 다른 차원의 사실을 드러내는데, 그 예로서 크리스트조선소의 한 관리자가 왜 북한 노동자들이 정기적으로 사업장에 배치되었는지를 묻는 질문에 대한 답변을 보면 알 수 있다.

저는 2012년 2월 11일부터 크리스트에 G-502홀 생산 관리자로 고용되었습니다. […] 아멕스사의 현장대표는 폴란드어를 능숙하게 구사하는 북한사람으로서, 북한 노동자들을 G-502홀에서 G-08홀, 제2구역 (SD 2 도크 구역) 너머까지 배치하곤 했습니다. 그는 이러한 재배치가 근로자들이 근로집단에 소속감을 느끼지 못하도록 하기 위해 필요하다고 하였습니다. (2013년 12월 7일 인터뷰)[38]

세 번째 보고서는 크리스트조선소에서 일어났던 사망사고에 대한 것이었다. 당시 조선소는 46명의 북한 노동자를 고용하고 있었다. 보고서는 사고현장의 환경과 관련한 내용을 주로 다루고 있으나 다른 문제에 대한 정보를 제공하기도 한다. 근로감독관의 조사는 예고 없이 불시조사로 진행되었으며, '천경수'라는 이름의 북한국적 용접공이 사망사고를 당한 당일이었던 2014년 8월 29일부터 이루어졌다.[39] 보고서는 사고에 대한 상세한 내용을 담고 있으며, 사고 이전의 상황과 사실들에 대해서도 다루고 있다. 천경수는 입구에서 5~10미터 떨어진 탱크 내의 파이프에서 용접을 하도록 되어 있었는데, 입구로부터 이어지는 용접선 외에 탱크에 산소를 공급하는 별도의 파이프는 존재하지 않았다. 정오가 될 때까지 천경수를 보거나 확인한 사람은 없었고, 천경수가 일하던 탱크에서 불길이 피어오르고 천경수는 불길에 휩싸인 채 파이프에서 나왔다. 천경수가 입고 있던 옷은 재가 되도록

38 Report Nr. 03186-53100-K033-Pt/13 (Armex), issued aug. 2013, ARMEX SPÓŁKA Z OGRANICZONĄODPOWIEDZIALNOŚCIĄ.

39 The Polish National Labour Inspectorate's inspection into Armex, 28th November 2014, case No. 03273-5303-K047-Pt/14, 28/11/2014.

타 버린 채였다.[40] 당시 담당 근로감독관이 관찰한 위반의 내용은 여러 가지였으며, 이는 구체적인 기록으로 남아 있다.

- 탱크 내 작업에 대한 서면 승인의 부재. 탱크 내 작업을 포함하여 특별히 위험한 작업을 시작하기 전에 해당 업무 담당자에게 정확한 근로시간, 마감, 작업 방법이 지정되지 않았던 점.
- 탱크 내 작업과 같이 특별히 위험한 작업의 진행기간 내 직접적인 감독이 없었던 점.
- 안전을 위해 탱크 밖에 배치된 제2의 근로자가 없었던 점.
- 탱크에 진입했던 근로자가 하네스나 안전줄을 차고 있지 않았던 점.
- 작업 장소(VOID910C)가 산소공급 설비에 연결되어 있지 않았던 점.
- 특별히 위험한 작업이 이루어지던 장소(910C)의 위치가 분명히 표기되어 있지 않았던 점.
- 탱크 내 작업과 같이 특별히 위험한 작업의 시작 시점에 대해 업무일지가 분명히 남아 있지 않으며, 조선 담당자로부터 적절한 안전 조치와 함께 업무를 수행하겠다는 허가를 받지도 않았던 점. 관리자가 기록한 일반적인 업무일지가 남아 있기는 하나 건설 중인 선박에서의 작업 위치 정도만 기록되어 있었던 점.

---

40 이는 지역근로감독청 기록을 요약한 것이다. Control Protocol PIP Aramex 2014, document no. 03273-5303-K047-Pt/14, 28/11/2014. 또한 다음을 참고. Remco E. Breuker & Imke B.L.H. van Gardingen (eds), *Slaves to the system*, p. 33.

탱크 내의 업무가 수행될 것이라는 기록이 없던 점. 아멕스의 대표 누구도 화재 위험이 높은 작업에 대한 기록을 남기지 않았던 점.

- 용접작업에 보호의구를 착용하지 않고 진입이 허락된 점. 사용자 대표는 희생자에게 전신 보호의구를 제공하였다고 밝혔으나 아멕스사가 제공한 의상의 제조업체 분석결과 이는 단순작업복으로 용접작업을 위한 방화기능이 없었던 것으로 드러남. 기업 측이 용접공들에게 작업복을 지급하였으며 추후 작업관리자가 제출한 의류에 붙어 있던 폴란드 표준번호 PN-P-84525는 단순 작업복임. 제시된 의류에 라벨링 된 표준번호는 당 의류의 제작사인 "로보드(ROBOD)"에 의하면 '작업복'의 법적 요건을 충족하는 의류임을 나타내는 것으로서, '작업복'은 건강상 위험요소를 방지하기 위해 근로자의 옷 대신 혹은 옷 위에 착용하는 것임.
- 작업 중인 선박 위나 사무실 내에 방화용 모포가 존재하지 않았음. 희생자에게 붙은 불을 끄기 위해 사무실에서 가져온 소화기(이산화탄소)가 사용되었으며, 이어 생수를 끼얹었다고 함.
- 현장 증인인 토마즈 드리와(Tomasz Drywa)와 프제미슬로 차카(Przemyslaw Czajka)에 의하면 사고현장에 소화기가 없었으며 사고현장 근처 선박 위에도 소화기가 없었기 때문에 사무실에 있던 소화기를 가져와야 했다고 함.

위법행위와 규정위반의 범위를 보건대, 이는 단순히 불행한 사고가 아니라 전체적인 안전조치에 대한 구조적인 과실로 인한 것임을 알 수 있다. 상기 언급한 2013년의 첫 번째와 두 번째 보고서에서, 크리스트사의 관리인들은 근로자의 안전에 대해 책임이 있음을 증언했다. '감독자이자 발주처 고용인, 부동산 소유자로서 다른 회사에서 파견되어 온 근로자의 안전에 대해 책임이 있다는 사실을 잘 알고 있었다.'[41] 이러한 관점에서 크리스트조선소의 북한 노동자들은 아멕스에 의해 파견되었다는 점을 살펴볼 필요가 있다. 근로감독 조사보고서는 사망사고 사건현장에 총 46명의 북한 노동자가 아멕스를 통해 자영업자로 등록되어 있었으며, 할당업무에 대한 고정급을 수령하였다고 기록하고 있다. 계약서는 근로자들이 매달 월급을 지급받으며, 이는 할당 업무에 대한 고정급에서 공제된다는 것을 암시하고 있으며, 이는 보고서에 수록되어 있다. 보고서에 제시된 문서에는 46명의 북한 노동자들의 명단과 함께 지불된 임금과 날짜, 수령인의 서명이 기록되어 있다. 그러나 그 서명들은 거의 비슷하여 46명이 각자 서명한 것으로 보이지 않는다.

서명이 비슷하다는 점에서 해당 문서의 사기와 위조 여부가 의심될 수 있을 것이다. 그러나 근로감독관은 이 범죄행위에 대하여는 위반행위 목록에 수록하지 않았다. 이 점이 수록되지 않은 것은 근로감독관의 한국어(조선어) 및 문자에 대한 지식부족으로 인한 것이라는 가능성을 배제할 수 없다. 이는 근로감독관의 꾸준한 노력에도 불구하고, 근로감독 자체의 한계를 보여 주는 것이라 할 수 있다. 근로감독관은 이들 북한 노동자 집단에 대한 정보의 접근 제한성에 대해 잘 인식하고 있었다. 미국 국무부의 인신매매 관련 보고서는 폴란드 내

41 Inspection report Armex, issued aug. 2013, interview 12th July 2013.

북한 노동자 사례에 대해 다음과 같이 중요한 논평을 남겼다.: "관리자에 의해 진행되는 조사는 서류작업에 국한되어 있으며, 조사는 사용자 측이 제공한 통역에 의존하기 마련이다."[42]

근로감독의 제한적인 권한 또한 문제가 된다. 폴란드 고용근로감독기구는 고용의 합법성 여부, 근로안전, 노동법 준수 여부에 대하여만 조사, 보고할 수 있게 되어 있다. 그러나 이 권한은 북한 노동자 고용의 근본적이고 구조적인 문제를 깊이 있게 이해하기에는 한계가 있다. 예를 들어 유럽연합 내 북한 노동자 고용의 핵심적인 요소인 폴란드 관할권 내에서 근로자를 대표하는 외국기업의 문제에 대하여, 폴란드 고용근로감독 기구는 보고서 작성 당시 이에 대하여 조사, 감독할 권한이 없다고 밝혔다.

현재의 법제상 국가 고용근로감독기구는 폴란드 관할권 내에서 근로하는 근로자들을 대표하는 외국 고용주에 대한 조사, 감독의 가능성이 제한적이라는 사실에 유의해야 할 것이다. 현재 외국적 고용주는 폴란드 근로감독기구에 근로자 대표나 근로자별 개인정보를 제공할 의무가 없는 것으로 되어 있다. 이런 상황을 개선하기 위해서는 유럽 의회(Parliament)와 평의회(Council)가 2014년 5월 15일 의결한 '파견근로자에 관한 지침(Directive 96/71/EC)'과 '파견근로자에 관한 지침 집행에 대한 지침(Directive 2014/67/EU)'[43]을 폴란드 법체계에

42 US State Department, "Trafficking in Persons report", June 2018, p. 354, (검색일: 2018.9.6.), 〈https://www.state.gov/j/tip/rls/tiprpt/2018/〉.

43 제12조 하청에 대한 책임, "Directive 2014/67/EU on the enforcement of Directive 96/ 71/EC concerning the posting of workers in the framework of the provision of services", Article 12 on the subcontracting liability.

우선 반영시켜 놓아야 한다. 이와 관련하여 폴란드 노동사회정책부는 이행 법안을 제출하였으며 2016년 6월부터 발효될 것으로 예상하고 있다.[44]

고용근로감독관은 일전의 서신을 통해 이른바 폴란드와 북한기업 간의 협력과 관계의 성격과 같은 중요한 문제와 관련한 근로감독의 한계점들에 대하여 상세히 서술하였다.

국가 고용근로감독기구의 법적 소관상 폴란드와 북한기업 간 협력 및 관계설립에 대한 문제는 근로감독관의 조사의 대상이 되지 못하였다. 이러한 내용은 노동법 및 산업보건안전 관련규정, 고용의 합법 여부에 관하여만 정립되곤 하였다.[45]

이러한 한계가 가지는 의미를 쉽게 간과해서는 안 될 것이다. 보고서 작성 당시 근로감독관은 폴란드 관할권 내 북한 노동자들을 대표하는 외국 기업에 대한 조사감독을 매우 제한적으로밖에, 혹은 전적으로 할 수 없었으며 폴란드기업과 북한기업 간의 관계와 협력관계를 살펴보는 데 한계가 있었으므로 중요한 정보를 빠뜨리게 되었다. 즉 북한 노동자들이 노동비용을 최소화하고 세금 및 사회보장 기여금을 회피하기 위한 위장적이고 독특한 재정적, 법적 구조하에 고용되어 있다는 점과, 이는 유럽연합 내에서 특히 이주노동자들의 고용을 통해 시범, 시도되어 왔으며 숙지되어 온 상황이라는 중요한 정보가 빠진 것이다. 이는 가상적인 상황이 아니다. 예를 들어 2017년 폴

44 Polish Labour Inspectorate, "Letter from the Polish Department of Legality of Employment", 31st March 2016.

45 앞의 글, 25th April 2016.

란드 고용근로감독 기구는 북한 노동자들이 '북한법에 의한 고용계약 하에 북한기업에 고용된 채 폴란드에서 근로하도록 되어 있으며, 임금은 근로자의 북한에 있는 배우자에게 지급되고 있다.[46] 폴란드 고용근로감독기구는 그 권한의 제한으로 인하여 2017년 폴란드 내에서 근로하고 있는 최소 60명가량의 북한 노동자에 대한 조사에 한계를 마주하였다.'[47]고 하였다. 북한 당국자들은 유럽연합의 법적구조와 관련한 여러 가능성들에 대해 매우 잘 알고 있었으며, 가장 최신의, 최선의 고용구조를 활용하여 이익을 보고 있다는 점은 명백하다. 무엇보다 이는 계약, 하청계약, 고용중개역, (위장) 자영업자 파견근로 등과 같은 복잡한 망으로 구성되어 있는 것이다. 이러한 요소들은 폴란드 내 북한 노동자들의 고용상황을 이해하는 데 중요한 역할을 할 뿐만 아니라, 이들 북한 노동자들이 본국인 북한에서 어떠한 법적 지위를 가지며 근로권을 어떻게 보장받고 있는지를 알 수 있게 하여 준다. 나아가 이들 북한 노동자들이 받는 보호의 범위, 법치의 권한과 책임 문제와도 연관될 것이다.

46 International Labour Organization, published 107th ILC session(2018), Poland, Forced Labour Conventions, 1930(No.29)(ratification: 1958), Follow-up to the conclusions of the Committee on the Application of Standards(International Labour Conference, 106th Session, June 2017), p. 211.

47 앞의 글, 같은 면.

4
EU 내 이주노동자로서의 북한 노동자[48]

북한 해외노동자들은 이주노동자이자 노동이주민으로서 「모든 이주노동자와 그 가족의 권리 보호에 관한 유엔 국제협약」과 같은 국제기준의 보호를 받는다.[49] 이 협약은 ILO의 제97호 「고용이주 협약」, 제143호 「이민근로자의 기회 및 대우 균등 증진에 관한 협약」, 제29호 「강제근로에 관한 협약」 등 관련 협약을 고려하고 있다. 상게 ILO협약들은 해외에서 근로하는 이주노동자와 그 가족의 취약한 지위를 보호하는 것을 목표로 하는 것이다. ILO 「고용이주 협약」 제6조는 이주노동자를 '고용조건, 노동조합 가입, 집단교섭, 수용조건 등에서 자국 국민에게 적용되는 것과 같은 수준으로'[50] 처우할 것을 요구하고 있다. 또한 ILO 제143호 「이주노동자 협약(보충조항)」[51]은 제1조에서 "모든 협약 비준국들은 모든 이주노동자의 기본적 인권을 존중하도록 조치를 취하여야 한다."고 명시하고 있다. 또한 유럽연합의 관할권 내에서 근로하는 이주노동자들은 유럽사회헌장 및 유럽인권협약 내 경제사회권에 규정된 기본적인 권리를 보장받는다.

또한, 본 연구진이 이전에 발표한 보고서에서 밝힌 바 있듯이, 제

48 이하 내용은 본 연구진이 발행한 두 연구보고서상 이주 노동자의 법적 지위에 대한 장들을 요약한 것이다.

49 〈http://www.ohchr.org/Documents/ProfessionalInterest/cmw.pdf〉.

50 〈http://www.ilo.org/dyn/normlex/en/f?p=NORMLEXPUB:12100:0::NO::P12100_ILO_CODE:C097〉.

51 〈http://www.ilo.org/dyn/normlex/en/f?p=NORMLEXPUB:12100:0::NO::P12100_ILO_CODE:C143〉.

3국적 노동자들(TCN)과 관련한 유럽연합 지침을 EU 회원국들의 국내법에 반영시키도록 해 놓고 있기 때문에 북한 노동자를 받아들인 회원국의 국내법은 물론 유럽연합 지침들도 북한 노동자들에게 적용할 수 있다.

유럽연합에서 북한 국적자들은 제3국 국민(Third Country Nationals, TCN)으로 간주된다. 유럽연합 2011/98/EU 지침[52]은 회원국의 관할권 내에 거주, 근로하는 제3국 국민에 대하여 개별 허가 및 개별 지원 절차를 거치도록 하는 내용의 지침이다. 이 지침은 제3국 국민들도 유사한 근로조건, 임금 및 해고, 작업장 내 보건 안전 등에 관하여 회원국 국내 근로자들과 동등한 처우를 제공받도록 되어 있다(제12조 1a항). 유럽연합 지침은 또한 제3국 국민들에게 그들의 권리에 대해 고지할 것을 명시하고 있다. 유럽연합 91/533/ECC 지침[53]은 유럽연합 회원국가 내 사용자들에게 그 근로자들의 근로조건(근무 장소 및 당사자, 직무의 성격, 계약 발효 시점 및 기간, 임금 및 근로시간)에 대하여 고지할 의무를 부여하고 있다. 또 제2조 1항의 경우 '사용자는 이 지침이 적용되는 모든 근로자(이하 '근로자')에게 고용관계 및 계약의 주요 측면에 관하여 고시하여야 한다.'고 명시하고 있다. 유럽연합 회원국 및(또는) 회원국의 법적 관할권하에 있는 그 법제하에 규정된 고용관계 및 계약상 모든 유급 노동자에게 적용된다는 점(제1조 1항)은 매우

52 〈http://eur-lex.europa.eu/LexUriServ/LexUriServ.do?uri=OJ:L:2011:343:0001:0009:EN:PDF〉. 제1조는 '제3조 1항 (b)와 (c)에 해당하는 제3국 노동자는 회원국의 노동자들과 다음 사항에 대하여 같은 처우를 받는다.: (a) 임금 및 해고, 작업장 내 보건안전을 포함한 근로조건'이라 명시하고 있다.

53 〈http://eur-lex.europa.eu/LexUriServ/LexUriServ.do?uri=CELEX:31991L0533:EN:HTML〉.

중요하다. 그러나 유럽연합의 북한 노동자들에게 노동 조건과 노동권에 관한 그들의 권리와 법적 지위에 관해 고지하는 관례는 흔하지 않아 보인다. 또한 '서면 계약서 없는 외국인 고용'[54]과 '근로조건에 대한 서면정보의 미제공'[55]의 경우 반복적으로 위반되어 온 사항이라 보고되었다. 이러한 상황은 개별 노동계약에 익숙하지 않은 북한사람들에게는 놀랄 만한 일이 아닐 수도 있다. 그러나 이는 유럽연합법상 엄연한 범죄인 것이다. 고용조건 문서화 의무 지침(91/533/EEC: 1991년 시행되어 현재 개정 중)은 고용주가 노동자의 근로조건, 노동시간, 보수, 유급휴가 등을 고용계약서나 약관 또는 고용조건이 포함된 기타 문서 등으로 문서화해서 고용개시 2개월 이내에 노동자에게 통지하도록 의무화하고 있다(제3조).

이 사례에서 북한 노동자들은 법적으로 자영업자로 취급되었으며, 이는 근로자로서의 법적 지위와는 전혀 다르다. 그러나 근로감독 보고서는 북한 노동자들이 실질적인 근로자로 고용되었음을 증명할 충분한 근거가 있었으므로 이에 대하여 다투어질 수 있다고 하였다. 또한 북한 노동자들의 법적 신분 자체가 자영업자를 허가하지 않고 있었다. 북한 노동자들이 소유하고 있던 노동허가증은 2008년부터 2016년까지 총 2,783건이었으며,[56] 대부분 A타입 혹은 D타입 허가증으로서, 특정 고용주에 귀속된 근로자에게 적용되는 것이었다.

54 Polish Labour Inspectorate, "Letter from the Polish Department of Legality of Employment", 31st March 2016.

55 앞의 글, 9th June 2017.

56 Remco E. Breuker & Imke B.L.H. van Gardingen (eds), *Slaves to the system*, p. 11.

> [북한 노동자들] 대부분은 폴란드 내 A타입 노동허가증(등록된 사무소, 거주지, 지사, 시설 또는 다른 형태의 사업체가 폴란드 내에 있는 사업체와 계약을 맺고 업무를 수행하는 외국인을 위한 비자)과 D타입 노동허가증(폴란드 내에 수출업을 목적으로 사업을 운영하는 외국 국적의 고용자를 위해 업무를 수행하는 외국인을 위한 비자)을 보유하고 있었다.[57]

자영업자로 신분을 위장하는 방법은 특히 법집행이 강력하고 이민법이 엄격한 나라들에서 은밀한 고용관계를 감추기 위해 흔히 사용되는 방법이다. "보기 어렵고, 셈하기는 더 어려운"이라는 제목의 ILO 보고서는 다음과 같이 적고 있다.

> 고용인들과 사용자들은 점점 근로자들로 하여금 '자영업자'의 법적 지위를 채택하도록 강요하여 고용관계를 위장하고자 하는 것으로 나타났다. 이는 노동력의 강력한 집행이나 이민법이 제한적인 국가에서 특히 잘 발생하는 현상이다. 이를 통해 '사용자'나 '계약자'는 사회보장세나 최저임금, 근로시간이나 휴가규정의 준수 책임을 회피할 수 있게 된다.[58]

---

57 Polish Labour Inspectorate, "Letter from the Polish Department of Legality of Employment", 31st March 2016.

58 International Labour Organization, Hard to See, Harder to Count: survey guidelines to estimate forced labour of adults and children, International Labour Organization, 2011, 2012, 〈https://www.ilo.org/wcmsp5/groups/public/---ed_norm/---declaration/documents/publication/wcms_182096.pdf〉, pp.13-14(검색일: 2018. 9. 5.).

2017년 1월 1일 당시 폴란드 정부는 유럽연합 내 장기거주 허가증을 보유한 북한국적자는 약 31명으로, 임시 허가를 보유한 집단과는 별개라고 하였다. 또한 '이들 모두가 폴란드에서 일하는 것은 아니'라는 내용을 덧붙였다.[59] 2003/109/EC 지침은 유럽연합 내 장기거주자들의 법적 지위와 관련하여 적용되는 것으로, 제3국 국민의 장기거주에 대하여 다루고 있다. 장기거주란 유럽연합 내에서 5년간의 연속적인 거주를 요구하고 있으며, 단기거주 허가증과는 달리 근로자들에게 유럽연합 내 자유로운 이동을 보장하고 있다. 단기거주 허가증을 보유한 근로자들은 유럽연합 내 이동의 자유가 보장되어 있지 않다. 상게 지침에 의하면, 장기거주 허가증을 보유한 외국인들은 유럽연합 내 국가들에서 일할 수 있으며, 제3국 국민은 유럽연합 회원국 중 한 개 국가에서 (임시) 노동허가증을 발급받은 경우 그 사용자가 다른 유럽연합 회원국가로 이동하는 경우 함께 이동할 수 있다.

폴란드의 북한 노동자들은 명백히 직접적인 사용자-근로자 관계의 사례로 보이지는 않는다. 고용근로감독관의 보고서에는 서류상 북한 노동자들은 대부분 북한기업에 고용된 것으로 나와 있었으며, 다른 북한기업 혹은 폴란드기업에 파견근로자로 보내지는 구조였다고 한다. 그들이 보유한 노동허가증이 파견근로를 허용하지 않는 A와 D 타입으로 발급되었음에도 불구하고, 이러한 행태는 구조적으로 일어났다.[60] 근로감독 보고서에는 노동허가증과 관련한 위법행위들이 자

59 Report of the Committee on the Application of Standards (ILC106-PR15-PartII-NORME-170615-3-EFS-docx), p. 41.

주 등장한다. 예를 들어, '노동허가증에 기재된 시설과 다른 곳에서 외국인이 업무를 수행토록 한 경우', '노동허가증에 기재된 것과 다른 직무에서 외국인이 업무를 수행토록 한 경우',[61] '고용대행업체로 등록이 되어 있지 않으나 그와 같은 사업을 수행한 경우'[62] 등이다. 그러나 상술한 바와 같이 폴란드 중앙 고용근로감독기구는 자국 관할권 내에서 근로자를 대표하는 외국 사용자를 감독할 권한이 없었으며, 북한 노동자를 고용하는 하청업체로 활동하는 여러 사업체를 감독할 수 없었던 한계에 대하여 지적하였다.

5
하청계약 확산구조에 예속된 북한 해외노동자

폴란드 내 북한 노동자의 배치는 다양한 기업을 통해 이루어진다. 예를 들어 조선철산무역회사, 조선릉라도무역회사, 조선남남협조회사 등의 북한기업, 그리고 조폴해운유한책임회사와 원예 등의 북한-폴란드 합자기업, 그리고 폴란드 기업인 알손(Alson), 아멕스(Armex) 등이다. 북한기업이나 중개기업은 공식적으로 고용기업으로 운영되며, 기간제일자리를 제공하는 기간제근로자 고용중개기업이나 월급지급을 대행하는 행정대행기업, 근로자집단을 하청업체나 기업에 직접 고

60 〈http://www.migrant.info.pl/Work_permit.html〉(검색일: 2018. 9. 5.).

61 Polish Labour Inspectorate, "Letter from the Polish Department of Legality of Employment", 25th April 2016.

62 앞의 글, 9th June 2017.

용하도록 알선하는 기업 등의 역할을 수행한다. 아멕스와 릉라도에 대한 폴란드 근로감독관의 보고서는 이러한 고용관계가 어떻게 이루어지는지를 분명히 제시하고 있다. '조사대상 기업인 조선릉라도무역회사[주소] 내에는 29명의 북한국적자가 고용되어 있었으며, D 타입 노동비자에 의해 아멕스사(社)에 하청업자로 고용되어 다시 크리스트 조선소에 파견되어 업무를 수행하는 것으로 되어 있었다.' 릉라도가 공식적인 고용기업으로 기재되어 있으며, 크리스트조선소는 계약서상 등장하지 않고 있으나, 실사용자로 크리스트를 지목할 수 있는 여러 근거들이 있다. 본 장의 앞부분에는 여러 안전조치들이 크리스트 측의 책임하에 있었다고 밝힌 바 있다. 이하의 내용은 또한 조선소에서의 북한 노동자들이 크리스트 측 직원인 '감독'으로부터 일일이 업무 지시 및 확인을 받았으며 실질적인 종속관계에 있었음을 밝히고 있다.[63] 다음은 2013년 7월 30일에 채록된 증언의 내용이다.[64]

> 저는 크리스트에서 생산관리자로 일해 왔습니다. (…) 제가 관리하는 집단은 5명의 북한 노동자와 7명의 우크라이나 노동자로 구성되어 있습니다. 모든 북한 노동자는 아멕스사의 소속이었고 (…) 용접을 수행할 수 있는 허가서가 있었기 때문에 용접업무만을 할당받았습니다. 매일 아침 저는 제 관리단원들에게 업무를 분배하고 (…). 아멕스사가 파견한 그 외국인들은 (…) 제가 직접 할

---

63 폴란드 중앙 고용근로감독기구 보고서에는 이러한 업무보고가 사고가 있었던 날을 제외하고는 매일 진행되었다고 기록되어 있다. 폴란드 중앙 고용근로감독기구의 아멕스에 대한 근로감독보고서 2014.11.28. 사건번호 No.03273-5303-K047-Pt/14를 참고.

64 Inspection report Armex, issued aug, 2013.

당한 업무장소로 배치됩니다. 매일 조회를 통해 하루의 업무내용을 정확히 보여 주고, 저는 종일 그 업무를 감독합니다. 그들이 업무를 잘 이해했는지 그리고 업무를 잘 수행하는지를 확인하는 것입니다.

크리스트사의 관리자는 매일의 업무내용을 상세하게 전달할 뿐만 아니라, 그 업무가 제대로 수행되고 있는지를 감독하는 역할을 한다. 이는 일반적인 도급자에게 요구되는 업무 수준보다 훨씬 상세한 것으로, 근로자에 가까운 것으로 해석될 수 있다.

앞서 언급한 바 있듯이 고용관계의 성격을 제대로 이해하기 위하여는 사용자-근로자 관계를 설정하는 것이 매우 중요하다. 근로관계에서 확산된 그물망 때문에 근로자들은 중개역을 통해 취업할 경우 매우 취약한 위치에 처하게 된다. 근로자는 중개역을 통해 중개수수료, 주거비, 교통비, 생활비 등을 공제한 후 간접적으로 지불받기도 하는데, 이와 같은 임금지불 방식은 근로자가 이러한 고용체계에 더욱 얽매이도록 하는 것이다. 이는 20세기 초 미국에서 왕성하던 블루칼라 노동자(대다수 이민자였다)들을 관리하던 이른바 '왕초(빠드로네, Padrone)' 시스템과 크게 다르지 않다.

고용근로관계의 해석과는 별개로, 사용자-근로자의 범위와 (하청)계약자-주계약자 관계를 살펴보는 것이 보다 적절할 것이다. 폴란드 슈체친(Szcsecin)의 파트너조선소(Partner Shipyard, 이하 '파트너조선소')에서의 북한 노동자 사례의 경우, 북한 노동자를 고용한 폴란드 조선사와 이 선박을 구입하는 네덜란드 기업 간의 긴밀한 파트너십, 그리고 이를 통한 저렴한 노동력과 상품으로 수익을 얻는 과정을 잘 보여 주는 사례이다.[65] 파트너조선소는 북한 노동자들을 최소한 2011년부터 고용하여 왔다. 처음에는 직접 고용을, 이후에는 북한 중개역 레드실드(Redshield)사를 통해 다른 지역 내 기업들과 함께 파견형태로 노동력을 수급해 온 것으로 보인다. 레드실드는 파트너조선소 소유의 부지에 사무실을 두고 있었으며, 북한 노동자들의 숙소 또한 조선소 내에 있었다. 관련 근로감독보고서는 28명의 북한 노동자들이 고용되어 있었다고 밝히고 있으며, 이 중 9명은 유럽연합 내 장기거주자였다고 한다.[66] '파트너조선소'라는 업체명은 네덜란드와의 긴밀한 파트너십에서 따온 것이라고 한다. 파트너조선소는 한 해에 약 8건의 선박을 건조하며, 이는 대부분 네덜란드 고객들에게 판매된다. 해당기업의 홈페이지에는 총 43척의 건조선박 중 36척이 네덜란드 기업을 위해 건조되었다고 나와 있다. 이들 선박건조 프로젝트는 네덜란드 은행들의 재정지원을 받고 있는바 '메이드 인 네덜란드'로 표기되기 위하여 일괄 수주, 제작되어 네덜란드로 인도된 후 최종 공정을 거치게 된다. 건조에 사용되는 자재는 네덜란드 금속회사로부터 공급받는다. 주 고객인 네덜란드 선박회사는 도급자이자 중개역으로서 다른 거대 유명 네덜란드 선박회사들을 대신하여 계약한다. 이 회사의 홈페이지에는 파트너조선소를 '슈체친에 위치한 자사 소유의 조선소'라고 소개하고 있다. 폴란드의 파트너조선소나 네덜란드 파트너들은 상

65 해당 기업 간 구조와 관계에 대한 보다 상세한 설명은 다음을 참고. Imke van Gardingen, "Accountability for DPRK Workers in the Value Chain: The Case of Partner Shipyard, a Polish Shipbuilder and its Dutch Partners", in *People for Profit*, p. 21.

66 Record of inspection, Reg. No. 140213-53100-K045-Pt/16, dated 7th June-24th June 2016.

호관계를 통해 많은 수익을 얻을 수 있음을 강조하고 있다. 그러나 이러한 관계는 숙련되나 저렴한 노동력, 특히 북한 노동자들의 희생에 의해 이루어질 수 있는 것이다.

노동자의 권리를 존중할 책임은 북한 노동자와의 직접 혹은 간접 고용관계에서 끝나는 것이 아니다. 이에는 공급사슬 내 구매자들도 포함되어야 한다. 파트너조선소 사례에서의 공급사슬은 매우 짧아 네덜란드 기업들을 북한 노동자와 직접 연결되지 않았다. 그러나 기업의 책임에 관한 국제적 프레임워크와 가이드라인들은 모든 구매자와 생산자가 무엇보다도 노동법을 존중하여야 한다고 명시하고 있다. 이러한 국제적 합의가 기업의 행동지침으로 널리 인정되어 왔으며, 가치사슬 내 기업의 책임 있는 행동을 장려하고 기업과 그 하청기업 등 계약간 네크워크 내에서의 기준을 세우려고 노력하여 왔다. 그러나 이런 국제적 합의의 원칙들이 구속력을 갖추고 있지는 못하다. 국제노동기구는 글로벌 공급사슬 내 양질의 일자리(decent work)를 위한 전지구적 행동을 개시하기 위해 운영되는 기구이기도 하다.

국제노동기구(ILO)는 세계적 영향력을 갖고 있기 때문에 노동 영역에서의 전문성과 경험, 회원국과의 협력을 통해 글로벌 공급사슬 내 양질의 일자리 형성을 위한 전지구적 행동을 선도하기에 가장 적합한 기구이다. 최근의 예로서, 2015년 ILO와 G7국가는 '비전 제로 펀드(Vision Zero Fund)'를 통해 산업국가 내 산업보건안전을 증진하고자 하였다. 이와 같은 효과를 위해 ILO는 모든 관련된 증거와 정보에 입각하여 일관된 정책 및 전략의 개발과 실행을 촉진하고, 구성원들의 역량을 구축할 수 있는 글로벌센터로서의 역량을 강화해야 할 것이다.[67]

ILO 국제공급사슬에서의 양질의 일자리를 위한 결의(The ILO Resolution concerning Decent Work in Global Supply Chains)는 사용자, 도급자, 하청업자, 구매자 등 모든 관계자들이 국제노동기준, 결사의 자유, 산업보건안전 및 ILO 주요 협약에 명시된 주요 원칙을 준수할 필요에 대하여 집중적으로 다루고 있다.

> 임금, 근로시간 및 산업보건안전 분야에서 공급망을 포함한 모든 노동자의 근로조건을 향상시키고 비표준 양식의 고용이 노동자와 사용자 모두의 적법한 요구를 충족시키면서도 노동권과 양질의 일자리를 훼손하지 않도록 (…)[68]

이와 관련하여 ILO 선언은 다국적 기업을 위한 OECD 가이드라인 및 UN 지침을 인용하고 있다. 또한 최근 미국 국무부는 북한과 공급사슬 연계가 있는 사업체의 위험요소에 관한 주의보를 발표한 바 있다.[69] 주의보는 공급사슬 내의 북한 강제노동의 위험성에 대해 설명하며 북한의 강제노동 체계가 국내뿐만 아니라 국제적 차원에서도 운영되고 있음을 지적하고 있다. 미국 국무부에 의하면 북한 사례에

67 International Labour Organization(ILO), Resolution concerning decent work in global supply chains, adopted on 10th June 2016, 〈https://www.ilo.org/wcmsp5/groups/public/---ed_norm/---relconf/documents/meetingdocument/wcms_497555.pdf〉, p. 3(검색일: 2018. 8. 28.).

68 International Labour, C.App./D.4/Add.1, 106th session, p. 4.

69 US State Department Advisory on North Korean Sanctions & Enforcement: "Risks for Businesses with Supply Chain Links to North Korea", 23rd July 2018, 〈https://www.state.gov/documents/organization/284481.pdf〉(검색일: 2018.9.5.).

서 강제노동의 주요 요소들로는 임금의 보류, 불합리한 공제, 불규칙한 임금 지불, 사용자가 제공하는 안전하지 않은 비위생적 조건에서의 집단 주거환경, 다른 국적의 노동자들과의 격리, 개인적 은행계좌 관리권의 박탈, 여권 압수, 자아비판 등 당 모임에의 강제 출석 등을 들었다. '투명성의 부족 또한 문제였다. 계약서의 상세사항은 종종 은폐되었으며 금융거래는 최종 수혜자가 누구인지 알기 어렵도록 진행되기도 하였다.'[70]

북한 해외노동에 대해 강제노동이라고 할 수 있느냐 여부에 대해서는 논쟁이 계속되고 있다. 이러한 형태의 노동을 강제노동으로 고려하는 것은 노동자들이 겪은 침해의 심각성을 나타낼 수 있도록 하므로 그 자체로 중요하다 할 것이다. 그러나 또한 중요한 것은 공급사슬 내의 책임의 문제이다. 이러한 노동권 침해요소들이 '강제노동'으로 분류될 수 있다면, 이는 형법의 적용을 받아야 할 것이며 전혀 다른 내용의 법제가 적용되어야 할 것이다. 폴란드 당국은 미국 국무부 보고서에서 '근로감독관들은 북한 노동자를 고용하는 모든 기업을 조사하였으나 정식적인 수사 및 법집행을 정당화할 만한 증거는 발견하지 못했다.'고 밝혔나. 그러나 이후 자신들의 한계에 대하여 "관계자들은 근로감독이 전체적으로 서류상의 검토에 국한되어 있었으며 사용자 측이 제공한 통역에 의존할 수밖에 없었다고 인정하였다."고 강조하기도 하였다.[71] 폴란드 당국은 또한 강제노동에 관해 확실한 위

70 앞의 글.

71 US State Department, Trafficking in Persons report, June 2018, p. 354, 〈https://www.state.gov/j/tip/rls/tiprpt/2018/〉.

법요소가 확인되지 않았다고 밝혔다. 그러나 이에 대한 추가적인 설명은 매우 의미심장하다.

> (…) 그러나 관리당국은 그들(기업)과 이들에 잠재적으로 영향을 받을 수 있는 북한 노동자들 간 협력이 부족하다는 점에 주목하였으며, 이는 관리 당국의 목적 달성을 저해할 수도 있다고 생각된다. 해당 발언자는 이것이 매우 도전적이고 민감한 상황이라고 밝혔는데, 특히 수용국에서 특정한 조치가 취해진다면 이는 노동자들이나 그 본국에 남아 있는 가족들에게 위협이 될 수도 있기 때문이었다. 또한 해당 발언자는 이러한 문제를 다루는 데 있어 다른 국가 및 노사 등 사회적 파트너들의 경험에 대하여 들을 용의가 있다고 하였다.[72]

수용국이 조치를 취하는 것이 북한 노동자와 그 가족들에게 위협이 된다는 사실은 강제노동을 의미하는 확실한 표지 중 하나이다. 북한 노동자 사례에서, 모든 가능한 정보를 고려하면 매우 단순한 질문 하나로 귀결된다. '노동자들은 자유롭게 떠날 수 있었는가?' 북한 해외노동자 사례에서 이는 전혀 가능하지 않았던 것으로 보인다. 이동의 자유는 근로장소와 숙소라는 특정 구역 안에만 한정되어 있었다. 자유롭게 기존 업무를 그만두고 다른 일자리를 찾을 수도 없었고, 이는 북한체제를 벗어나 탈주하거나 다른 국가로 피난할 경우에만 가능

72 ILO Report of the Committee on the Application of Standards, ILC106-PR15-PartII-NORME-170615-3-EFS-docx, p. 41.

했다. 북한국적자라는 사실은 곧 이주노동자로서 자유롭게 일을 그만두지도, 이동하지도 못한다는 것을 의미했다. 이러한 관점에서 북한의 내부지향적 사회 특성은 상술한 당조직생활을 통해 보다 강화되며, 아이러니하게도 유럽연합 내 만연한 (하청)도급 관계에서 파견노동자의 고용구조와 잘 맞아 떨어졌다. 이러한 구조는 애초에는 작업의 원만한 진행을 위하여 구성된 것이나 곧 작업과정을 분리, 파편화하여 사용자 측의 책임을 축소시켜 다른 편으로 밀어두도록 하며, 노동을 상품으로 치부하도록 만들었다. 나아가 노동자들로 하여금 도급과 중개역 간에 넓게 확장된 그물에 사로잡히도록 만들어 이 구조 내에 노동, 수익, 숙박과 같은 사항들, 특히 제3국 국민들에게는 노동허가증이나 거주허가증과 같은 법적 사항들까지 의존하도록 하였다. 이러한 관점에서 북한 해외노동자들의 의존적, 종속적 지위는 특히 이들의 신분증 보유와 관련한 ILO 보고서 내용에서 잘 드러난다. '북한 노동자들에 대한 조사 중 (…) 모든 북한 노동자들의 여권은 당해 기업의 대리인에 의해 관리되었음이 발견되었다. 노동자들은 또한 조사가 끝난 후 기업 대리인에게 자신의 거주증을 제출하였다.'[73] 이러한 점들은 국제노동기구 기준적용위원회의 감독 메커니즘에 기록되어 있다.

73 ILO Follow-up Report for the Conclusion of the Committee on the Application of Standards, pp. 211-212.

6
ILO 감독 메커니즘

북한은 국제노동기구(ILO)의 회원국이 아니지만 북한 해외노동자들이 체류, 도착한 국가들은 모두 회원국이다. ILO에는 총 189개의 협약이 있는데, 이 중 가장 중요한 8개를 '기본 협약'으로 삼고 있다.[74] 회원국이 ILO 협약을 비준할 경우, 당해 협약과 관련한 사항과 국가적 노력에 대한 정기적 보고서를 제출할 것이 의무로 되어 있다. ILO의 삼자주의 구조에 의해 각 정부의 보고서에 대하여는 당 국가의 노측과 사측 양 사회적 파트너들이 코멘트를 할 수 있다.

「고용이주협약(제97호)」은 이주노동자에 대한 국제기준을 제공하고 있다. 제2조에 의하면, '본 협약의 모든 회원국은 고용을 위한 이주자들에 대하여 적절한 무료 서비스, 특별히 정확한 정보를 제공하기 위한 서비스를 제공해야 하며, 만약 이미 제공되고 있다면 이를 지속적으로 유지할 의무가 있다.'고 하였다. 제5조는 노동 및 근로조건에 있어 투명성의 필요성을 강조하고 있으며, 근로자들은 고용을 위한 출국 전에 고용계약서 사본을 수령하여야 하며 계약서에는 임금을 포함한 주요 근로조건이 명시되어 있어야 한다고 하였다. 물론 실제로 이주노동자들이 출국 전에 자세한 내용이 적힌 근로계약서를 수령하는 것은 매우 드문 일이다. 그러나 북한 해외노동자 사례의 경우 노

74 제87호「결사의 자유와 단결권의 보장 협약」, 제98호「단결권과 단체교섭권 협약」, 제29호「강제노동금지 협약」, 제105호「강제노동철폐 협약」, 제100호「동등보수 협약」, 제111호「차별(고용과 직업) 협약」, 제138호「최저연령 협약」, 제182호「가혹한 형태의 아동노동 협약」.

동자들은 계약서를 아예 전적으로 수령하지 못하였고, 임금수령 시기나 그 금액-심지어 아주 조금이라도 현금을 수령할 수 있는지의 여부까지도 전혀 알 수 없었다.

ILO 「강제노동금지 협약(제29호)」은 본 장에서 논의하기에 적절할 것이다. 폴란드 내의 북한 노동자 사례는 바로 이 협약의 정례검토 중에 제시된 바 있으며, ILO 메커니즘이 어떻게 운영되는지를 잘 보여 주는 사례이다. 2016년 8월, 폴란드의 연대자유노조('솔리다르노시치', Solidarnosc)는 「강제노동금지 협약」 정례 검토회의에 폴란드 내 노동자의 상황과 강제노동으로 의심될 정황에 관한 보고서를 제출하였다. 보고서는 북한 노동자들에게 특별한 주의를 기울이고 있다. ILO 전문가 집단은 이 사례를 '이중각주(double-footnoted)' 처리하기로 하였는데, 이는 곧 2017년 ILO 총회의 기준적용위원회(Committee on the Application of Standards, CAS) 세션에서 해당 사례 국가의 노사정 삼자에 대한 청문회 형식의 심의가 있으리라는 것을 의미했다. 기준적용위원회를 이끈 한 전문가는 다음과 같이 논하였다.

기준적용위원회는 솔리다르노시치가 제기한, 폴란드가 다수 이주노동자로 이루어진 강제노동의 수용국이라는 점에 대해 주목하고 있다. 솔리다르노시치는 또한 폴란드 내 조선민주주의인민공화국 국적자들이 강제노동을 착취당하고 있다는 점을 언급하고 있다. 위원회는 솔리다르노시치가 지적한, 2011년에 폴란드에 합법적으로 입국한 239명의 북한 노동자들과, 2012년에 마찬가지로 합법적으로 입국한 509명의 북한 노동자들에 대하여 주목하고 있다. 솔리다르노시치에 의하면, 북한 노동자들은 자신의 합법적 수익의 상당부분을 북한당국에 바쳐야 한다. 위원회는 이렇듯 강제노동을 구성할 수도 있는 북한

노동자들의 근로조건에 대한 솔리다르노시치의 우려에 대하여 주목하고 있다.[75]

기준적용위원회의 절차에 관해 보다 자세히 논하기 전에 ILO가 정의하고 있는 강제노동이란 무엇인가에 대하여 알아보자. '강제노동(forced or compulsory labour)'이라는 용어는 1930년 ILO 「강제노동금지 협약」 제2조 제1항에서 '처벌의 위협하에서 강요받거나 자발적으로 제공하는 것이 아닌 모든 노동이나 서비스'로 정의하고 있다. 이를 분석하여 보면 세 가지 주요 요소로 나눌 수 있다. 첫째, 어떠한 형태의 노동이나 서비스가 제3자와 관련한 개인에 의해 제공되어야 한다. 둘째, 노동이 처벌의 위협하에서 이루어져야 하는데, 이때의 '처벌(penalty)'이란 신체적, 정신적, 재정적 등 여러 형태를 취할 수 있다. 셋째, 노동은 비자발적으로 제공되어야 하는데 이는 본인의 자유의지에 반하는 행위를 의미하며, 한 번 관련 업무에 관여하게 되었을 때 추가적인 비용지불이나 특정 권리 없이도 합리적인 기간을 통고할 경우에는 자유롭게 그 일을 그만둘 수 있어야 한다.

폴란드 노동조합이 제출한 보고서에는 폴란드 내의 북한 노동자 사례에 대하여만 자세히 다루고 있으나, 이를 검토한 위원회는 유엔 북한인권특별보고관의 2015년 9월 8일 보고서에서 언급된 '해외에서

---

75 International Labour Organization (Commission on the Application of Standards), C.App./D.4/Add.1, List of Member States Invited to Appear before the Committee and Texts of the individual Cases, 106th session, Geneva, 6th June 2017, 87, 〈http://www.ilo.org/wcmsp5/groups/public/---ed_norm/---relconf/documents/meetingdocument/wcms_556661.pdf〉; International Labour Organization (Commission on the Application of Standards), ILC106-PR15-Part II-NORME-170615-3-EFS-docx, Provisional Record, Third Item on the agenda: Information.

노동하는 북한사람들'에 대한 전반적인 내용을 참조하였다. 특별보고관의 보고서에는 해외에서 일하는 북한 노동자들에 대한 여러 우려가 나열되어 있으며, 그중 특별히 지적되는 부분은 북한 노동자들이 계약서를 받지 못한 점, 임금의 일부만을 본인이 수령하게 되는 점, 하루 20시간에 달하는 극단적인 근로시간 등이었다. 또한 '북한 노동자를 고용하는 타국의 기업들은 용납될 수 없는 강제노동 체계에 연루되어 있다는 점'을 강조하였다.[76]

상술한 바와 같이, 기준적용위원회의 절차는 「강제노동금지 협약」의 정례검토와 함께 시작된다. ILO 전문가위원회는 보고서 및 이에 대한 코멘트들과 관련 문서들을 검토한 후 발견내용들을 연례보고서로 출판한다. 전문가위원회는 폴란드의 북한 노동자 사례를 '이중각주' 사례로 처리하기로 결정하였으며 또한 유엔 북한인권특별보고관의 북한 해외노동의 착취형태에 대한 우려를 언급하였다. '이중각주' 사례란 전문가 집단이 매년 선정하는 25개 사례로서, ILO 연례총회의 기준적용위원회에서 논의하게 된다. 25개 사례 중 전문가 집단은 25개 사례 중 통상 3~4개만을 선정하며, 나머지는 ILO의 삼자주의 원칙을 따라 노·사·정 사회적 파트너들이 선정하게 된다. 2017년 국제노동기구 총회에서 폴란드 정부는 전문가의 질의서에 대한 종합보고서를 제출하도록 요청받았다. 폴란드 정부는 성명서를 통해 자국의 북한 노동자와 관련하여 강제노동과 관련된 증거는 발견되지 않았으

76 UN General Assembly, "Situation of Human Rights in the Democratic People's Republic of Korea", 17th session, 〈https://www.securitycouncilreport.org/atf/cf/%7b65BFCF9B-6D27-4E9C-8CD3-CF6E4FF96FF9%7d/a_70_362.pdf〉, p. 6 (검색일: 2018.8.28.).

나 노동자들의 근로조건에 대해서는 우려된다는 요지를 발표하였다.

> (…) 관리당국은 그들(기업)과 이들에 잠재적으로 영향을 받을 수 있는 북한 노동자들 간 협력이 부족하다는 점에 주목하였으며, 이는 관리당국의 목적달성을 저해할 수도 있다고 생각된다. 해당 발언자는 이것이 매우 도전적이고 민감한 상황이라고 밝혔는데, 특히 수용국에서 특정한 조치가 취해진다면 이는 노동자들이나 그 본국에 남아 있는 가족들에게 위협이 될 수도 있기 때문이었다. 또한 해당 발언자는 이러한 문제를 다루는 데 있어 다른 국가 및 노사 등 사회적 파트너들의 경험에 대하여 들을 필요가 있다고 하였다.[77]

그 후 노동자 대표들이 코멘트를 하도록 초청되었는데, 대표로 나온 폴란드 노동조합 측은 강제노동을 규정할 수 있는 적절한 법제의 미비를 지적하며 아래와 같이 제안하였다.

> 폴란드 정부는 강제노동에 대한 법적 정의를 제공하기 위하여 관련법을 개정하여야 하며, 폴란드 내 북한 노동자 고용의 규모를 고려할 때 충분한 한국어(조선어) 공인 법정통역을 제공하여야 할 것이다. 보다 효과적인 국내 규정의 발전을 위해 ILO의 기술적 협조 및 강제노동의 공식적인 입증을 위한 타 기구들의 지지가

---

77 Report of the Committee on the Application of Standards (ILC106-PR15-PartII-NORME-170615-3-EFS-docx), p. 41.

필요하다고 생각된다. 폴란드 정부는 이러한 영역에서 ILO의 기술적 조력을 구하도록 촉구하는 바이다.[78]

공인 법정통역 제공에 대한 제안은 폴란드 근로감독관들이 본인들의 사실관계 조사에 있어 결함사항으로 지적하였던 부분이기도 하다. 폴란드 근로감독관들은 조사 시에는 언제나 사용자 측이 제공한 통역에 의존하여야 하였다고 밝힌 바 있다. 이후 ILO의 다른 회원국들의 노사정 대표가 해당 사례 및 상술한 공급망에서의 책임문제 등에 대한 자국의 상황과 입장을 밝힐 수 있도록 자리가 마련되었는데, 그중 독일과 미국의 발언을 살펴보자.

(…) 나아가, 책임감 있는 기업들 및 공기업들은 보편적 기본권과 인권을 침해하는 기업들, 또한 북한의 사례와 같이 국가적으로 체계화된 강제노동에 연루된 기업들로부터의 수주를 금지하여야 할 것이다.[79]

(…) 본국에서의 권리보장 여부와 상관없이, 이들(북한 노동자)이 근로하였던 국가와 기업은 이들의 권리를 보호하고 존중할 의무가 있다. '라이덴보고서'는 이러한 착취로 인한 이익수급이 전체에 걸친 공급사슬로 이루어졌다고 지적하였다. 폴란드 정부는 이러한 상황을 개선하기 위한 조치를 취하여야 할 것이다. 이주노동

78 앞의 글, 같은 면.

79 앞의 글, p. 46.

위원회는 회의 중에 이러한 문제들에 대하여 언급하고, 당해 사건의 노동자들이 단순한 '노동력'이 아닌 각자의 권리를 담지한 개인임을 보장받을 수 있도록 하여야 할 것이다.[80]

위원회는 폴란드 정부에 대한 권고안을 포함한 결정서를 작성한 후 위원회 보고서와 함께 통합하여 총회에서 이를 채택하였다.

모든 논의를 종합하여, 위원회는 다음과 같이 폴란드 정부에게 권고하는 바이다.

- 강제노동을 구성하는 착취적 행태와 상황으로부터 이주노동자들이 온전히 보호될 수 있도록 노력을 증진할 것
- 조선민주주의인민공화국에서 파견한 노동자들의 상황에 집중하여 강제노동 사례에 어떠한 조치를 취하였는지에 관한 정보를 전문가위원회에 제출할 것
- 착취적 사례가 발생하였다면 그 가해자들에 대해 즉각 효과적인 조치를 취하며, 이를 방지할 처벌이 발생할 수 있도록 기소할 것
- 강제노동 피해자로 밝혀진 개인에 대해 적절한 보호와 보상이 이루어지도록 할 것[81]

이후 폴란드는 기준적용위원회에 상기 권고에 대한 진행사항을

80 앞의 글, p. 46.

81 앞의 글, pp. 47-48.

매년 보고하도록 되었으며, 그 첫 보고는 2018년 6월에 이루어졌다. 상황보고 성명서에는 최근(2017년) 폴란드 내 작업장에서 조사된, 북한법에 의거한 고용 및 여권 몰수 등을 경험한 북한 노동자에 대한 언급이 있었다. ILO 전문가위원회는 이에 대하여 다시 한 번 우려를 표명하였다.

> 조선민주주의인민공화국 국적자들에 대한 조사 사례를 살펴본바, 위원회는 51명의 노동자들이 바르샤바 건축부지 내에서 임금노동을 수행하는 것을 발견하였다. 이들은 폴란드에 지부를 내어 북한법의 적용을 받는 북한기업에 고용되어 있었으며, 그 임금은 북한 현지의 노동자의 아내들에게 지불되고 있었다. 다른 건설현장에서는 같은 북한기업에서 파견된 60명의 북한 노동자들이 발견되었다. 폴란드 내 최저 고용기준을 충족시키고 있음이 확인되기는 하였으나, 모든 북한 노동자들의 여권이 당해 기업 대리인에게 맡겨져 있음이 밝혀졌다. 또한 조사가 끝난 후 거주등록증 또한 기업에 제출하도록 되어 있었다. 나아가 기업 대리인들이 통역으로 전 조사과성에 침여히였다. 위원회는 상술한 사례 중 임금의 간접 지불이나 신분증의 몰수와 같은 사항은 노동자들의 통제와 기업에 대한 종속성을 상당히 강화하는 것이며, 궁극적으로 노동자들의 지위를 더욱 취약하게 하는 것이라고 판단하였다. 위원회는 이주노동자들로 하여금 이들의 지위를 더욱 취약하게 만드는 상황에 처하지 않도록 하는 고용체계를 보장하는 데 효과적인 조치를 취할 것에 대한 중요성을 다시 한 번 지적하는 바이다. 특별히 여권 몰수, 임금 미지불 혹은 간접 지불, 자유 박탈 등과 같은

이러한 착취적인 고용관계의 당사자들에게는 더욱 관심을 기울여야 할 것이다.[82]

ILO 기준적용위원회의 절차는 삼자주의 대화가 비교적 짧은 기간 내에 이렇듯 민감한 주제를 국제적 논의의 장에 올려놓을 수 있는 과정을 잘 보여 준다. 이는 보고체계가 어떻게 운영되는지, 그리고 국제적인 기관의 협조 없이는 관계당사자들에게 압력을 행사하기가 얼마나 어려운지를 잘 보여 주는 사례이다. 특히 ILO 위원회의 절차는 집요하게 진행되고 회원국들은 국제무대에서 부정적으로 비춰지는 것을 선호하지 않기 때문에 어느 정도 압력으로 작용한다. 그러나 결국 권고안들은 구속력이 없기 때문에 ILO의 감독 메커니즘은 관계당사자들의 선의에 상당부분 의존한다.

7 책임 및 사법접근권

법적 지위를 정의하는 것은 매우 중요하다. 해당 지위와 관련된 권리가 침해되었을 때 그 권리를 강제 구제할 수 있기 때문이다. 그러나 법적 지위를 인식하는 것만으로는 충분치 못하며, 그에 대한 책임을

82 International Labour Organization, - published 107th ILC session 2018, Poland, Forced Labour Conventions, 1930, No. 29(ratification: 1958); Follow-up to the conclusions of the Committee on the Application of Standards, International Labour Conference, 106th Session, June 2017, pp. 211-212.

지는 자가 누구인지를 아는 것이 중요하다. 북한사람들에게도 유럽연합에서 일하는 근로자로서의 권리를 보장하기 위하여 그 관련된 책임당사자의 범위가 확정되어야 한다.

첫째로, 앞서 광범위하게 논의된 바와 같이 적극적인 근로감독의 역할이 매우 중요하다. 독립적인 근로감독 당국이 없이 고용관계, 근로계약, 임금명세서, 업무일정 등에 관한 상세한 정보에 접근하는 것은 불가능할 것이다. 근로감독에 의해 적발된 위법행위들은 가해자를 지목하는 효과와 함께 향후의 위법행위를 방지할 처벌 등으로 연결될 수 있다. 만약 적극적인 근로감독이 바라는 억지효과를 갖는다면, 이는 상황을 합법적인 것으로 개선할 수 있는 데 기여할 것이다. 만일 즉각적인 조치가 취해지지 않았다면, 근로자나 근로자 대표가 임금이나 노동권과 관련한 주장을 해야 할 책임이 있다. 이때 이 책임을 누구에게 물을 것인가의 문제가 발생한다. 북한기업이 명백한 최우선순위 책임자이겠지만, 릉라도와 같은 북한기업들은 북한 해외노동자 수용국에 공식적인 지부를 두지 않고 있으므로 법적으로 대처하기에는 매우 어려운 대상자일 것이다. 또 다른 책임자로는 북한 노동자들을 파견하고 이들의 일자리, 임금, 숙소, 교통 등을 전적으로 맡았던 도급기업이 될 것이다. 세 번째로는 북한 노동력을 최종적으로 사용한 주 계약자로서, 대부분의 경우 계약상의 사용자는 아니나 실질적인 사용자인 이들이다. 사용자, 하청업자, 도급업자 모두가 북한 노동자의 노동권이 존중되도록 보장할 책임을 나누어 갖고 있다. 그러나 이들 간의 네크워크가 가지는 핵심적인 특징은 바로 투명성의 부족과 책임의 회피가능성으로, 법적 책임을 담지한 공급사슬을 확보하는 것이 매우 어려운 실정이다.

상술한 유엔 기업과 인권 이행원칙이나 OECD 다국적기업을 위한 가이드라인과 같은 국제 가이드라인은 공식 행동강령으로 널리 인정되고 있다. 그러나 이러한 관점에서 발생하는 의문은 직간접적으로 북한노동자를 고용한 사용자나 기업에게 책임을 묻는 것과 마찬가지로, 그들의 사업 파트너나 협력회사들에게도 북한 노동자들의 노동권 및 인권을 침해하고 얻은 이익을 공유했다는 사실을 이유로 책임을 물을 수 있겠느냐는 것이다.[83] 이에 법적 책임의 문제는 다시 결함에 근거한 합법성의 문제에서 보다 강력한 법적 책임—즉 과도하게 저렴한 노동으로부터 이익을 받는 당사자들에게 책임을 묻는 범위로 나아간다. 이에 대한 흥미로운 시범 사례는 네덜란드 선사 파트너들과 긴밀한 관계를 유지하였던 폴란드 조선사들이다.

폴란드 내 북한 노동자에 관한 첫 번째와 두 번째 보고서에서, 폴란드 기드니아와 슈체친 내의 조선사들은 네덜란드 선사 파트너들과 긴밀한 관계를 유지하며 건조 자금 및 부품 조달, 프로젝트 관리, 기술 노하우 전수 및 보안, 품질인증, 유럽연합 자금의 분배 등에 함께 관여하고 있었다.[84] 해당 사례는 양 기업 간의 긴밀한 파트너십과 협력과 관련한 충분한 증거를 제시하고 있다. 여기서 제기될 수 있는 흥미로운 질문은 바로 노동착취 및 권리침해가 확인되었을 때, 네덜란

---

83 이러한 책임에 관한 문제는 *People for Profit*에 실린 보고서에 보다 상세하게 서술되어 있다. 다음을 참고. Imke van Gardingen, "Accountability for DPRK Workers in the Value Chain: The Case of Partner Shipyard, a Polish Shipbuilder and its Dutch Partners", pp. 12-42.

84 파트너조선소와 관련한 사례연구 및 법적 분석에 관하여는 *People for Profit*에 실린 보고서에 보다 상세하게 서술되어 있다. 다음을 참고. Imke van Gardingen, 앞의 글, pp. 12-42.

드 법체계가 이 파트너 기업 또한 책임이 있다고 규정할 수 있는가이다. 만약 기업들이 이러한 위법행위나 노동착취에 대해 알고 있었거나 이에 대한 적절한 조치를 취하는 것을 의도적으로, 혹은 은밀히 회피하였다면 민사 소송의 대상이 될 수도 있다. 또한 해당 기업들은 해당 사례에서의 노동 착취가 네덜란드 형법 제273조, 특히 '인신의 착취로 인한 이익 취득'을 형법상의 범죄로 규정한 제273조 f(6)에 해당하는 심각한 착취일 경우 형법상의 책임을 지게 된다. 링야르(Ryngaert) 교수는 다음과 같이 평하였다.

> 이는 기업이 착취를 통해 얻은 영역 내의 이익으로서 발생장소와는 상관없이 사법적인 핵심요소로 작용하게 된다. 이에 따라 네덜란드 형법 제273조f(6)에 의거, 네덜란드의 사법적 관할권의 범위는 공급사슬 그 어딘가에서 발생한 착취행위와 연관된 기업에도 적용되며, 이들 기업은 법적 책임이 있는 주체로 인식된다.[85]

이와 관련하여 참조할 만한 흥미로운 사례가 있다. 2018년 5월 네덜란드의 대형 선박회사의 관리자급 임원이 방글라데시 등에서의 위법행위로 인해 5만 유로의 벌금을 받았으며, 1년간 관련업무의 자격정지를 선고받았다.[86] 우선 당해 사건은 환경오염과 관련된 위반사

---

85 보다 자세한 내용은 다음을 참고. Cedric Ryngaert, "Domestic Criminal Accountability for Dutch Corporations Profiting from North Korean Forced Labour", in *People for Profit*, p. 201.

86 Judgment of the court of Rotterdam, Three-judge economic division for criminal matters, Court of Rotterdam, date of judgment: 15th March 2018, case number: 10/994550-15.

항에 초점을 맞추었다. 문제의 관리자급 임원은 '2006년 7월 14일 폐기물 운반에 관한 유럽위원회 및 의회에 의한 유럽 규칙(Regulation (EC) No. 1013/2006 of the European Parliament and of the Council on shipments of waste) 위반'의 혐의를 받았다.[87] 그리고 다음에 대한 사항 또한 판결에 고려되었으며, 매우 중요한 역할을 하였다.

> 뿐만 아니라, 근로조건이 매우 열악하였다. 당해 선박들은 비숙련 노동자들에 의해 수작업으로 분해되었다. 이들 노동자들은 위험물질에 대해 예방 조치를 취할 수 있을 만큼 관련 전문지식이나 이해가 없었으며 이와 관련해 충분한 보호의구나 보조 장비를 착용하지도, 관련 절차를 밟지도 않았다. 이러한 분해 작업환경에서 연간 수 명의 노동자가 사망하였다. 나아가 방글라데시 현지기업 내에서 여전히 아동노동이 확인되었다. 피고인은 거대 선박기업의 관련자로서 이러한 문제에 대해 충분히 숙지하고 있었을 것임이 틀림없음에도 불구하고 이를 묵인하였다. 피고인은 본인이 책임지는 기업의 상업적 이익에만 집중하였음이 명백하다.[88]

> (…) 벌금의 양이 그 위반사항의 심각성을 정당화하지 않는바, 피고인에 대한 전문업무의 자격을 1년간 박탈한다. 이는 경영사항에 포함되어야 했던 '사회적 중요성'이라는 요소를 표현하고자 함이다. 특히 피고인은 대기업의 CFO로서 경영의 최종적인 책임을

---

87 앞의 글, p. 2.
88 앞의 글, p. 34.

지는바, 본인의 결정으로 인한 경제적 결과뿐만 아니라 그로 인한 사회적 결과에 대해서 추가적인 고려를 하여야 한다. 본 사건에 있어서는 환경에 대한 악영향과 선박 분해 작업장 내 노동자들의 건강에 대한 결과까지도 고려하였어야 할 것이다.[89]

피고인은 '5만 유로의 벌금 및 미납 시 285일간의 구금형'을 선고받았으며, '추가적으로 1년간 모든 선박회사 및 관련 산업 내 (직접 또는 간접적인) 전무이사, 감독이사회 참여, 고문 또는 직원으로서의 전문 자격을 행사할 실무권을 박탈당하였다.'[90]

이로써 본 장의 연구와 관련, 해외에서 발생한 노동권 침해에 대해 기업이 법적 책임을 가지고 있느냐에 대해 발생할 수 있는 논리적인 질문은 다음과 같다. '북한 해외노동자들이 정당한 임금 및 개별적 보상권을 청구할 수 있는가?'[91] OECD 다국적 기업을 위한 가이드라인[92]에 의하면 그러할 가능성이 있다. OECD 홈페이지 내 고충처리제도에 대한 설명을 살펴보자.

OECD 다국적기업을 위한 가이드라인은 오늘날 현존하는 책임경영행동에 대해 정부가 지지하는 가장 포괄적인 권고안이다. 가

89 앞의 글, p. 35.

90 앞의 글, pp. 36-37.

91 다음을 참고. Imke van Gardingen, "Accountability for DPRK Workers in the Value Chain: The Case of Partner Shipyard, a Polish Shipbuilder and its Dutch Partners", p. 39.

92 〈https://www.oecdguidelines.nl/〉(검색일: 2018.9.5.).

이드라인을 준수하는 정부는 다국적기업이 지속가능한 발전 및 지속가능한 사회적 진보에 미칠 수 있는 긍정적인 영향들을 장려하고 극대화하는 것을 목표로 하고 있다. (…)

OECD 가이드라인을 준수하는 모든 정부는 각국에 국가연락사무소(National Contact Point, NCP)를 설치하였다. NCP는 다음의 두 가지 주요 업무를 수행한다.

- OECD 가이드라인에 대한 기업, 노동조합 및 비정부기구의 인식 제고
- 가이드라인을 준수하지 않아 발생하는 구체적인 사안의 해결에 기여

이와 같이 OECD 가이드라인 위반 혐의와 관련된 이의제기가 신청될 수 있다. 해외에서의 기업 위법행위에 대한 이의제기의 성공사례로는 '브라리마 하이네켄 사건(Bralima vs. Bralima and Heineken)'을 들 수 있다.[93] 2015년 12월 네덜란드 NCP는 콩고 하이네켄사(社)의 브라리마 지사에서 근무하던 노동자들의 이의 제기 신청을 받았다. 이의 제기 당사자들은 '콩고 부카부 지역의 브라리마지사가

93 National Contact Point OECD Guidelines of the Dutch Ministry of Foreign Affairs, Final statement former employees of Bralima vs. Bralima and Heineken. 18th August 2017, 〈https://www.oecdguidelines.nl/latest/news/2017/08/18/final-statement-notification-former-employees-bralima-vs.-bralima-heineken〉(검색일: 2018.9.5.).

1999~2003년 사이에 그 고용 근로자의 인권을 침해했다.'고[94] 주장하였다. 네덜란드 NCP는 2017년 8월, 같은 해 7월에 종료된 중재절차에 대한 최종 설명서에서 'NCP가 수행한 모니터링 논의, 중재는 쉽지 않았으나 양 당사자는 만족할 만한 성과를 도출하였다.'[95]고 평가하였다. 합의의 내용은 비밀유지의무가 적용되어 공개되지 않았다. 그러나 금전적 보상은 최초 요구되었던 2억 유로에 달하지는 않았을 것으로 보이며, 하이네켄 지사에 공식적으로 고용된 근로자들에 대한 보상금은 110만 유로였던 것으로 보고되었다.[96] 이 사건은 특별히 일반 민사법정에서 해결되었을 법한 사항이었다는 점에서 의미가 있다. 따라서 이러한 경로는 북한 노동자들이 자신의 노동권침해에 대한 보상을 주장하기 위해 활용될 수 있는 흥미로운 사례 중 하나로 고려될 수 있을 것이다.

8 결론

북한 노동자의 전지구적 파견 현상과 관련하여 유럽연합 내 북한 노

94 앞의 글, p. 2.

95 앞의 글, p. 5.

96 "Heineken & former workers in Democratic Republic of Congo reach agreement on labourrights dispute through OECD complaint mechanism", Business & HumanRights Resource Centre, accessed 5th September 2018, 〈https://business-humanrights.org/en/heineken-&-former-workers-in-Democratic-Republic-of-Congo-reach-agreement-on-labour-rights-dispute-through-oecd-complaint-mechanism〉(검색일: 2018.9.5.).

동자 문제는 일부 사례에 불과하다. 그러나 북한의 지나친 해외 노동자 파견을 억제하려는 법적 절차는 여전히 진행 중이며, 유엔 및 유럽연합의 제재는 이미 만료되었거나 곧 만료될 기간에 이르렀음에도 불구하고 북한 노동자 해외파견 현상은 끝나지 않는 것처럼 보인다. 북한의 체제, 그리고 끊임없는 외화에 대한 욕구는 저렴한 숙련 노동에 대한 전 지구적인 욕구와 거의 완벽히 부합하고, 유럽연합 또한 이 경향에서 예외가 아니었다.

다른 한편, 유럽연합 내에서 노동자의 법적 지위와 관련하여 법의 준수와 집행을 촉구하는 여러 메커니즘이 작동할 수 있었던 것은 상당히 독특한 사례였다. 유럽연합에 파견된 북한 노동자들은 세계 다른 지역에 파견된 이들과 마찬가지로 재정적인 동기에 의한 것이지만, 그 과정은 초기부터 합법을 가장하여 이루어졌고, 지속적으로 합법성 내에 그 체계를 담고자 노력하였다. 한편 북한 당국은 당조직생활 규율에 맞게 노동자들이 집단생활을 하도록 통제하였고, 당국이 소유, 관리한 중개역들이 노동자와 실사용자, 지역당국 간에 실질적, 합법적 완충재 역할을 하며 노동자들의 일자리, 숙소, 교통 등의 핵심적 생활요소들을 종속시켰다. 이러한 상황은 북한 노동자들이 본국에서 자유가 거의 박탈당하였던 것과 비슷한 것으로서 강제노동이라 할 수 있다. 노동자들의 임금은 전적으로 혹은 거의 박탈되다시피 하였다. 유럽연합에서의 사례연구는 이러한 내용들이 사실이라는 충분한 증거를 제공하고 있다.

유럽연합이 분 단위의 기록을 의무화하였고, 근로감독을 자주 실시한 덕분에 유럽연합 내 북한 노동자들의 근로와 생활이 어떻게 이루어지고 관리되는지, 또 임금은 어떻게 지불되거나 지불되지 않는지, 실질적 사용자와 서류상 사용자는 누구인지, 어떤 환경에서 근로하였는지 등에 대해 비교적 정확한 파악이 가능하였다. 이러한 구체적인 사항들이 파악된 것은 유럽연합 및 국제적 차원의 법집행 및 규정준수 메커니즘의 유용성과 함께 작용하여 사례에 대한 자세한 이해를 가능케 하였다. 이러한 성과는 이전에는 불가능하였던 것이었으며, 북한 노동자들이 파견된 세계의 다른 여러 지역에서는 여전히 불가능한 일이다. 이러한 유럽연합 내 여러 상황의 우연한 조합들은 ILO 내에서 국제적인 규정준수 절차를 시행하도록 하였고, 이러한 연성법 체계가 노동 착취에 어떻게 대응할 수 있는지를 시범적으로 보여 준 사례가 되었다. 또 다른 가능하고 제법 그럴듯한 연성법 체계가 OECD를 통해서도 가능할 것으로 보인다. 그것은 바로 기업들이 OECD 다국적기업을 위한 가이드라인을 위반한 사항에 대해 OECD 국가연락사무소(NCP)에 이의제기 절차를 신청하는 방법이다. 이 절차는 그간 협상을 통해 분쟁을 해결하여 왔으며, 성공적인 성과를 거두어 왔다.

연성법 체계가 북한 해외파견 노동의 착취 문제를 해결할 수 있는 유일한 길은 아닐 것이다. 북한의 해외노동과 관련하여 북한 당국에 대한 제재를 활용하는 것이 쉽지 않으며 향후로도 그러할 것이라는 점이 드러났기 때문에 유럽연합 사례는 그 법적 구제를 위한 다른 경로들을 개척하게 된 것이다. 유럽연합 내 북한 노동자 사례에 집중하여 보자. 네덜란드 기업들이 북한 노동자에 대한 착취를 통해 이익을 얻었으므로 네덜란드 형법적 책임을 물을 수 있을 것임을 입증할 수 있었다. 이와 비슷한 법적 조치들이 다른 유럽연합 내 회원국들에게 적용될 수 있을 것이다. 각 유럽연합 회원국 기업들이 네덜란드와 연관되어 '개인 노동력 착취를 통해 이익을 얻었다'는 사실이 입증된다면, 당해 기업들은 네덜란드 법의 적용을 받을 수 있다. 네덜란드 형법 제273조 f(6)는 '네덜란드의 사법적 관할권의 범위는 공급사슬 그 어딘가에서 발생한 착취행위와 연관된 기업에도 적용되며, 이들 기업은 법적 책임이 있는 주체로 포착할 수 있는 가능성'을 조성한다고 하였다.

유럽연합에 파견된 북한 노동자들은 구조적으로 착취되고, 그들의 기본적인 자유를 박탈당함으로써 오히려 국제 노동시장의 욕구에 잘 들어맞게 되었다. 심각하게 오래 근무하면서도 불평하지도, 거부하지도 않는 저렴한 노동력. 국제 노동시장에서는 현재 이러한 노동력을 창출하기 위해 '더 낮은 곳으로의 경주'가 벌어지고 있는 듯하다. 유럽연합 내 북한 해외노동자의 (피해구제 신청) 사례가 처음 가능하게 된 것은 기업이 가능한 한 합법성을 갖추도록 한 유럽연합 지침과 유럽연합 회원국 국내법을 창조적이고 탄력적으로 적용했기 때문이다. 이 사례는 북한이 지금까지 알려진 것과는 달리 글로벌화한 세계의 일원으로 편입되어 있어 여러 분야에서 글로벌 세계와 실질적인 연계를 가지고 있다는 것을 보여 주고 있으며, 우선 그들에게 강제노동을 가능하게 했던 똑같은 법률들에 기초하여 피해 노동자들에 대한 배상 가능성도 있음을 나타내고 있다. 현재로서는 문서상에 불과하지만, 적어도 네덜란드 형법에는 정의를 호소할 길이 보장되어 있는 것처럼 보인다.

제4장

이주노동의 관점에서 본 북한 해외노동자

윤애림
(서울대학교 고용복지법센터 연구위원)

1
들어가며

두바이의 엘리트층과 중산층이 에어컨이 하루 종일 가동되는 호사스러운 곳에서 시원하게 일상생활을 보내는 반면 대다수의 이주 노동자는 하루 12시간씩 일주일의 6일을 사막 도시 두바이의 무더위 속에서 일한다. 경비원은 노동자를 삼엄하게 감시하며, 노동자들 사이에 스파이가 심어져 있는 일도 흔하다. 고용주가 규정된 임금을 지불하지 않고 자취를 감추는 경우도 있다. 이주노동자는 지저분하고 좁은 숙소에 사는데, 한 방에 최대 12명이 살기도 한다. 이들에게 제대로 된 화장실 시설이나 에어컨은 사치이다. 더 나아가 두바이 시내에서 멀리 떨어진 사막의 캠프 지역에 사는 노동자는 수돗물을 구하는 것조차 불가능하다. 이들은 두바이 중심가의 건설 공사장까지 셔틀버스를 타고 이동한다. '계약직 노동자'라는 개념이 있기는 하지만 이는 이주노동자의 현실을 미화해서 표현한 말이다. 노동자는 공항에서 여권을 채용 관리인에게 압수당하고, 특정 고용주에게 소속되어 있는 이들은 비자를 가지고 마음대로 이동할 수도 없다.[1]

노동 수출이라는 미명 아래 무계획하고 무절제한 방법으로 한창 피어나는 젊은이들을 이 가시밭길에 넘기고도 장한 듯이 착각하

1 마이클 새머스, 이영민 외 공역, 『이주』(서울: 푸른길), 2013, p. 174.

고 있다면 한 번쯤 반성해 보라고 호소해 두고 싶다.[2]

위의 두 인용문을 읽으면서 북한 해외노동자에 대한 묘사라고 생각한 사람이 있을 것이다. 하지만 위의 첫 번째 단락은 두바이 노동인구의 25%를 차지하는 인도와 파키스탄 출신 계약직 건설노동자의 환경에 대한 서술이다. 두바이와 아랍에미리트의 다른 지역들은 시아파로부터의 혼란을 피하기 위해, 인도, 파키스탄, 스리랑카, 방글라데시, 네팔, 필리핀 등에서 이주해 온 비(非)아랍권 노동자를 선호해 왔다. 아랍에미리트는 국제노동기구(ILO)의 기준을 준수하지 않으며, 국제이주노동자 협약에 가입하는 것을 거부해 왔다. 마이크 데이비스는 "두바이 경찰은 다이아몬드와 금의 밀수입, 매춘, 한 번에 25채의 빌라를 현금으로 구입하는 수상한 사람을 못 본 체한다. 하지만 악랄한 고용주에게 임금을 사기당했다고 신고한 파키스탄 노동자를 추방하고, 고용주에게 강간을 당했다고 신고한 필리핀 가정부를 간통죄로 감옥에 집어넣는 데에는 거리낌이 없다."[3]고 일갈한다.

한편 두 번째 단락은 1970년대 서독으로 송출되었던 한국인 이주노동자의 말이다. 한국 정부 역시 1960년대 높은 실업률과 외화 획득에 대한 기대 속에서 서독으로의 노동자 송출 사업을 시작했다.[4]

---

2 김용출, 『독일아리랑』(고양: 에세이), 2006, p. 328.

3 Mike Davis, "Fear and Money in Dubai", *New Left Review*, Vol. 41, 2006, p. 66.

4 한국과 서독은 1961년 3월 18일 기술원조협정을 체결해 이른바 '기술 연수생'의 서독 송출의 법적 근거를 마련했다. 그러나 실제 노동력 송출과정은, 서독의 입장에서는 자국민이 기피하는 일부 분야의 부족한 노동력을 충원하기 위한 것이었고, 한국의 입장에서는 높은 실업률과 부족한 자본의 문제를 해결하기 위한 것이었다[윤용선, "1960-1970년대 광부·간호사의 서독 취업에 대한 재해석: 경제적 측면을 중심으로", 노명환

위의 두 문단을 인용한 것은 북한 해외노동자에 대한 착취와 인권 유린이 '통상적인 현상' 혹은 '악의 평범성'에 불과하다고 말하려는 것은 결코 아니다. 북한을 포함한 많은 국가들이 전 지구적 경제체제 속에서 북한 해외노동자와 같은 이주노동자의 활용과 착취에 점점 더 의존하고 있다는 점을 지적하기 위해서이다.

북한 해외노동자에 대한 인권 침해와 열악한 노동 및 거주 실태가 최근 적지 않은 연구들에 의해 폭로되었다. 북한인권정보센터에 따르면, 북한 해외노동자들은 해외에서의 노동조건에 관한 정보를 얻지 못한 채 현지에 도착하자마자 관리자들에게 여권을 압수당하며, 근로계약서를 작성하지도 않는다. 자신의 임금이 얼마로 책정되어 있는지를 알지도 못하고, 임금에서 얼마나 공제되는가도 알지 못한다. 장시간 중노동에 시달리지만 임금 전액을 직접 지급받지 못하고, 국가가 임금의 상당 부분을 통제한다. 현지에서 집단적으로 거주하며 노동하기 때문에, 사생활이 보장되지 않고 현지인과의 접촉이나 외부로부터의 정보 취득이 금지된다. 해외에서의 이동이나 작업장 이탈이 제한되고, 집단적인 감시와 통제 · 처벌의 위협 속에서 일하고 있다.[5]

기존의 연구들은 이러한 북한 해외노동자의 문제를 주로 '강제노동(forced labour)',[6] 혹은 더 나아가 '현대판 노예(modern slavery)'[7]의

외, 『독일로 간 광부 · 간호사: 경제개발과 이주 사이에서』(서울: 대한민국역사박물관), 2014.].

5 윤여상 · 이승주, 『북한 밖의 북한: 폴란드, 몽골, 북한 해외노동자의 삶과 인권실태』(서울: 북한인권정보센터), 2016; 윤여상 · 이승주, 『북한 해외노동자 현황과 인권실태』(서울: 북한인권정보센터), 2015 등 참고.

6 북한 해외노동자의 문제를 강제노동의 문제로 접근하는 대표적 연구로서, Breuker, Remco & Imke van Gardingen (eds.), *People for Profit*(Leiden Asia Centre), 2018;

문제로 바라보고 있다. 일례로 마루주끼 다루스만 UN 북한인권 특별보고관은, 중국과 러시아를 위시하여 알제리, 앙골라, 캄보디아, 적도기니, 이디오피아, 쿠웨이트, 리비아, 말레이시아, 몽고, 미얀마, 나이지리아, 오만, 폴란드, 카타르, 아랍에미리트 등에서 5만 명 이상의 북한 해외노동자가 일하고 있으며, 이들의 노동조건은 "용납할 수 없을 정도의 강제노동(an unacceptable system of forced labour)"에 해당한다고 보고한 바 있다.[8] 또한 제71차 UN 총회에서 채택된 북한 인권 특별 결의에서도 북한 해외노동자의 강제노동 상황에 관한 UN의 심각한 우려가 포함되었다.[9] 그리고 UN 안전보장이사회는 2017년 12월 22일, 북한의 6차 핵실험에 대응해 새로운 대북제재 결의 제2397호를 채택하면서, 북한 해외노동자를 사용하는 UN 회원국들이 24개월 이

Breuker, Remco & Imke van Gardingen (eds.), *Slaves to the System, North Korean Forced Labour in the European Union*(Leiden Asia Centre Press), 2016 등 참고.

7 일례로 Pete Pattisson, "North Koreans Working as 'State-sponsored Slaves' in Qatar", *The Guardian*, 7th November 2014, 〈https://www.theguardian.com/global-development/2014/nov/07/north-koreans-working-state-sponsored-slaves-qatar〉(검색일: 2018.11.13.); Emma Batha, "North Korea Sends 'State-sponsored Slaves' to Europe-Rights group", *Reuters*, 5th July 2016, 〈http://www.reuters.com/article/northkorea-eu-slavery-idUSL8N19N43L〉(검색일: 2018.11.13.); *USA Department of State, Trafficking in Persons Report 2018*, p. 255, 〈https://www.state.gov/documents/organization/282798.pdf〉(검색일: 2018.11.13.) 등 참고.

8 Associated Press in New York, "North Korea Putting Thousands into Forced Labour Abroad, UN Says", *The Guardian*, 29th October 2015, 〈https://www.theguardian.com/world/2015/oct/29/north-korea-workers-forced-labour-abroad-un-report〉(검색일: 2018.11.13.).

9 United Nations General Assembly, "Situation of human rights in the Democratic People's Republic of Korea"(Seventy-first session, Third Committee, Agenda item 68 (c), 31st October 2016), 〈http://www.mofa.go.kr/mofat/htm/issue/nk_humanrights71.pdf〉(검색일: 2018.11.13.).

내에 이들을 본국으로 돌려보내도록 하였다.[10]

다른 한편 2017년 이후로는 국제노동기구(ILO)에서도 북한 해외노동자의 노동권 문제를 다루고 있는데, 특히 폴란드에서의 북한 해외노동자의 노동권 침해 실태에 관해 폴란드의 강제노동 협약 위반 여부가 쟁점이 되고 있다.[11]

이 글은 북한 해외노동자의 문제를 '강제노동'의 접근 틀로 바라보는 기존의 국제인권레짐[12]의 인식과 정책 처방이 가지는 의미와 한계를 분석한다. 그리고 북한 해외노동자의 인권·노동권 보호를 위한 대안적 접근방법으로서 '이주노동'의 이론 틀을 적용할 수 있을지 검토한다. 마지막으로, 북한 해외노동자의 인권·노동권 보장을 위한 권리의 주체와 의무의 주체는 누구이며, 그 내용은 무엇이 될 수 있을지 살펴본다.

---

10 United Nations Security Council, "Security Council Tightens Sanctions on Democratic People's Republic of Korea, Unanimously Adopting Resolution 2397", 2017, 〈https://www.un.org/press/en/2017/sc13141.doc.htm〉(검색일: 2018.11.13.).

11 ILO, *Application of international Labour Standards 2018, Report III* (Part 1A); Report of the committee of Experts on the Application of Conventions and Recommendations, International Labour Conference, 107th Session (ILO, 2018) 참고.

12 '국제 레짐(international regimes)'이란 국가나 다른 국제적 행위자들에 의해 특정 이슈에서 구속력을 갖는 것으로 인정되는 일련의 원칙, 규범, 규칙 및 의사결정 절차를 말한다. 그리고 '국제인권레짐'이라 하면 국제적으로 통용되는 인권과 관련한 규범과 절차를 말한다고 할 수 있다[잭 도널리, 박정원 역, 『인권과 국제정치: 국제인권의 현실과 가능성 및 한계』(오름), 2002.].

2
'강제노동' 접근법의 의의와 한계

1) '강제노동' 접근법의 의의

북한 해외노동자의 문제와 관련하여 기존의 연구들은 주로 '강제노동(forced labour)'으로 파악하고 있다. 북한인권정보센터의 윤여상 · 이승주의 연구는, 20명의 한국 거주 북한 해외노동 경험자 및 관련자를 인터뷰한 내용 및 폴란드, 몽골 현지 조사를 바탕으로 하여, 해외파견 절차, 임금 착취 실태, 근무 환경 및 생활 실태, 사상 교육 및 감시 실태 등을 분석하고 있다. 여기에서는 '강제노동'으로 보는 판단 기준에 관해 명시적으로 밝히지는 않고, 주로 유엔과 유럽연합(EU), 국제노동기구(ILO) 등 국제기구들에서 다루어야 할 '북한 인권' 문제의 내용 중 하나로 접근하고 있다.[13] 임예준의 연구는 모든 북한 해외노동자가 처벌의 위협하에 강요된, 자발적으로 제공하지 않은 노동을 하고 있다고 보기에는 어려움이 있지만, 북한 당국 관리자에 의한 생활 통제, 신분증의 압수와 파견 이후 자동적으로 지게 되는 채무 등은 자발적 의사로 해외파견을 신청한 노동자라 하더라도, 의사에 반해 노동을 지속할 수밖에 없는 상황에 처하게 되는 요인이라고 본다.[14] 신창훈 · 고명현의 연구는 △표준근로계약서가가 존재하지 않고, △비자발적 노동의 특징을 가지며, △노동자에게 임금이 직접 지급되지

---

13 윤여상 · 이승주(2016), 앞의 책; 윤여상 · 이승주(2015), 앞의 책.

14 임예준, "북한 해외노동자의 인권개선 방안 모색"(통일연구원 Online Series CO 16-6), 2016.2.19, p. 3; 임예준, "북한 해외노동자 실태와 인권", 『북한 해외노동자의 실태와 인권문제』(평화재단 평화연구원 주최 제73차 전문가포럼), 2016.5.3., pp. 5-20.

않고, △ 노동자들의 이동의 자유가 없으며, △ 일부 노동자의 경우 '채무 속박(debt bondage)'이 강제되기도 하고, △ 보상 없이 과도한 노동시간 동안 일하고 있으며, △ 유입국 당국에 의한 노동 감독이 없고, △ 북한 당국이 노동자의 신병을 책임지고, △ 노동자 통제의 수단으로 협박이 활용되며, △ 북한 사회에서의 '성분'이 일자리 배치를 결정한다는 점을 들어, 북한 해외노동자가 강제노동 내지 노예의 상태에 놓여 있다고 본다.[15]

이와 비교하여, 북한 해외노동자의 상당수가 소득 확보의 기회로서 해외파견을 선호하며 해외파견을 위해 뇌물을 활용하는 경우도 빈번하다는 점, 러시아 등 지역에서는 개인적으로 일감을 확보하여 추가적 소득을 획득할 수도 있다는 점 등을 볼 때, '강제와 자발적 선택의 복합'으로 볼 수 있다는 연구도 있다.[16]

한편 이와는 전혀 다른 대척점에서 북한 해외노동자의 문제를 '현대판 노예'로 바라보는 시각도 있다. 워크프리재단(Walk Free Foundation)이 발표한 「2016년 세계 노예 지표」(The Global Slave Index 2016)[17]에서는, 북한에서 약 110만 명(전체 인구 2,500만 명 중 약 4.4%에 해당함)이 현대판 노예나 그와 비슷한 환경에 처한 것으로 집계하

15 Chang-Hoon Shin & Myong-Hyun Go, "Beyond the UN COI Report on Human Rights in DPRK"(The Asan Institute for Policy Studies), 2014, pp. 21-25, 〈http://www.asaninst.org/contents/asan-report-beyond-the-coi-dprk-human-rights-report〉(검색일: 2018.11.13.).

16 이애리아·이창호·방일권, 『러시아 사할린 지역의 북한 노동자』(통일연구원 위탁연구), 2017; 이애리아·이창호, 『연해주 지역 북한 노동자의 실태와 인권』, (KINU 통일나침반 15-05), 2015 등 참고.

17 〈http://www.globalslaveryindex.org〉.

고 있다.[18] 여기서는 앞에서 언급된 UN 북한인권 특별보고관의 보고를 재인용하면서 북한 해외노동자의 경우도 현대판 노예의 사례에 포함시키고 있다.[19]

워크프리재단이 사용하는 '현대판 노예'라는 개념은 협박, 폭력, 강요, 권력 남용 내지 기망을 이유로 어떤 사람이 착취를 거부하거나 벗어날 수 없는 상황을 의미한다. 워크프리재단은 인신 매매, 강제 노동, 노예제 및 노예제와 유사한 관습, 채무를 통한 속박(Debt bondage), 강요 내지 노예적 결혼, 최악의 형태의 아동노동을 모두 현대판 노예 개념에 포함시키고 있다.[20]

'현대판 노예(modern-day slavery)'의 개념은 1956년 유엔 보충협약(1956 UN supplementary convention)에서 "채무를 통한 속박(debt bondage), 농노, 강제결혼 및 착취를 위한 아동의 출산"으로 정의하고 있다.

---

18 이 보고서에 따르면 전체 인구 대비 현대판 노예의 비율이 높은 국가는 북한을 비롯하여 우즈베키스탄, 캄보디아, 인도, 카타르이고, 현대판 노예의 규모가 가장 큰 국가는 인도, 중국, 파키스탄, 방글라데시, 우즈베키스탄이다. 흥미로운 점은, 이 보고서에서 한국은 약 20만 명(전체 인구의 0.4%)의 현대판 노예가 존재하는 것으로 기술하는데, 그 구체적 내용은 밝혀져 있지 않다.

19 그런데 워크프리재단의 「2016 세계 노예 지표」 보고서는, 북한을 전 세계에서 가장 높은 비율로 현대판 노예가 존재하는 국가로 서술하면서도, 그러한 추산을 하게 된 객관적 근거나 자료는 밝히지 않고 있다. 다만, 북한 내 인권침해 상황이나 해외파견 노동자에 대한 기존 언론의 기사나 Human Rights Watch의 보고서, 유엔 북한인권 조사위원회 보고서의 내용만을 재인용하고 있다. 그런데 기존의 기사나 보고서들은 다시 북한인권정보센터와 같은 국내 북한인권관련 단체의 보고서에 크게 의존하고 있다. 결국 북한인권관련 단체들의 보고서의 내용에 국제적 기구들이 '강제노동'이나 '현대판 노예'라는 프레임을 적용하고, 이를 다시 북한인권관련 단체들이 활용하는 상호순환·점증적 논리 구도를 갖추고 있다.

20 Walk Free Foundation, *The Global Slave Index 2016 Report*, Appendix 1.

이와 관련하여 기준이 되고 있는 것 중 하나가 국제노동기구(ILO)의 강제노동 지표이다. ILO는 1930년 강제노동협약(Forced Labour Convention, 제29호)을 채택한 이래, 강제노동을 "어떠한 사람으로부터 처벌의 위협하에 강요되었으며, 자발적으로 제공하지 않은 모든 노동 또는 서비스"라고 정의하고 있다. 다만 징병제, 통상적인 시민적 의무, 비상시 법원 결정으로 부과된 처벌, 경미한 공동 서비스(minor communal service) 등은 강제노동에 포함되지 않는다.[21] ILO가 제시하는 강제노동 지표는 다음과 같다.[22]

- 취약성의 악용(Abuse of vulnerability): 현지 언어나 법률에 대한 지식의 부족은 노동자가 여타의 생계수단을 찾을 수 없게 만든다. 사용자가 과도한 노동시간을 부과하거나 임금 지급을 유보하는 것, 노동자가 사용자에게 고용뿐 아니라 주거, 음식 및 자신의 친척을 위한 노동을 의존하는 것 등은 강제노동의 상황을 야기할 수 있다.

- 기만(Deception): 노동자에게 구두로든 문서로든 약속한 고용 및 노동조건이 지켜지지 않는 것이 대표적이다. 여기에는 노동조건, 임

21 "For the purposes of this Convention the term forced or compulsory labour shall mean all work or service which is exacted from any person under the menace of any penalty and for which the said person has not offered himself voluntarily."(「강제노동협약」 제2조 제1항)

22 International Labour Organization, *ILO Indicators of Forced Labour 2012*, 〈http://www.ilo.org/global/topics/forced-labour/publications/WCMS_203832/lang--en/index.htm〉(검색일: 2018.11.13.).

금뿐만 아니라 노동의 형태, 주거 및 생활환경, 이주민 지위의 획득, 직장의 위치 및 사용자의 정체(identity)에 관한 정보가 포함된다. 이런 경우 노동자가 실상을 알았더라면 결코 그런 고용을 수락하지 않았을 것이라면, 노동자가 자유의사에 따라 충분히 숙지하고 동의를 한 것이 아니게 된다.

• 이동의 제한(Restriction of movement): 일할 때나 이동할 때 감금되거나 도망치지 못하도록 감시하는 것이 관련된다. 작업장 내부에서 감시 카메라나 경비원이 이동을 통제하거나, 작업장 밖에서 사용자의 대리인이 노동자와 동행하는 것 등이 이에 관련된다.

• 고립(Isolation): 멀리 떨어진 장소에 노동자가 고립되거나 외부 세계와의 접촉을 금지하는 것 등이 해당된다. 노동자가 자신의 위치를 알 수 없거나, 작업장이 주거지로부터 멀리 떨어져 있거나, 이용 가능한 교통수단이 없는 경우가 이에 관련된다. 비록 노동자가 인구밀집 지역에 있더라도, 출입문을 폐쇄하거나 핸드폰이나 기타 통신수단을 압수당하거나, 가족과의 연락 및 도움을 요청하는 것이 금지되는 경우도 이에 해당된다. 또한 사업장이 비공식적이거나 등록되어 있지 않아 근로감독이나 관련법 적용이 매우 어려운 경우도 해당될 수 있다.

• 물리적 · 성적 폭력(Physical and sexual violence): 강제노동을 하는 노동자나 그의 가족 및 가까운 지인이 물리적 · 성적 폭력의 대상이 될 수 있다. 노동자가 원래 자신이 동의한 업무가 아닌 업무 수행을

강요당하는 것도 이에 해당된다. 어떠한 경우라도 폭력은 징계의 수단으로 활용될 수 없다.

• 위협과 협박(Intimidation and threats): 물리적 폭력에 대한 협박뿐 아니라, 이주 관련 행정당국에의 고발, 임금 및 주거 상실, 가족에 대한 해고, 노동조건의 삭감이나 기득권의 취소 등도 협박의 수단이 될 수 있다.

• 신분증의 압수(Retention of identity documents): 노동자의 신분증이나 여타의 가치 있는 소지품을 사용자가 압수하여, 노동자가 요구할 때 이것들을 돌려받을 수 없거나 노동자가 해당 작업에서 이탈하는 경우, 이런 것들을 상실한 위험이 있다면 강제노동의 요소가 된다.

• 임금 지급의 유보(Withholding of wages): 임금 지급이 부정기적이거나 지연되는 것만으로 자동적으로 강제노동이 되는 것은 아니다. 그러나 노동자가 현재 고용에 잔류하도록 강제하기 위해, 임금 지급을 체계적이고 고의적으로 유보하는 것은 강제노동의 지표가 된다.

• 채무를 통한 속박(Debt bondage): 임금에서 사용자에 대한 채무를 변제하도록 강제하는 것이나, 채용 과정에서의 비용, 이동에 소요된 비용, 생활비나 의료비 등을 노동자에게 빌려 쓰고 갚도록 하는 것도 이에 해당할 수 있다. 은행이나 여타의 대출기관을 통해 상호 합의된 조건으로 변제하도록 하는 '통상적' 대여와 달리, 노동자

(채무자)와 사용자(채권자) 사이의 불평등한 역관계를 반영하는 것이다.

- 비인간적인 노동 및 생활조건(Abusive working and living conditions): 노동자가 자유의사에 따라 수락하지 않았을 것이라고 여겨지는, 굴욕적이거나 위험한 조건 또는 중대한 노동법 위반의 조건하에서 일하거나, 사생활이 전혀 보장되지 않는 밀집되고 비위생적 조건에서 생활하는 것이 이에 관련된다. 단순히 열악한 노동 및 생활조건만으로 강제노동의 존재가 증명되는 것은 아니다. 그러나 비인간적인 노동 및 생활조건은 노동자가 그 직업을 떠나는 것을 막는 협박이 존재한다는 암시가 될 수 있다.

- 과도한 시간외노동(Excessive overtime): 국내법이나 단체협약에 정해진 한도를 초과하는 노동시간 동안 일하는 것이 강제되는 것이나, 교대근무나 결근한 동료의 업무를 떠맡겨서 휴게나 휴일 사용을 금지하는 것(24시간 혹은 주 7일간 대기 등) 등이 이에 관련된다. 해고의 협박 때문에 혹은 최소한의 최저임금을 얻기 위해, 국내법이나 단체협약에 정해진 한도를 초과하여 일해야 한다면 강제노동에 해당할 수 있다.

이상의 ILO가 제시한 지표를 기준으로 보자면, 현재까지 보고된 북한 해외노동자의 실태는 ILO가 말하는 '강제노동'의 요소를 가지고 있다고 할 수 있다. 즉, 기존 연구보고서들이 언급하고 있는, 현지에서의 정보나 접촉의 차단, 주거와 이동의 제한, 노동조건에 관한 정보를 주지 않는 것, 임금을 전액 지급하지 않거나 각종 비용·사업자금 등을 공제하는 것, 여권의 압수, 과도한 시간외노동, 고립되고 비인간적 노동·생활 조건, 규율 위반이나 현지에서 이탈 시 강제송환이나 처벌, 가족에의 불이익처분 위협 등은 강제노동의 요소에 해당한다.

실제로 ILO 기준적용위원회(Committee on the Application of Standards)는 2017, 2018년 폴란드에서 일하는 북한 해외노동자의 노동권 침해 문제를 다루면서, 이러한 이주노동자들이 여권 압수, 임금의 미지급 내지 간접 지급 및 자유의 박탈 등과 같은 사용자의 착취 대상이 되고 있다면, 이는 이들의 고용이 강제노동에 해당하는 상황으로 전락할 수 있다고 지적하였다.[23]

2) '강제노동' 접근법의 한계

그런데 ILO 등 국제인권레짐의 강제노동 접근법은 다음과 같은 한계도 가지고 있다.

첫째, 강제노동 접근법은 오늘날 전 지구적으로 존재하는 '부자유한 노동(unfree labour)'의 다양한 유형들과의 구분이 불분명하다. 앞에서 살펴보았듯이, ILO의 강제노동 개념은 노동관계를 맺는 데 있어서의 노무제공자 측의 비자발성 및 그러한 노동관계에 머물도록 만

23 "The Committee recalls the importance of taking effective action to ensure that the system of the employment of migrant works does not place the workers concerned in a situation of increased vulnerability, particularly where they are subjected to abusive employer practices, such as retention of passports, non-payment or indirect payment of wages, and deprivation of liberty. Such practices might cause their employment to be transformed into situations that mount to forced labour", ILO, *Application of international Labour Standards 2018*, ILO, 2018, pp. 211-212.

드는 협박(coercion)이라는 이중의 강제를 전제로 한다. 그런데 이때의 '강제'란 일반적으로 '초경제적 강제(extra-economic coercion)'를 말한다고 이해된다. 즉 강제노동 및 아동노동 등은 '착취'로 보지만, 통상적인 '자유로운' 노동관계는 착취적이지 않은 것으로 본다.[24]

ILO에 따르면, 2012년 현재 전 세계적으로 약 2,090만 명이 강제노동의 '피해자'이며, 이들의 90%(1,870만 명)가 사경제 영역의 착취(private economic exploitation)에서 생겨난다.[25] 사경제 영역의 착취에는 속박된 노동(bonded labour), 강제적 가내노동, 농업 및 멀리 떨어진 농촌 지역에서의 강제노동 등이 대표적 유형을 차지한다.

여기서 주목할 점은, 자본의 지구화 경향하에서 자본주의적 축적 양식과 부자유한 노동의 활용이 결합되고 있다는 사실이다.[26] 대표적인 사례가 인도의 농업 부문이다. ILO는 2012년 현재 최소 2,090만 이상의 사람들이 강제노동을 하고 있는데, 그중 가장 큰 규모(1,170만 명)가 아시아·태평양 지역에서 강제노동을 하고 있다고 추산한다.[27]

---

24 이에 대해 Rao는 '자유로운 노동'이라는 개념 자체의 모호성을 지적한다. 그는 자유로운 노동과 부자유스러운 노동의 구분은 오로지, 전자는 '당연하게 받아들여지는' 정도의 강제이고, 후자는 당연하게 받아들여지는 정도를 넘어선 강제라는 점에 있을 뿐이라고 주장한다[J. Mohan Rao, "Agrarian Power and Unfree Labour", in T. J. Byres et al. eds., *Rural Labour Relations in India*(Special issue Journal of Peasant Studies 26[2/3]), 1999, p.249].

25 ILO, *ILO Global Estimate of Forced Labour: Results and methodology*, 2012, p.13, 〈http://www.ilo.org/wcmsp5/groups/public/---ed_norm/---declaration/documents/publication/wcms_182004.pdf〉(검색일: 2018.11.13.).

26 Christien van den Anker, "Contemporary slavery, Global Justice and Globalization", in Christien van den Anker ed., *The Political Economy of New Slavery*(Basingstoke: Palgrave Macmillan), 2004. van den Anker는 지구화된 자본주의하에서 증가하는 빈곤은 일정한 그룹의 사람들을 노예제에 보다 취약하도록 만든다고 지적한다.

27 ILO(2012), 앞의 글, p.16.

인도는 전 세계적으로 부자유한 노동의 규모가 가장 큰 국가인데, 부자유한 노동의 가장 대표적 유형이 농업 부문에서의 채무를 통한 속박(debt bondage)이다. 인도의 경우 자본주의적 농업 생산의 경쟁력을 가지기 위해 채무를 통한 속박이 광범위하게 활용되고 있다. 그런데 많은 연구들이 1950년대 이후 발전한, 채무를 통한 속박은 과거의 노예적 속박과 달리 자본주의적 임금노동과 유사한 양상을 보이고 있다고 분석한다. 즉, 과거와 같이 평생에 걸친 속박은 인도에서도 가장 낙후된 시골에 주로 잔재한다. 보다 현대화된 채무 속박(neo-bondage)은 보다 단기간의 속박, 혹은 계절적 이주 노동[28]의 양상으로 나타나고 있다. 예를 들면, 계절적 노동을 시작하기 전에 사용자는 노동자에게 미리 돈을 빌려주거나 임금의 일부를 미리 지급한다. 계절적 노동을 하는 동안에는 노동자는 최소한의 임금만을 받는다. 계절적 노동이 끝날 때 사용자는 채무를 변제한 나머지 임금을 지불하는 식이다.

인도에서 이러한 채무 속박 노동에 종사하는 사람들은 대부분 최하층 카스트(caste)나 과거에 '불가촉천민'이라 취급된 사람들이다. 이들에 대한 오랫동안의 사회적·정치적 억압으로 인해 이러한 사람들은 채무 속박 노동 이외에는 다른 노동의 기회를 얻지 못하는 경우가 많다. 심지어 이들은 노동을 하기 전 사용자로부터 돈을 빌릴 수 있거나 임금 일부를 미리 받을 수 있는 채무 속박을 자신들에게 유리

28 인도에서는 최근 수십 년간 계절적 이주노동이 증가했는데, 인도 노동자의 6-7%를 차지하는 약 3천만 명이 계절적 이주노동을 하고 있다고 보고된 바 있다(Ravi Srivastava, "Conceptualising Continuity and Change in Emerging Forms of Labour Bondage in India", in J. Breman, I. Guerin and A. Prakash eds. *India's Unfree Workforce*(New Delhi: Oxford University Press), 2009.

한 것으로 인식하는 것이 보통이다. 사용자가 고용을 지속하리라는 것이나 계속 임금을 받을 수 있을 것이라는 점에 대한 확신이 없기 때문이다.[29]

여기서 ILO의 강제노동 접근법의 난점이 드러난다. 인도의 채무 속박 노동자들, 특히 남성은 채무 속박의 조건을 사전에 잘 알고 있으면서 '자발적으로' 선택하는 경우가 많기 때문에, 노동관계의 성립과 존속에서 노동자의 '비자발성'을 개념 요소로 하는 ILO의 강제노동 개념과 잘 들어맞지 않는다. 그러나 이들이 이런 자발적 선택을 하는 이유는 채무 속박 노동이 아무리 열악한 조건이더라도 그 밖에 다른 생존의 기회가 없기 때문이다. 따라서 이들의 '자발적 선택' 외부에는 '경제적 강요'가 존재하는 셈이다.[30] 이러한 면에서 볼 때, 오늘날의 부자유한 노동의 양태를 포착하는 데에는 '자유/부자유'라는 이분법보다는, 다소 자유로운 임노동 관계에서부터 완전히 부자유한 노동관계까지 연속체(continuum) 속에서 분석하는 접근법이 이론적으로 보다 정확하다 할 것이다.[31]

그러므로 ILO의 '강제노동' 접근법은 현대의 지구화된 자본주의

29 Isabelle Guerin and G. Venkatasubramanian, "Corridors of Migration and Chains of Dependence: Brick Kiln Moulders in Tamil Nadu", in J. Breman, I. Guerin and A. Prakash eds., 앞의 책.

30 Jan Breman, *Footloose Labour: Working in India's Informal Economy,* Contemporary South Asia 2(Cambridge: Cambridge University Press), 1996.

31 Jens Lerche, "A Global Alliance against Forced Labour? Unfree Labour, Neo-Liberal Globalization and the International Labour Organization", *Journal of Agrarian Change*. Vol. 7, No. 4, 2007, p.443; Kendra Strauss, "Unfree Labour and the Regulation of Temporary Agency Work in the UK", in J. Fudge, and K. Strauss, eds. *Temporary Work, Agencies and Unfree Labour*(New York & London: Routledge), 2014.

하에서 다양한 양상으로 재출현하고 있는 부자유한 노동과의 개념 구분이 곤란할 뿐 아니라, 이러한 부자유한 노동 가운데 최악의 유형(the worst forms of 'un-decent labour')에만 배타적으로 관심을 기울이도록 함으로써, 오늘날 부자유한 노동을 양산하고 있는 메커니즘을 인식하지 못하도록 하는 단점을 가진다고 할 수 있다.[32]

둘째, 국제인권레짐의 강제노동 접근법은 주로 사경제 영역의 착취 행위자들에 초점을 맞춤으로써, 강제노동에 제도적 영향을 미치는 국가의 역할을 간과하도록 만드는 한계를 가진다.[33] 앞서 살펴본 인도의 사례에서도, 많은 연구들이 인도의 농업이 자본의 지구화에 편입되면서 부자유한 노동이 확산되고, 저임금 노동력에 기반을 둔 정부의 저진로(low-route) 발전 전략에 따라 전 산업 분야로 확산되고 있다고 지적한다.[34] 특히 인디라 간디 수상이 비상사태를 선포했던 1975년 이후, 인도 정부와 사용자는 노동자를 억압하고 값싸고 유순하며 탄력적인 노동력을 활용하는 구조조정 정책을 실시했다. 일례로 인도의 섬유 산업에서는, 산업 구조조정 정책 및 정부의 입법으로 인해 산업 전반에 소규모의 비공식 부문이 확산되었다. 동시에 채무 속박 노동 및 세질적 이주 노동 역시 증가하였다.[35] 인도에서의 이러한 반(反)노동 정책의 전면화는 1970년대 발생한 자본주의의 세계적 위

32 이에 대해 Lerche는 ILO의 전략은 '좋지 않은 노동의 가장 나쁜 형태'를 배타적으로 다룸으로써, 애초에 이러한 형태가 출현하게 된 조건을 만들어 낸 전체 시스템에는 문제제기를 하지 않는 태도라고 비판한다(Lerche, 앞의 글, pp. 430-431.).

33 Ben Rogaly, "Migrant workers in the ILO's Global Alliance against forced Labour Report: a critical appraisal", *Third World Quarterly*, Vol. 29, No. 7, 2008, p. 1444.

34 Srivastava, 앞의 글 참고.

35 Lerche, 앞의 글, p. 444.

기와 궤를 같이 한다. 특히 1990년대 이후 자본의 지구화에 깊숙이 편입해 들어가면서 인도 정부가 추구한 자유화 정책은 비공식 부문과 노동자 억압을 강화시켰다. 인도의 산업 전반에 만연한 비공식 부문의 영세한 자본들은 자신의 상품의 구매 자본에게 종속되어 있으며, 경쟁의 격화에 대처하기 위해 비공식 노동과 부자유한 노동을 활용하는 경향이 있다.[36]

많은 연구들은, 현대판 노예가 1945년 이후 증가하였으며,[37] 특히 각 국가의 이주정책이 강제노동을 비롯한 부자유한 노동이 양산되는 데에 중요한 역할을 하였음을 지적한다. 각 국가는 이주에 관련된 법령 및 규칙을 통해, 특정한 부류의 이주민에게 일정한 기술 및 경험을 요구하거나, 그들의 자유와 권리에 대한 제한을 부과할 수 있다. 이런 방식으로 국가는 이주 정책을 통해 서로 다른 이주민의 지위를 만들어내고, 노동자가 사용자 및 노동시장과 갖게 되는 관계를 특정한 방식으로 조성한다.[38]

셋째, 강제노동 접근법은 노동자를 '피해자'로만 바라보면서 노동자가 '행위 주체'로서 강제노동에 대응하는 양상들을 보지 못하고 있다. 일례로 ILO의 강제노동에 관한 가장 체계적인 보고서인 '강제노동에 대항하는 지구적 동맹'[39]은, 강제노동의 상황에 놓인 노동자가

---

36 Breman, 앞의 책, p. 123.

37 Kevin Bales, *Testing a Theory of Modern slavery*, 〈http://glc.yale.edu/sites/default/files/files/events/cbss/Bales.pdf〉(검색일: 2018.11.13.).

38 Bridget Anderson, "Migration, immigration controls and the fashioning of precarious workers", *Work, Employment and Society*, Vol. 24, No. 2, 2010.

39 ILO, A global alliance against forced labour: Global Report under the Follow-up to the ILO Declaration on Fundamental Principles and Rights at Work 2005,

벌이는 구인 과정 및 작업장 내에서의 교섭·협력 내지 갈등을 보지 않고 있으며, 따라서 보고서가 내놓는 정책적 처방 역시 강제노동을 하는 노동자가 갖는 이해(interests)를 반영하지 못하고 있다.[40]

지금까지 살펴본 것처럼, 강제노동의 접근법은 자본의 지구화 속에서 새롭게 재출현하고 있는 부자유한 노동관계 중에서 가장 '용납할 수 없는 형태(unacceptable forms of work)'를 주목하고, 이러한 노동관계를 활용하는 사용자를 규제하려는 정책적 목표를 가지고 있다.[41] 그러나 이러한 강제노동이 재출현하고 유지되거나 심지어 '자발적으로' 수용되는 메커니즘에 대한 인식이 부족하고, 따라서 강제노동을 실질적으로 근절하고 강제노동의 상태에 놓여 있는 노동자를 보호하고 이들이 강제노동 상태를 벗어나도록 하는 처방을 내놓는 데 제한적이다. 이러한 강제노동 접근법의 한계를 넘어서기 위하여, 대안적으로 '이주노동'의 접근법을 검토할 필요가 있다.

International Labour Conference 93rd Session, 2005 Report I(B) (Geneva: International Labour Office), 2005, 〈http://www.ilo.org/wcmsp5/groups/public/---ed_norm/---declaration/documents/publication/wcms_081882.pdf〉(검색일: 2018. 11. 13.).

40 Rogaly, 앞의 글, p.1432.

41 최근 ILO 역시 강제노동 접근법의 이러한 개념적 곤란을 인식하면서 연속체로 보는 접근법을 차용하기 시작했다(Judy Fudge and Deirdre McCann, "Unacceptable Forms of Work: A global and comparative studies"(International Labour Office), 2015, pp. 38-40.

3
'이주노동'의 접근법

1) 이주노동을 설명하는 이론들

사람들이 이주하는 이유를 이해하는 것은 세계의 구조적 불평등의 과정을 살펴보는 것이므로, 이해하기 쉽지 않은 사회현상이다.[42] 이 글에서 주목하는 '이주노동'과 관련하여, 대표적 이론적 설명들은 다음과 같이 요약할 수 있다.[43]

(1) 신고전 경제론(Neoclassical economics)

이 이론은 송출국과 수용국 사이의 '유출-흡인 요인(push-pull factors)'에 관련된 개인의 합리적 선택의 결과로서 이주를 설명한다. '유출 요인'에는 낮은 생활수준, 경제적 기회 부족, 정치적 억압 등이 포함되며, '흡인 요인'으로는 노동 수요 등을 들 수 있다. 잠재적 이주자는 비용(물리적 이주비용, 이주·구직 중 유지비용, 다른 언어·문화 학습비용, 노동시장 적응 비용, 심리적 비용 등)과 편익(이주 대상국에서 개인의 기술에 상응하는 수익·직업취득 가능성, 강제추방을 피할 가능성 등)을 예측한 후 순수익이 기대가 되는 곳으로 이주한다고 설명한다.

그러나 실제 이주 경향을 보면, 선진국으로 이주하는 사람들은

42 마이클 새머스(Michael Samers), 앞의 책, p. 92.

43 이하의 이론적 설명들의 요약은 다음의 문헌 등을 참고하였다. D. S. Massey, et al., *Worlds in Motion: understanding international migration at the end of the millennium* (Oxford & New York: Clarendon Press), 2005; 마이클 새머스, 앞의 책; 최영진, "동아시아에서의 노동이주의 동학: 경향, 유형 및 개발과의 연계", 『新亞細亞』 제17권 4호, 2010; 윤인진, 『동북아시아의 국제이주와 다문화주의』(파주: 한울), 2013.

후진국의 극빈층이 드물고 대체로 송출국의 중산층들이다. 또한 유출-흡인 모델은 왜 특정 이주민 집단이 다른 나라보다 특정 나라를 선호하는지를 설명하지 못한다.

(2) 이주 신경제론(The new economics of migration)

이주 신경제론은 이주가 소득을 극대화하고 위험을 최소화하려는 가족이나 가구의 결정이라고 본다. 신경제론에서 분석단위는 개인이 아니라 가족 · 가구이며, 가족은 희소 자원을 다양하게 배분함으로써 위험을 해결할 수 있는 단위이다. 국내 경제상황이 나빠서 충분한 수입을 얻지 못하거나, 사회적 위험을 관리할 수 있는 제도가 불완전하거나 부존재하는 경우, 가족 · 가구의 자원(노동력)을 다양하게 할당하여 위기를 관리하려 하기 때문에 국제이주가 발생한다고 설명한다. 즉 이주민 집단은 단지 고임금만을 위해 이주하는 것이 아니라 가계의 소득 출처를 다양화하고 가족농장과 같은 현재의 가업 활동에 필요한 투자 자원을 마련하고 가계의 복지를 개선하기 위해 이주 결정을 한다는 것이다.

(3) 분절노동시장 이론(Labour market segmentation theory)

대표적으로 이중노동시장 이론(Dual labour market theory)을 제기한 피오르는 국제이주가 제조업이나 서비스 직종을 수행할 노동력에 대한 선진국의 구조적 수요에 의해 생겨난다고 본다. 노동시장은 좋은 노동조건, 상대적으로 높은 임금과 안정성, 다양한 승진기회가 보장되는 1차 노동시장과, 열악한 노동조건, 상대적으로 낮은 임금과 불안정성, 승진기회의 차단을 특징으로 하는 2차 노동시장으로 구분되는

데, 1차 노동시장은 주로 다수인종 및 남성, 합법 이주민이 차지하고, 2차 노동시장은 여성, 소수인종, 미등록(불법) 이주자들로 구성된다. 이 이론은 국가가 노동시장에 개입하는 외부 규제자의 역할을 수행한다는 점을 지적하며, 설사 이주노동력의 공급이 감소해도 수용국의 2차 노동시장의 저임금은 높아지지 않는다고 본다.[44]

이중노동시장 이론과 유사한 접근법을 가지는 이론으로서, 비공식 고용 이론과 민족 집단 엔클레이브 이론도 있다. 전자는, 미등록 이주가 2차 노동시장 부문의 비공식 고용을 증가시키는 결과를 낳고, 비공식 고용은 다시금 미등록 이주를 불러일으키는 과정이 반복되면서 비공식 고용과 미등록 이주는 상호 강화된다고 설명한다. 후자는, 민족 집단 엔클레이브(ethnic enclave)에 대한 연구인데, 엔클레이브는 이주민들의 경제적·사회적 필요에 힘입어 도시 내에서 사업을 시작할 수 있을 만큼 재정적·문화적·인적·사회적 자본을 가진 소수 이주민 기업인에 의해 실현된다. 이렇게 만들어진 엔클레이브는 또다시 민족적 배경이 같은 이주노동자들을 불러들여 방대한 인력 풀(pool)을 구성한다.

한편 이중노동시장 이론이 현실 노동시장에 대해 상당히 단순화된 범주를 전제하고 있다는 점을 비판하면서, 서로 다른 규칙이 작용하는 '수많은 셀(cells)'로 노동시장이 분절화되고 있다는 연구들도 발전하였다. 라이히 등은 특정 노동자가 분절화된 일자리에 배치되는 것은, 그(그녀)가 그 일에 적합한지 여부에 대한 추측, 인종과 국적, 젠더 등

44 Michael J. Piore, *Birds of Passage: Migrant labour and industrial societies*(New York: Cambridge University Press), 1979.

과 부분적으로는 그(그녀)들이 지닌 교육 수준, 기술과 자격 요건, 언어 등에 따라 결정된다고 주장했다.[45] 펙은, 노동시장 분절화가 '생산 의무(production imperatives, 특정 생산 요구에 의해 만들어진 노동 수요)', '법규의 압력(도시 정책에서부터 이민자 규제 정책까지 포함하는, 이주 노동자에 대한 다양한 형태의 법규들)', '사회적 재생산의 과정(이주자의 노동을 가능하게 하는 가족, 주택, 송금 수단 등의 역할)'으로 설명될 수 있다고 주장한다. 나아가 펙은 이렇게 서로 결합된 과정들은 특정 장소 혹은 지역적 구성(locally constituted)에 의해 형성된 것이라고 주장한다.[46]

분절노동시장 이론은 발전적 국가의 관점에서 국가가 시장경제를 간섭하는 외부 규제자의 역할을 수행한다는 점을 밝히는 장점을 가진다.[47] 반면 국제적 차원의 노동시장을 간과했다는 한계를 갖는다. 이런 면에서 새머스는 '국제 노동시장 분절화(international labour market segmentation)' 이론을 제기한다.[48] 여기서 '국제'란 국제적 입장으로 노동시장을 세분화하는 국가 및 범국가정부를 가리킨다. 이러한 국제행위자들의 이주 정책은 국가 경제 내에서 노동시장을 분절화할 뿐 아니라, 사기업들 내지 기관들 내의 이주 노동자들의 세분화에도 관여한다. 국제 노동시장 분절화 이론은 이주민의 피부색이나 그들의

45 대표적으로 고든·에드워즈·라이히 등이 있다. David M. Gordon, Richard Edwards, and Michael Reich, *Segmented Work, Divided Workers: the Historical Transformation of Labour in the United States*(Cambridge University Press), 1982. 이 책의 번역서는 다음과 같다. 고병웅 역, 『분절된 노동, 분할된 노동자』(신서원), 1998.

46 Jamie Peck, *Workplace: The Social Regulation of Labour Markets*(New York: Guilford Press), 1996.

47 P. Dicken, *Global Shift: Transforming the World Economy*(New York & London: The Guilford Press), 1998.

48 마이클 새머스, 앞의 책.

'체화된 문화 자본'뿐만 아니라 시민권이 어떻게 분절화의 원인이 될 수 있는지도 중요하게 본다. 즉, 서로 다른 법적 지위를 갖는 이주민에게는 각각 다른 노동 규정이 적용되며, 특히 이주 정책이 다른 경제적·사회적 프로그램과 연계될 때 이주민은 고용주에 비해 훨씬 취약한 위치에 처하게 된다.[49]

(4) 세계체제 이론(World systems theory)

세계체제 이론은 세계를 단일한 자본주의 시스템으로 가정하고 이 시스템에 통합된 정도에 따라 국가군을 '중심부(core)', '반주변부(semi-periphery)', '주변부(periphery)'로 구분한다. 각 국가군은 생산과 소비에서 국제화된 노동 분업 관계를 맺는다. 그리고 세계체제의 주변부로 자본주의가 침투하면서 중심부에서 주변부로의 상품·자본의 흐름과 반대되는 방향으로, 주변부에서 중심부로의 노동력의 흐름이 형성되었다고 본다.

한편 이주체계 이론(Migration systems theory)은 이러한 이주노동의 국제적 흐름은 식민지화, 정치적 영향, 무역, 투자 혹은 문화적 유대관계에 기초한 수용국과 송출국 사이의 기존 연계에 영향을 받는다고 설명한다.

---

49 반 파리스는 이를 '시민권 착취(citizenship exploitation)'라고 일컬었다(P. Van Parijs, "Commentary: citizenship exploitation, unequal exchange and the breakdown of popular sovereignty", in B. Barry & R. E. Goodin, eds., *Free Movement: Ethical issues in the transnational migration of people and money*(New Jersey: Harvester Wheatsheaf), 1992.

(5) 네트워크 이론(Network theory)

이 이론은 이주를 시작하고 지속하는 데 있어 다른 나라의 정보 · 지식을 조직하는 역량, 일자리나 주거지를 알선하는 등 새로운 환경에 적응하는 사회적 자본의 역할을 강조한다. 여기서 가족 관계, 친구 관계, 공동체 연계 및 상호 지원 등 사회적 연결망이 사회적 자본에 포함된다. 그리하여 수용국의 경제적 상황이 악화되어 더 이상 이주에 따른 상대적 이익이 없더라도 이미 형성된 사회적 연결망이 지속적으로 이주민을 끌어들이게 된다고 한다. 이러한 사회적 연결망은 이주에 필요한 재정이나 다른 지원을 제공할 뿐만 아니라 이주를 지속하게 해 주는 동력이 된다.

그런데 사회적 연결망이 단순히 가족, 친족, 향우회와 같은 '강한 유대'만으로 구성되는 것은 아니다. 사회적 연결망에는 하청업체, 구직 알선업체, 밀입국, 인신매매에 이르기까지 합법 · 비합법으로 작동하는 다양한 범위의 행위자를 포함한다.

한편 "이주민들이 수용국과 유출국 사회를 모두 연결하는 여러 가닥의 사회적 관계를 맺고 유지하는 과정" 또는 "민족국가의 국경을 가로질러 사람들과 기관, 제도들을 연결하는 복합적인 관계이자 상호작용"[50]을 의미하는 초국가주의(transnationalism) 연구도, 이주민의 행위자로서의 주체성과 네트워크를 강조한다. 초국가주의 이론의 분석단위는 송출국과 수용국의 '로컬 커뮤니티'와 함께, 로컬에 기반을 두지만 전 지구에 걸친 후기 식민주의적 '디아스포라 네트워크'이다. 여

---

50 Steven Vertovec, "Conceiving and Researching Transnationalism", *Ethnic and Racial Studies*, Vol. 22, No. 2, 1999.

기서 디아스포라 네트워크는 이주 커뮤니티가 국경을 가로지르면서 유지하는 사회적 · 문화적 · 경제적 관계를 의미한다.[51]

2) 이주노동의 맥락에서 본 북한 해외노동자

북한 해외노동자의 문제를 바라볼 때, 위의 이론들은 각각 유용한 해석을 제공하는 장점을 가짐과 동시에 서로 다른 정책적 방향성에 강조점을 둘 수 있다.

우선, 신고전경제론 및 이주의 신경제론 등 경제학적 접근들은 송출국의 유출 요인, 즉 북한 경제 · 사회의 취약성에 강조점을 둘 수 있게 한다. 북한 해외노동자의 실태에 관한 연구들이 공통적으로 밝히고 있는 점은, 북한 노동자들이 더 많은 소득을 확보하기 위하여 해외파견을 선호한다는 것이다. 그리고 북한 당국도 외화 획득을 위해 많은 국가들과 제도적 협정을 맺고 노동자 해외파견을 증대시키고 있다. 그러므로 북한 해외노동자의 문제를 해결하기 위해서는 북한 경제 · 사회의 유출 요인을 감소시키려는 접근법, 즉 북한에서 주민들의 삶을 개선시킬 수 있는 정책이 필요하다고 할 수 있다.

현실 사회주의 진영이 몰락한 1989년 이후 지난 20년 동안 북한

51 1990년대 '디아스포라(diaspora)' 개념의 사회과학적 활용에 중요한 역할을 한 샤프란은 디아스포라를 "국외로 추방된 소수 집단 공동체"라고 정의하였다. 그는 디아스포라의 특징으로서 1) 원거주지로부터 둘 또는 그 이상의 외국으로 이주 및 분산, 2) 모국에 대한 집합적 기억 · 비전 · 신화를 소유, 3) 거주국 사회에 완전히 수용되지 않는다는 의식(소외감) 소유, 4) 조상의 모국을 진정한 이상적인 고향, 궁극적으로 돌아갈 땅으로 간주, 5) 모국의 안전과 번영을 위해 집단적으로 공헌해야 한다는 신념, 6) 모국과 다양한 형태의 상호작용을 들고 있다[William Safran, "Diaspora in Modern Societies: Myth of Homeland and Return", *Diaspora: A Journal of Transnational Studies*, Vol. 1, No. 1(Spring), 1991, pp. 3-7].

주민들의 해외 이주 흐름은 다음과 같은 시기로 구분될 수 있다. 제1시기는 1989년부터 1994년까지 구소련과 동유럽에 진출해 있던 북한 벌목노동자들과 유학생들이 북한체제를 이탈한 시기이다. 제2시기는 1995년부터 1999년까지로 식량난 이후 주로 생계 목적의 탈북이 진행되었다. 제3시기는 2000년부터 2003년까지로 보다 나은 삶을 위한 경제적 탈북이 주를 이루었다. 제4시기는 2004년 미국의 「북한인권법」 제정 및 서방세계의 북한이탈주민 망명이 공식 허용된 이후 2008년까지 북한 이주민의 국제적 확산이 적극적으로 진행된 시기이다. 2009년 이후 현재까지는 국제적으로 북한 출신주민의 국제인권레짐을 활용한 이주에 대한 경계심이 높아진 가운데, 경제적 목적의 이주가 다시 진행되고 있는 시기이다.[52]

북한 해외노동자의 경우 해외에서의 정착을 목적으로 하는 이주는 아니지만, 더 많은 소득 확보를 위한 단기 이주라고 볼 수 있다. 공식적으로 북한은 사적 주체들의 계약에 따른 고용, 즉 노동시장을 인정하지 않고 국가가 직접 근로의 의사와 능력에 따라 일자리를 제공할 의무를 규정하고 있다.[53] 노동행정기관 및 기업소에 의해 배치된 노동자는 임금과 식량배급, 각종 사회보험 혜택을 받을 수 있다. 그런데 1990년대 중

---

52 박명규 외, 『노스 코리안 디아스포라: 북한주민의 해외탈북이주와 정착실태』(서울: 서울대학교 통일평화연구원), 2012, p. 41.

53 북한의 「사회주의로동법」은 제5조에서 "모든 근로자들은 희망과 재능에 따라 직업을 선택하며 국가로부터 안정된 일자리와 로동조건을 보장받는다"고 규정하고 있다. 그리고 자신의 능력과 의사에 따른 일자리를 보장받을 권리는 법적으로 인정되지만, 노동을 하지 않을 권리는 인정되지 않는다. 「사회주의로동법」은 "공민은 로동에 참가할 의무를 지닌다"(제4조)고 규정하고, "근로자들은 사회주의 로동규률과 로동시간을 엄격히 지켜야 하며 제정된 절차를 밟지 않고 마음대로 직장을 리탈할 수 없다"(제18조)고 정하고 있다.

반 경제위기('고난의 행군') 시절을 거치면서 계획경제 체계가 작동할 수 있는 경제적 기반이 붕괴하면서 이러한 노동력배치의 원칙도 변화를 겪게 되었다. 즉, 대부분의 국영기업이 원료·자재의 부족, 계획의 붕괴로 제대로 생산 활동을 하지 못하고 있는 상황에서 이들 기업에 소속된 노동자들 역시 임금을 비롯한 식량배급을 제대로 받지 못하게 되었다.[54] 경제위기 시절 상품을 운반해 주거나 심부름을 해 주고 한 끼를 해결하는 사람들이 비공식 고용의 시초를 이루었고, 고난의 행군 이후 소비재 시장과 서비스 시장이 증가하면서, 계획 외의 사적 영리를 추구하는 개인들에게 비공식적으로 고용되는 노동자들도 증가했다.[55] 요컨대, 북한에서 1990년대 중반 이래로 지속되고 있는 경제위기, 국가에 의한 일자리 배치와 임금·식량 배분 등 생활보장 체계의 붕괴, 시장화의 진전에 따른 북한 사회 내부의 계층 분화 등이 북한 해외노동자들이 단기이주를 하도록 하는 유출요인이 되고 있다고 할 수 있다.

다음으로, 분절노동시장 이론은 수용국의 흡인 요인과 노동시장을 둘러싼 제도적 조건들에 정책적 초점을 맞출 수 있도록 해 준다. 현재 북한 해외노동자를 활용하는 국가들은 자국의 노동시장 정책에 따라 북한 노동자의 유입 규모, 법적 지위를 결정·조정하며, 북한 노동자들이 특정한 산업 및 분절된 노동시장에 존재하도록 직·간접적 영향력을 행사하고 있다. 그러므로 북한 해외노동자의 인권상황과 노동조건을 개선하기 위해서는 무엇보다도 수용국의 이주 정책, 노동시

54 이석기 외, 『북한시장 실태 분석』(세종: 산업연구원), 2014, p. 269.

55 공용철, "북한의 노동시장 형성에 관한 연구"(서울: 북한대학원대학교 석사학위논문), 2010.

장 정책의 변화가 모색되어야 한다.

북한 해외노동자를 가장 많이 사용하고 있는 것으로 알려진 중국과 러시아의 경우, ILO의 「고용을 위한 이주 협약」(제97호)과 「이주노동자 협약」(제143호)을 비준하지 않고 있다. 또한 자국 내의 소수민족에 대한 통치 정책의 문제 및 자국 내 이주의 제한 정책과도 맞물려, 단기 순환 이주 정책을 기본으로 하며 (미등록 이주노동자를 포함하여) 이주노동자에 대한 노동법적 보호가 미약한 실정이다.[56]

상대적으로 이주노동자에 대한 법적 보호 체계가 갖추어져 있는 유럽연합 국가들의 경우에도, 북한 해외노동자들이 다단계 하도급 시스템의 말단에서 비공식적으로 활용되거나, 노동관계법의 적용이 아예 어려운 위장 자영인(개인 도급인)으로 활용되고 있어, 법적 보호를 적용하는 데 난점이 있는 것으로 조사되고 있다.[57]

마지막으로 이주 신경제론이나 이주체계 이론, 네트워크 이론은 이주노동자가 단지 노동력 상품의 담지자나 강제노동의 피해자만이 아니라 적극적인 '행위주체'라는 점을 인식하는 데 도움이 된다. 북한 해외노동자에 대한 실태조사 결과들을 보아도, 북한 노동자들이 앞선 해외파견의 경험을 가진 노동자 등을 통해 수용국에 대한 일정한 정보를 획득하고 있으며, 해외파견지에서 북한 당국이 강제하는 노동의

---

56 중국의 이주 노동자에 대한 법적 규율에 관해 자세한 것은, 현려화, "중국의 이주노동자에 대한 법적 규율과 연변지역 북한 노동력 실태 보고", 『체제전환국의 노동, 사회보장 제도변화와 통일대비 접경지역 북한노동력 실태조사 및 활용방안 모색』(서울대학교 고용복지법센터 통일연구 워크숍), 2015.11.17.

57 폴란드에서 북한 해외노동자가 다단계 하도급 및 위장 자영인으로 취업하고 있는 실태에 관해 자세한 것은 다음을 참고. Breuker, Remco & Imke van Gardingen (eds.), *Slaves to the System: North Korean Forced Labour in the European Union*, 2016.

틀을 벗어나려 끊임없이 시도하면서 당국의 규율과 일정한 저항-타협을 시도하고 있음을 보여 준다.[58] 또한, 중국, 러시아 등 동북아시아 지역의 경우 다양한 코리언(Korean) 디아스포라들과 접촉하면서 일정한 네트워크를 형성해 갈 가능성을 보여 준다.[59] 이런 관점에서는 북한 해외노동자의 역동적 주체성을 강화(empowerment)하는 데 도움이 될 수 있는 정책적 접근법을 모색할 필요가 있다.

4 북한 해외노동자 인권 보장: 권리의 주체와 의무의 주체

1) 권리의 주체

(1) 권리의 주체로서의 북한 주민

북한 해외노동자의 인권 문제에 있어서 궁극적 당사자는 권리의 주체

58 러시아의 북한 해외노동자들이 일반적으로 하고 있는 '청부'가 그 대표적 사례라 할 수 있다. 북한 해외노동자들은 파견된 사업소와 맺은 계약에 의한 노동 외에 개인적으로 러시아인의 집수리 등을 수주해 공사를 하는 경우가 많다고 한다. 청부를 통해 번 임금의 일부를 관리자에게 상납하면 개인 노동활동을 하는 것이 어느 정도 용인된다고 한다. 그리고 이러한 '청부'(일감)를 알선해 주는 사람들 중에는 고려인, 조선족, 한인들도 상당수를 차지한다고 한다(이애리아 · 이창호, 『연해주 지역 북한 노동자의 실태와 인권』, pp. 70-73; 이영형. "러시아 극동지역 내 북한 노동자 활동 현황: 아무르주를 중심으로", 『러시아 연구』 제26권 제1호, 2016, p. 131 참고). 몽골의 북한 해외노동자들도 유사한 형태의 '부업' 활동을 하는 것으로 조사된 바 있다(윤여상 · 이승주, 『북한 밖의 북한: 폴란드, 몽골, 북한 해외노동자의 삶과 인권실태』, pp. 133-135).

59 박명규 외, 앞의 책; 윤인진 외, 『동북아의 이주와 초국가적 공간』(아연출판부), 2010; 이애리아 · 이창호, "러시아 연해주 · 사할린지역의 북한 노동자 실태", 『북한 해외노동자의 실태와 과제』, 서울대학교 고용복지법센터 추계 국제학술대회, 2016.11.4. p. 149.

로서의 북한 노동자이다. 북한 노동자가 인권 보호의 대상일 뿐만 아니라 '권리의 주체'라는 점이 모든 논의의 기초가 되어야 한다. 이는 북한 노동자들이 스스로 권리를 적극적으로 주장하느냐, 혹은 일정 수준의 권리의식을 현재 보유하고 있느냐의 여부와 상관없이 그러하다.[60] 인권 침해 피해 당사자가 스스로의 힘으로 자신의 인권 침해에 대해 문제제기할 수 있도록 자력화(empowerment)하는 것은 인권의 중요한 원칙이다.[61]

북한 해외노동자의 실태에 관한 많은 연구들에서 북한 노동자는 북한체제와 강제노동의 '피해자'로서만 묘사되곤 한다. 이는 '대상화의 오류'로서, 권리 주체들의 진정한 욕구를 적극적으로 탐색하지 않거나, 그것을 국제인권레짐의 틀 내에서 재단하려는 태도로 이어질 수 있다.[62] 북한 해외노동자가 권리의 주체라는 관점에 서서, "상황을 정의하는 데 있어서의 진정한 차이점… 상이한 세계관, 상반되는 이데올로기, 다양한 사법 · 행정 시스템 구조들, 경제 · 정치 · 교육 · 종교 · 사회생활의 특정한 측면을 강조하는 문화적으로 다양한 방식들"[63]로부터 파생되는 특정한 인권문제와 인권욕구를 정교하게 탐색

---

60 조효제, "인권 패러다임 이론과 북한 인권 문제", 『다문화사회연구』 제9권 제2호, 2016, p. 9.

61 박석진, "북한 인권 운동에 대한 평가", 『북한사회와 북한인권(1)』(사회진보연대 정책워크숍), 2016.7.4.

62 조효제(2016), 앞의 글, p. 9. 이와 관련하여 러시아 연해주 · 사할린 지역의 북한 해외노동자 실태를 구체적으로 현지 조사한 이애리아 · 이창호는, 북한 해외노동자에 대한 대부분의 보고서들이 인권에 대한 보편주의적인 법적 규정에 의거해 작성되기 때문에, 북한 해외노동자들의 구체적인 인식 및 경험과는 동떨어진 형식적이고 법적인 언어로 표현된다고 지적한다[이애리아 · 이창호(2016.11.4.), 앞의 글, p. 135].

63 N. P. Pollis, "Confirmity, compliance and human rights", *Human Rights Quarterly*,

할 필요가 있다.[64]

국제 인도기구 활동의 일환으로 북한에 수년간 체류하면서 현지 조사를 수행한 경험이 있는 국제정치학자 헤이즐 스미스는, 북한 주민들은 북한 체제의 현재의 모순을 잘 인지하고 큰 불만을 품고 있지만, 1948년 이래 자기 손으로 건설해 온 '인민공화국'에 대한 양가적이고 잔여적인 충성을 유지하고 있는 것으로 파악한다.[65] 그렇다면, 북한 주민들의 이러한 복합적인 내면을 정확히 이해하고 이들이 스스로 선택한 변화의 노정으로 나아갈 수 있는 장기적 "인권조건을 형성"[66]하는 것이 최선의 방책일 수 있다. 즉, 북한 해외노동자, 나아가

Vol. 3, No. 1, 1981, p. 93.

64 정희진은 아프리카 여성들에 대한 할례 문제를 언급하며, 아프리카 여성들/여성운동이 이를 인권 침해이자 여성에 대한 폭력이라고 주장하는 것과 서구(非아프리카) 여성들/여성운동이 동일하게 주장하는 것은 같은 내용이더라도 다른 맥락에 있는 것임을 서구(非아프리카) 여성들/여성운동은 잊지 말아야 한다고 강조했다. 여성의 상황에 대한 '외부자'의 개입이 반드시 틀린 것도 아니지만, 동시에 외부자가 '그들의' 입장을 대변할 수 없음도 분명하기 때문이다[정희진, 『페미니즘의 도전』(서울: 교양인), 2014].

65 Hazel Smith, *North Korea: Markets and Military Rule*(Cambridge: Cambridge University Press), 2015. 스미스는 이 책의 결론인 "변화의 주체로서의 북한 주민들"이라는 장에서, 북한 사회 변화의 동력은 북한 주민들로부터 찾아야 함을 역설한다. "북한 주민들의 정체성과 역사를 이해함으로써, 왜 북한 주민들이 자신들이 1948년 건설한 국가에 대한 잔여적 충성심을 유지하고 있으며, (특히 많은 이들이 남한이 북한이탈주민을 늘 환영하는 것은 아니라는 사실을 잘 알고 있는 만큼) 왜 자신들의 정체성의 모든 측면을 '남한 사람'으로 전환시키는 데 열의가 없는지를 이해할 수 있게 된다. 이는 또한 북한의 정치적 변화는, 정부가 민족적 방어 정서를 동원할 수 있는 외부로부터의 개입보다는 내부에서 생겨날 가능성이 높다는 점을 설명하는 데 도움이 된다. 다른 모든 사회들과 마찬가지로, 북한 역시 역사적·문화적 관계들 속에서 형성된 것이지 단지 정부의 정책에 의해 주조된 것이 아니다. 북한 주민들은 세뇌된 것도 아니며 바보도 아니며, 다른 모든 곳의 사람들처럼 자신들의 문제들을 분석할 능력이 있다."고 지적한다(Hazel Smith, 앞의 책, p. 330).

66 인권침해를 발생시킨 어떤 제도 혹은 가해자는 직접 원인이라 할 수 있다. 그러나 그

북한 주민의 인권 상황을 개선하기 위해서는, 역사구조적 조건의 충족, 친인권 이데올로기의 정향, 국제정치 역학관계의 친인권적 배열, 사회심리적 의식과 태도, 그리고 국가의 성격과 민주주의의 질 등 심층적 조건과 사회적 · 국제적 질서가 갖추어져야 한다.[67]

(2) 북한 주민의 자력화를 보장할 수 있는 국제 정치 환경의 조성

데이비드 포사이드는 국제관계에서 인권을 다룰 때 가장 경계해야 할 점이 '법적 낭만주의(judicial romanticism)'라고 지적한다.[68] 법적 낭만주의는 주로 형사사법적 정의를 통해 인권문제를 해결할 수 있다고 믿으며, 인권문제의 '해결'방안으로 국제적 기준 설정, 인권 침해 및 이행의 감시, 경제 제재, 더 나아가 극단적인 경우 인도적 군사개입 등에 의존하고자 하는 경향이다.

북한 인권 문제에 있어서도 이러한 인권문제 해결 패러다임이 큰 영향력을 가지고 있다. 단적인 예로, 2014년 3월에 열린 제25차 유엔 인권이사회에 제출된 북한인권조사위원회(Commission of inquiry on human rights in the Democratic People's Republic of Korea, COI)의 보고

러한 제도와 가해자를 애초에 만들어 낸 시스템 그 자체는 근본원인이다. 따라서 근본원인(root cause)이란 직접원인보다 앞선, 직접원인을 일으킨 심층적 조건과 환경을 가리킨다(조효제, "인권달성의 근본 조건", 『민주주의와 인권』 제15권 제3호, 2015, p. 237). 최근 십여 년 국제 인권담론에서 회자되기 시작한 것이, 인권의 향유를 가로막는 역사 · 사회적 구조, 정치 · 경제 체제, 국제질서, 사회심리적 정향, 민주주의의 질 등 인권의 근본조건(root causes)에 관한 탐구이다(Susan Marks, "Human rights and root causes", *The Modern Law Review*, Vol. 74, No. 1, 2011).

67 조효제(2016), 앞의 글 참고.

68 David Forsythe, *Human Rights in International Relations*, Third Edition(Cambridge: Cambridge University Press), 2012, pp. 118-119.

서와 북한인권 결의에는 국민보호 책임론(Right to protect, R2P)이 적용되어 있다. 2000년대 유엔에서 논의되기 시작한 국민보호 책임론은 다음과 같은 세 가지 기둥으로 구성돼 있다. 즉, ① 국가가 대량학살, 전쟁범죄, 반인도적 범죄, 인종청소 등으로부터 국민을 보호하고, ② 국제사회는 국가의 그러한 책임을 격려하고 지원할 책임이 있으며, ③ 국제사회는 위 범죄들로부터 대중을 보호하기 위해 적절한 외교적·인도적 수단을 채택하되, 해당 국가가 국민보호 책임에 실패했을 때 유엔헌장에 의거해 집단적 행동을 취해 보호에 나서야 한다는 것이다.[69] 이러한 국민보호 책임론은 실제 리비아 사태에 대한 군사적 개입의 근거가 되었다.

북한 인권 문제의 제기가 북한 체제의 비판으로 이어지는 것은 불가피하다. 그러나 인권을 북한 체제 약화와 붕괴를 위한 수단으로 활용하는 것은 인권형성의 지반 자체를 파괴할 수 있는 위험한 일이다.[70] 또한 북한의 인권 침해 실태에 대한 보고나 평가가 북한 체제 자체를 '악마화'하고 '예외화'함으로써 체제 자체의 변화 가능성을 부정하거나 외부의 힘에 의한 체제 전환을 정당화하는 근거가 되어서는 위험하다.[71] 2003년 이라크 전쟁과 2011년 리비아 사태 이후 이들 사회에서 발생한 무질서와 인권 악화 상황을 보면, 북한 당국이 자행하

---

69 국민보호 책임론은 2005년 유엔 세계정상회의 선언문(A/RES/60/1, para. 138-140)과 2009년 유엔 총회 보고서(A/63/677)로 공식화되었다.

70 정태욱, "북한 인권 문제의 현황과 전망: 유엔 안전보장이사회 상정을 계기로", 『민주법학』 제57호, 2015, p. 87.

71 박순성, "북한 인권 문제와 한반도 분단체제: 『2014 유엔 인권이사회 북한인권조사위원회 보고서』에 대한 비판적 독해를 중심으로", 『북한연구학회보』 제18권 제2호, 2014, p. 288.

는 인권 침해를 이유로 체제 붕괴론을 제기하는 것은 그것이 초래할 수 있는 가공할 수준의 인권 침해를 고려하지 않은 무책임한 주장이 될 수 있다. 또한 인권의 주요소 중 하나인 '자력화'를 통해 권리주체 스스로가 자존감과 권리 의식을 내면화하고, 권리를 적극적으로 주창할 수 있는 주체로 성장하지 못하면, 설령 위로부터 혹은 외부로부터 권리가 주어진다 하더라도 그것이 안정적인 인권 존중 정치체제로 발전할 가능성이 낮다.[72]

이러한 맥락에서 조효제는 북한 인권조건 형성의 주체로서의 북한 주민의 권리를 다음과 같이 설명한다. 즉, 북한 주민은 유엔헌장과 세계인권선언, 그리고 북한이 가입·비준한 모든 국제 인권 규범[73]을 누릴 권리가 있다. 북한 주민은 북한 당국 및 국제사회에 대해 국제적으로 인정된 모든 인권을 요구할 권리가 있다. 또한 북한 주민은 국제사회의 제재에 따른 부수적 피해를 입지 않을 권리가 있다. 따라서 북한 주민의 인권을 악화시키는 제재는, 인권의 이름으로 행해진다고 하더라도 반인권 정책에 속한다. 그리고 북한 주민은 인도적 지원을 받을 권리가 있다. 만일 정치적 고려에 의해 인도적 지원을 중단한다면 그것은 북한 주민의 인권을 직접 침해하는 심각한 인권유린 행위가 된다. 동일한 논리로 북한 주민은 대내외적인 전쟁 위협으로부터

---

72 조효제(2016), 앞의 글, p.23.

73 북한이 가입·비준한 국제인권조약으로는, 「시민적·정치적 권리에 관한 국제규약」(1981년 비준), 「경제적·사회적·문화적 권리에 관한 국제규약」(1981년 비준), 「어린이·청소년 권리협약」(1990년 비준), 「여성차별철폐협약」(2001년 비준), 「장애인권리협약」(2013년 가입), 「성매매 및 음란물에 관한 어린이·청소년 권리협약 의정서」(2014년 비준) 등이 있다. 〈http://tbinternet.ohchr.org/_layouts/TreatyBodyExternal/Treaty.aspx?CountryID=47&Lang=EN〉.

자유로울 권리, 평화를 누릴 권리가 있다.[74]

이처럼 인권 조건 형성을 위한 국제 정치 환경의 조성은 '제3세대 인권' 이론과도 맥락이 닿아 있다. 1960년대 이후 제3세계 국가들의 진출을 배경으로 등장한 제3세대 인권은 제3세계 비동맹국을 주요 행위자로 하는 집단적 성격을 띠고 있어 연대권(solidarity rights)이라 불리기도 한다. 예컨대, '자결권'은 피억압 상태에 놓여 있는 개인 혹은 집단이 자기운명을 스스로 결정할 권리가 있다는 점을 강조한다. 또한 '발전권'은 인민의 자결권의 전면 실현을 의미하는데, 특히 발전권 선언 제7조는 국제평화를 위한 각국의 노력과 군축을 통해 획득한 자원을 포괄적 발전, 특히 개발도상국의 발전에 이용할 것을 명시하고 있다.[75] 그리고 '평화권'은 평화롭게 살 인민의 권리를 일컫는데, 1984년 유엔 총회에서 채택된 평화권 선언은 "평화권 실행은 각국 정책이 유엔헌장을 토대로 전쟁, 특히 핵전쟁 위협의 제거, 무력사용 중단, 그리고 평화적 방법에 의한 국제 분쟁 해결의 길로 나아가도록 강력히 요청한다."라고 밝히고 있다.[76]

(3) 북한 노동자의 능동적 주체화

북한 해외노동자의 수용국에서, 비록 제한적이지만 북한 노동자가 집단적 저항을 한 사례들도 종종 보고되고 있다. 일례로 투먼 경제개발구 완구기업이 매일 16시간의 장시간 노동으로 북한 노동자들을 혹사

74 조효제(2016), 앞의 글, p. 10.

75 "Declaration on the Right to Development", General Assembly resolution 41/128, 4th December 1986, UNHCHR.

76 "Declaration on Right of Peoples to Peace", A/RES/39/11, 12, November 1984.

시켜 이들이 일제히 태업을 하며 침묵시위를 했다는 보도가 있었다.[77] 단둥의 한 회사에서는 온수가 1주일에 한 번 나오는데 3일에 한 번은 목욕을 하게 해 달라고 여성노동자들이 요구한 사례도 보도된 바 있다.[78] 이러한 사례가 아직은 산발적이고 북한 당국과 수용국 정부 양자에 의해 억압-통제되는 상황이지만,[79] 이는 분명히 북한 노동자가 능동적인 권리의 주체로서 자력화될 가능성을 보여 준다. 수용국 정부와 특히 노동조합, 시민사회는 이러한 행위를 지지 · 옹호하는 방식으로 능동적 주체화에 기여할 수 있다.

한편 해외에서의 노동이 지속가능한 삶의 자원이 되려면 귀환 후 생계를 이어나갈 수 있는 자원을 모아 와야 한다. 그러나 이는 이주노동자의 개인적 의지의 문제가 아니라, 어떤 국가, 어떤 노동조건에서 무슨 일을 얼마나 오랫동안 하느냐에 달려 있다. 오늘날 전 세계적으로 이주노동자는 저임금, 단기계약의 불안정성, 임금체불, 높은 이주비용 등 제도적 장벽으로 인해, 이주를 통해 지속가능한 삶의 자원을 확보하기가 매우 어렵다. 이는 다시 이주 산업과 국가적 제도를 통해 순환이주("이주는 이주를 낳는다.")의 폐쇄회로에 빠지게 만든다.[80] 북한 해외노동사 역시 해외파견에서 기대했던 만큼 혹은 해외파견을 위

77 주성하, "북한 노동자 파업 조정한 보위부 요원", 서울에서 쓰는 평양이야기, 2015. 5. 22. 〈http://nambukstory.donga.com/Board?bid=123&timeseed=907&#!lid=303017&bid=123&p=291&m=view〉(검색일: 2018.11.13.).

78 송경화, "중국 북한여공 '목욕의 자유를 달라'", 『한겨레』, 2012. 10. 5. 〈http://www.hani.co.kr/arti/society/society_general/554537.html〉(검색일: 2018.11.13.).

79 황지혜, "北 국외노동자 파업-도망 등 반발에… 당국, 집단 강제 소환", 『동아닷컴』 2016. 6.8. 〈http://news.donga.com/3/all/20160608/78548000/1〉(검색일: 2018.11.13.).

80 김정선, "아시아 지역 이주-발전 정책/담론에 대한 비판적 고찰: 네팔 귀환여성의 경험을 중심으로", 『경제와 사회』 통권 제105호, 2015.

해 소요되었던 비용(뇌물)만큼 소득을 확보하지 못해서, 귀국 후 다시 해외파견을 나가려 하는 사례가 많다고 한다.[81]

이에 대응하여 현재 이주 노동운동이 제기하는 대안은 '이주해야만 하지 않을 권리(right to not have to migrate in the first place)'[82] 혹은 '모국에서 발전을 추구할 권리'[83]의 인정이다. 이는 이주를 필수가 아니라 선택으로 만드는 데 필요한 조건을 창출하는 것을 의미한다.[84] 이는 다음에서 살펴볼 인권 보장 의무의 주체들의 역할과 관련된다.

2) 의무의 주체

(1) 이주–발전 연계 담론 비판

북한 해외노동자의 문제를 포함하여 북한인권 문제를 해결할 의무가 있는 주체는 북한 당국, 한국, 수용국을 비롯한 국제사회로 나누어 볼 수 있다. 각 주체들의 의무의 내용을 살피기 전에, 우선 비판적으로 검토해야 할 것이 지배적인 담론으로서의 '이주-발전 연계 담론'이다.

발전주의적 사고가 팽배했던 1950~1960년대에는 이주가 송출국의 경제발전을 견인해 낸다는 시각이 지배적이었다. 그러나 근대화 이론과 발전주의에 대한 비판이 제기되었던 1970~1980년대에 이

---

81 이애리아 · 이창호(2016), 앞의 글, pp. 147-148.

82 Nicola Piper, "Feminisation of Migration and the Social Dimensions of Development: the Asian case", *Third World Quarterly*, Vol. 29, No. 7, 2008, p.1297.

83 김정선, 앞의 글, p. 160.

84 5차 세계이주사회포럼(World Social Forum on Migration) 선언문, 2012 참조[정영섭, "이주민의 권리가 보장되는 다른 세계는 가능하다: 5차 세계이주사회포럼 참가기", 『사회운동』 통권 제110호(사회진보연대), 2012, p.76에서 재인용].

르면, 노동력 유출, 불평등의 심화, 중심부에 대한 주변부의 종속성의 강화 등 이주가 송출국에 미치는 부정적인 영향들이 강조된다.

1990년대 이후 이주와 발전의 관계는 다시 송출국, 수용국, 이주자 모두에게 이익이 되는 윈-윈-윈(win-win-win) 전략으로 간주된다. 이 시나리오에 따르면 유입국은 사회통합 비용 없이 유연한 저임금 노동력을 확보하고, 송출국은 선진국으로부터의 송금·새로운 기술과 지식을 이전받는다. 개인 노동자는 일자리와 소득, 경험을 얻는다.[85] 2006, 2013년에 개최된 유엔의 '이주와 발전'에 관한 고위급 회담(High-Level Dialogue on International Migration and Development)이 상징하듯이 이주는 송출국의 발전을 이끄는 중요한 수단으로 여겨진다.[86]

이러한 경향 속에서 이주노동자의 본국으로의 송금은 송출국 정부의 초미의 관심사가 되고 있다. 송금은 저소득 국가의 빈곤한 가구가 생계를 유지하게 할 뿐 아니라, 현금 보유와 소득의 다양화를 통해 사회보장제도가 없는 국가에서 위기에 대처할 수 있는 보험의 역할을 한다고 평가된다.[87] 따라서 북한 당국뿐만 아니라 많은 송출국에

---

85 S. Castles, H. de Haas, and M. Miller, *The Age of Migration*, 5th edition(New York: The Guilford Press), 2013.

86 International Organization for Migration, Migration for Development in Africa, 2004, 〈http://publications.iom.int/bookstore/free/Mida_EN.pdf〉(검색일: 2018.11.13.); International Organization for Migration, A Global Strategy of Migration for Development: Beyond the MIDA Approch to Mobilizing and Sharing of Human and Financial Resources of the Overseas African Community 2006-2010, 2006, 〈https://www.iom.int/jahia/webdav/site/myjahiasite/shared/shared/mainsite/microsites/mida/global_strat_mida.pdf〉(검색일: 2018.11.13.).

87 Global Commission in International Migration, Migration in an interconnected world: New Directions for Action(UN), 2005, 〈http://www.refworld.org/docid/435f81814.html〉(검색일: 2018.11.13.).

서 송금이 경제발전의 원동력이 될 수 있도록 송금의 흐름을 관리하는 다양한 정책들을 시행하고 있다.[88]

그러나 이주는 한 국가의 사회 · 정치 · 경제적 발전을 아우르는 총체적 발전의 동인의 일부일 뿐 그 자체가 발전을 결정하는 유일한 요소가 아니다. 더욱이 여기서의 발전은 경제적 발전으로 협소하게 이해되며 이주는 이를 이루기 위한 수단으로 간주된다. 이런 도구적인 관점은, 이주를 아래로부터의 자기-발전으로 간주함으로써 단기

---

88 필리핀, 스리랑카, 인도네시아, 인도, 네팔, 방글라데시 등 아시아 주요 송출국들은 이주노동력 수출에 기반을 둔 발전정책을 추진해 왔다(최병두, "동아시아 국제 노동이주-전개과정과 일반적 특성", 『현대사회와 다문화』 제2권 제2호, 2012).

한국 역시 1960년대 높은 실업률과 외화 획득에 대한 기대 속에서 서독으로의 노동자 송출 사업을 시작했다. 특히 1962년 제1차 경제개발 5개년 계획이 시작되고 막대한 자본이 필요해지자, 서독 취업 노동자의 국내 송금은 1970년대 한국 경제성장의 '종잣돈'으로 평가될 만했다. 독일로 파견된 광부 · 간호사의 경우, "3년간 한국으로 돌아올 수 없고 적금과 함께 한 달 봉급의 일정액은 반드시 송금해야 한다."는 것이 정부가 내세운 서독 취업의 조건이었다. 또한 1970-1980년대 베트남이나 중동 지역에 송출된 인력의 경우 임금의 80% 이상을 국내에서 수령하도록 하였다(윤용선, 앞의 글, p. 44).

또한 서독으로 송출될 수 있는 노동자는 거의 대부분이 미혼이거나 가족을 동반할 수 없었다. 약 60%의 남성이 가장이었지만 가족을 동반할 수 없었고, 여성의 약 90%는 미혼이었다. 이는 서독으로의 노동자 송출 정책이 다시 한국으로 돌아가는 것을 처음부터 전제로 하고 있었기 때문이다. 서독의 이주 노동자 고용정책, 근로계약서상 이들은 처음부터 귀국이 전제되어 있었다. 다시 말해 가족과의 유대를 고국에 남겨놓고 송금을 하도록 유도하는 인력 송출 정책은 북한에서만 벌어지는 일은 아니라고 할 수 있다. 취업 기간을 3년으로 제한한 것 역시, 이주한 국가에서 삶의 기반을 닦기 전에 다시 돌려보내려는 정책에서 비롯되었다[나혜심, "독일로의 노동 이주, 한인 독일 노동이주자에게 가족이 갖는 의미", 노명환 외, 『독일로 간 광부 · 간호사 : 경제개발과 이주 사이에서』(서울: 대한민국역사박물관), 2014 참고].

한편, 1980년대 말 이전까지 해외여행 자체가 한국사회의 극소수나 향유할 수 있는 특권을 의미하였기 때문에 당시 해외 인력 송출 사업은 개인에게는 가난과 가난한 조국으로부터 벗어날 수 있는 절호의 기회로 인식되었다. 특히 여성에게는 가부장제 사회의 숨 막히는 억압으로부터 벗어날 수 있는 기회이기도 했다.

계약 이주노동의 착취적인 구조와 이를 개선해야 할 수용국의 책임으로부터 관심을 멀어지게 한다. 그리고 경제적 발전뿐 아니라 사회적·정치적 발전을 포함한 총체적인 발전과 복지에 대한 송출국 정부의 책임을 면제한다.[89]

(2) 북한 당국의 의무

북한 당국은 북한 주민들의 인권 보호와 증진에 일차적 책임이 있고, 현실적으로 북한 노동자의 인권에 있어 유의미한 변화를 일으킬 수 있는 핵심 주체이다. 따라서 북한 당국은 자국의 정치와 경제를 인권친화적으로 변화시켜야 할 책무를 진다.[90]

특히 북한 해외노동자의 문제와 관련해서는, 무엇보다 해외 파견 과정에서 이주의 비용을 노동자에게 전가하지 않을 책임, 해외 파견 시의 노동조건에 대한 정확한 정보를 제공할 책임, 약정된 임금이 제대로 노동자에게 지급되도록 보장할 책임, 본국 가족과의 통신 및 송금의 자유 보장, 현지에서 이동의 자유를 보장할 책임 등을 다해야 한다. 또한 북한 해외노동자의 노동조건은 대체로 북한 당국 내지 해외 파견의 주체와 수용국 국가의 정부·기업과의 계약을 통해 정해지고 있다. 그렇다면 일차적으로 북한 당국에게 노동자를 장시간 노동, 유해하고 위험한 노동조건 및 생활환경, 저임금으로 몰아넣지 않도록 할 책임 등이 있다.

89 H. De Haas, "Migration and Development: A Theoretical Perspective", *International Migration Review*, Vol. 44, No. 1, 2010; Piper, 앞의 글 참고.

90 조효제(2016), 앞의 글, p. 11.

(3) 수용국 정부의 의무

북한 해외노동자의 수용국은 북한 해외노동자 인권보호 의무의 중요한 주체이다. 우선, 체류기간 및 조건의 완화를 통한 임시적 이주의 합법화 가능성을 보장하는 것이 노동착취와 강제노동 구조를 예방할 수 있는 잠재력을 가진다. 미등록 이주노동자들은 자신들의 불안정한 지위로 인해 착취적 노동조건과 강제노동의 상황에 처할 위험이 증가하기 때문이다.

특히 이주노동자를 단기간만 받고 기간이 만료되면 내보내고 또 새로운 이주노동자를 받아들여 노동력을 순환시키는 '단기 순환이주' 정책은 사실상 착취의 순환이라고 해도 과언이 아니다.[91] 단기적으로 일할 수 있으므로 고용주들과 수용국의 정부는 이주노동자에 대한 착취와 차별을 정당화하기 쉽고, 대부분 노동력이 가장 왕성한 시기의 노동자만을 받아들이는데 이는 빈곤한 나라의 노동력 착취를 극대화시키기 위한 것이라는 비판을 면할 수 없다.[92] 더욱이 단기간만 일할 수 있게 하는 제도는 필연적으로, 이주를 위해 지출한 막대한 비용을 보상받기 위해 불법적 초과체류를 선택하는 미등록 이주노동자를 낳을 수밖에 없다. 그리고 이러한 미등록 이주노동자는 불안정한 신분으로 인해 더욱 착취적이고 반인권적인 노동조건을 수용할 수밖에 없게 된다. 스티븐 캐슬 등은 "초청노동자 제도는 헌법과 법체계로써 모든 사람의 기본권이 보장되는 민주주의 국가에서는 유지되기 어렵다

---

91 한국의 '고용허가제' 역시 이주노동자의 정착을 금지하고 최대 4년 10개월간 일할 수 있도록 하는 단기 순환이주정책을 기반으로 하고 있다.

92 정영섭, "세계 이주노동자운동의 쟁점과 국제연대", 『사회운동』 통권 113호(사회진보연대), 2013, p. 70.

는 것이 입증되었다."[93]고 지적한다.

또한 수용국은 이주노동자의 착취적 노동조건을 조성하는 구조를 발견하고 이를 규제해야만 할 의무가 있다. 최근 국제 노동이주의 대부분은 수용국과 송출국 간의 쌍방 협정을 통해 양국 정부가 인정한 제도적 방식을 통해 이루어지고 있다. 북한 해외파견 역시 북한당국과 수용국 당국간 협정을 통해 제도적으로 이루어지고 있다. 그런데 상당수의 북한 해외노동자의 실태조사 연구들이, 북한 노동자를 이용하는 기업 내지 사업장들에서 벌어지는 노동착취와 임금 미지급 등에 대해 수용국 정부가 제대로 감독·보호 역할을 하지 않고 오히려 묵인하는 사례들이 상당수임을 보여 준다.

수용국 당국은 노동허가 발급과 관련하여 이주노동자들에게 그들의 권리와 법적 지위에 관한 정보를 제공하고, 미등록 이주노동자를 포함한 북한 이주노동자들의 노동조건을 보호하고, 강제노동을 낳는 제도적·구조적의 요인들을 제거할 책임을 진다. 일례로 북한 해외노동자에 대해 근로계약서의 작성·교부 및 임금 지급이 보장되도록 하고, 임금을 미지급한 사업주에 대해 제재하며, 자국의 노동기준이 준수되도록 감독할 일차적 책임이 있다.

(4) 한국의 의무

한국은 북한 인권 문제에 있어 국제행위자와 국내행위자의 특징을 동시에 보유한 '국내외 연계 국가행위자(intermestic state actor)'로 정의할 수 있다.[94] 분단체제의 현실과 남북한의 헌법 규정, 통일을 향한 민

93 S. Castles, H. de Haas, and M. Miller, 앞의 책.

족적 지향[95]이라는 근본조건이 존재하기 때문이다. 한국은 북한 해외노동자 문제와 관련하여 다음과 같은 차원에서 의무의 주체라 할 수 있다. 우선, 한국계 기업 역시 단둥과 같은 국경무역지대에서 직·간접적으로 북한 해외노동자를 활용하고 있다.[96] 따라서 북한 해외노동자의 인권과 노동권을 존중해야 할 일차적 의무의 주체가 된다. 또한, 북한 주민의 권리 주체성과 북한 당국의 의무 주체성이 강화되는 방향으로 국제 사회의 개입을 조율하고 조정할 의무가 있다. 북한과 같이 고립된 국가에 대해 국제사회의 인권 개입이 효과를 얻으려면 인권개선 압력과 함께 다음과 같은 사항이 고려되어야 한다. 첫째, 압력 호응에 대한 합리적 보상의 제시, 둘째, 그러한 교환을 기대할 수 있는 국제관계의 신뢰환경 조성, 셋째, 압력에 대한 반응과 보상 인센티브 사이의 지속성에 대한 제도적 보장이다.[97] 따라서 북한 해외노동

---

94 조효제는, 북한인권 문제는 남한의 '외부'로부터 야기된 쟁점이지만 남한 국내의 주요 영역들에 거의 실시간으로 영향을 미친다는 점에서, 베일리스 매닝의 '인터메스틱(intermestic)' 개념으로 설명될 수 있는 국가행위자라고 설명한다[조효제(2016), 앞의 글, p. 13].

95 1992년 남북기본합의서에서도 남북관계를 "나라와 나라 사이의 관계가 아닌 통일을 지향하는 과정에서 잠정적으로 형성되는 특수관계"로 규정한다.

96 중국과 북한의 국경지대인 단둥에는 2012년 현재 한국 사람이 약 2천 명, 북한 사람이 약 1만여 명, 조선족이 8천 명 이상 살고 있는 것으로 파악된다. 특히 2010년을 기점으로 북한 사람들이 단둥의 봉제공장이나 수산물 공장에 대거 취업하면서 규모가 크게 증가하였다. 이러한 공장의 사장이 한국 사람이거나 노동자가 북한 사람인 경우가 많고, 한국 사람이 자본을 투자하고 조선족이나 북한 화교가 운영하는 회사들도 많다. 2007년 기준으로 임가공을 포함한 북한과 한국의 실질적 무역에서 95% 정도가 단둥에서 이뤄지고, 평양과 한국의 직거래 규모는 5% 정도로 파악된다[강주원, 『나는 오늘도 국경을 만들고 허문다: 국경도시 단둥을 읽는 문화인류학 가이드』(파주: 글항아리), 2013, pp. 75-102].

97 Helen J. Delfeld, *Human Rights and the Hollow State*(New York: Routledge), 2014.

자의 문제를 포함한 북한인권문제에 있어 위의 조건들을 충족시킬 수 있는 최선의 방책들은, 한반도의 긴장 완화, 평화 구축, 분단체제의 해체[98] 및 인권 보장을 통한 남북한 주민의 인권감수성의 내면화 등이라 할 수 있다.[99]

이런 맥락에서 북한 인권 문제를 다루는 데 있어 '접촉지대'의 이론적 성찰이 시사점을 줄 수 있다. 비교 문학자 프랫에 따르면, '접촉지대(contact zone)'란 역사 · 지역 · 문화 · 이데올로기적 분리를 경험한 주체들이 "(대개의 경우) 고도로 비대칭적 권력관계의 맥락에서 서로 만나고 충돌하고 싸우는 사회적 공간(social space)"이다. 즉, 이 공간은 다른 역사와 배경을 가진 사람들이 접촉하는 곳인 동시에, 배제와 포섭, 충돌과 소통, 갈등과 공존의 역동성이 교차하는 공간이기도 하다. 이 과정에서 기존의 경계를 확인하기도 하지만, 새로운 '우리' 및 '우리'와 '그들'의 경계를 만드는 또 다른 정체성(identity)을 배태하는 역동적 과정이기도 하다.[100]

남북한 주민들이 의식하든 의식하지 못하든 간에 관계없이, 남북한 주민들의 '접촉지대'는 다양하게 형성되고 있다. 남한 내의 북한이

---

98 박순성은 "분단과 억압체제의 동시-구성, 체제경쟁과 군비경쟁의 동시-작동은 남북한 모두에서 국가주의, 안보중심주의, 경제성장우선주의가 지배논리로 자리를 잡게 만들었으며, 이러한 지배논리는 남북한 모두에서 인권 침해를 정당화하는 주요한 구성요소로 작동"하여 왔다고 일갈한다(박순성, "북한 인권 문제와 한반도 분단체제", 『북한연구학회보』 18권 2호, 2014, pp. 293-294).

99 조효제, "인권 패러다임 이론과 북한 인권 문제", 『다문화사회연구』 제9권 제2호, 2016, p. 31.

100 Mary Louise Pratt, "Arts of the Contact Zone", *Profession*, vol. 1991, 1991, p. 34. 접촉지대 이론을 남북한 관계에 적용한 연구로는 이우영 외, 『분단된 마음 잇기: 남북의 접촉지대』(서울: 사회평론아카데미), 2016.

탈주민, 북한 내의 개성공단을 비롯한 남북경협, 단둥과 같은 한반도와 중국의 무역지대, 동북아시아를 비롯한 전 세계의 코리언 디아스포라가 그러한 사례이다.

남북한 관계에서 접촉 가설(Contact Hypothesis)[101]의 이론적 자원을 활용하여 보자면, 남북한 주민들의 접촉이 긍정적 효과를 거두기 위해서는 여러 가지 조건이 필요하다. 즉, 접촉의 효과를 결정하는 핵심 요인으로서는 첫째, 접촉하는 상이한 집단 간에 지위의 평등성과 불평등성, 둘째, 공동 목표의 존재 여부 및 이를 추구하기 위한 협력의 존재 여부, 셋째, 집단 간 접촉을 지원하는 제도 또는 사회적 규범의 존재 여부 등이다.[102]

이와 관련하여 "남북한이 국제 인권 원리와 상호존중의 정신 아래 인권 개선을 위해 협력해 나가는 과정과 그 결과가 한반도 차원에서 나타나는 상태"라는 의미에서 '코리아 인권' 개념을 제시하는 논의[103]에 주목할 필요가 있다.

---

101 접촉 가설의 선구적 이론가인 고든 올포트(G. W. Allport)는 편견을 감소시킬 수 있는 접촉의 조건으로 지배집단과 소수집단 간의 평등한 지위, 공동의 목표, 제도적 지원 등을 꼽고 있다[고든 올포트, 이원영 역, 『편견의 심리』(서울: 성원사), 1993, p. 238]. 편견 감소에 도움을 주는 좋은 접촉(good contacts)의 조건들을 밝혀낸 접촉가설은, 개인의 고정관념과 편견 등을 감소시키기 위한, 그리고 집단 간 관계를 개선시키기 위한 전략을 구상하는 데 중요한 이론적 토대를 제공한 것으로 평가받고 있다(양문수 · 이우영 · 윤철기, "개성공단에서의 남북한 접촉이 북한근로자에 미친 영향에 관한 연구 - 남한 주민에 대한 북한 근로자의 태도 변화를 중심으로", 『통일연구』 제17권 2호, 2013, p. 136).

102 H. D. Forbes, "Ethnic Conflict and the Contact Hypathesis", in Yueh-Ting Lee et al., eds., *The Psychology of Ethnic and Cultural Conflicts*(Westport: Praeger), 2004, pp. 73-75 참고.

103 서보혁, 『코리아 인권: 북한 인권과 한반도 평화』(서울: 책세상), 2011, p. 171.

현실적 사례를 들어 설명하자면, 북한 주민들은 북한이탈주민이 남한에서 경험하는 사회적 차별·배제 등 인권 침해 실상을 소상히 인지하고 있다. 북한이탈주민이 남한 사회에서 2등 시민으로서 환멸과 후회를 느끼며 살아야 한다면, 한국의 그 어떤 인권 관련 대외 정책도 북한 주민들에게는 프로파간다로 여겨질 수밖에 없다.[104]

따라서 남북한 양 사회에서 인권 상황이 증진될 수 있도록 한국의 주도적 역할이 필수적이다. 북한 해외노동자의 인권 문제를 탈북 이주 내지 코리언 디아스포라의 초국가적 스케일(scale)에서 바라보는 관점에 선다면, 한국부터 먼저 ILO의 「고용을 위한 이주 협약」(제97호)과 「이주노동자 협약」(제143호) 등 이주노동자의 권리 보장을 위한 국제인권기준을 비준·준수하는 것이 그 좋은 예가 될 수 있다. 또한 한국도 여태 비준하지 않고 있는 ILO의 핵심 노동기준인 「강제노동 철폐에 관한 협약」(제29조, 제105조) 및 「결사의 자유 관련 협약」(제87호, 제98호)을 조속히 비준·준수하고, 한국의 관계 법령·제도를 인권친화적으로 정비하는 것이 필요하다.

---

104 김성경, "탈북자의 자리", 『한겨레』, 2016. 4. 26일자, 〈http://www.hani.co.kr/arti/opinion/column/741167.html〉(검색일: 2018.11.13.); 주성하, "탈북해 한국 가면 자유롭고 평등하게 사나요?", 『동아일보』, 2016. 10. 6일자, 〈http://nambukstory.donga.com/Board?bid=123&timeseed=425&#!lid=303228&bid=123&p=141&m=view〉(검색일: 2018.11.13.).

5 소결

북한 해외파견노동자를 강제노동의 피해자로 규정짓는 주류적 태도는, 북한 노동자들이 해외파견을 선호하는 동인, 해외 파견지에서의 수용과 저항의 동학, 노동조건 개선을 위한 북한 노동자들의 주체적 욕구를 구체적으로 살피지 못하게 만들 수 있다. 더욱이 이러한 접근법은 북한 정권에 대한 국제사회의 제재 전략과 맞물리면서, 북한 해외파견노동자의 노동권 실현을 더욱 어렵게 만들 수 있다. 실제로 2017년 UN 안전보장이사회의 대북제재 결의에 북한 해외노동자의 귀환 문제가 포함되면서, 이들이 외부와 접촉하는 것이 더욱 엄격히 차단되고, 도시보다 노동조건이 더 열악한 농촌과 벽지에서 일하는 비공식 노동화가 더욱 진행되고 있다는 보도가 나오고 있다.[105]

북한 해외노동자의 문제를 지구화된 경제 체제에서의 이주노동의 일환으로 바라보는 접근법은, 이들의 노동권 실현을 위해 송출국, 유입국 모두의 책임으로 정책을 구체화시키는 데 유용하다. 특히 가장 많은 북한 해외노동자가 일하고 있는 것으로 알려진 중국, 러시아 등은 2018년 남북정상회담 이후 한반도의 평화와 번영을 위한 협력 강화의 필요성이 한층 더 높아진 곳이기도 하다. 북한 해외노동자를 포함한 한반도의 모든 노동자의 노동권을 신장시키기 위한 남북한 모두의 정책적 노력을 구체화하고 강화해야 할 시점이다.

105 KBS, 추적60분, 2018. 10. 5일자, "김정은 7년의 비밀, 해외로 간 북한 노동자".

제5장

종합 및 전망

법제도적 해결방안의 모색

이철수
(서울대학교 법학전문대학원 교수)

이다혜
(서울대학교 법학전문대학원 강사,
서울대학교 고용복지법센터 연구위원)

이 장의 내용은 『남북한 협력과 발전을 위한 기초연구 vol. 2』(정근식·최규빈[서울대학교 통일연구네트워크] 편저, 진인진, 2018)에 수록되었던 내용을 서울대학교 통일평화연구원의 동의를 얻고 수정, 발전시킨 것이다.

1

논의의 종합: 북한 해외노동자를 바라보는 다양한 시각들

1) 공통점과 차이점

지금까지의 논의들을 통해 북한 해외노동자들의 삶과 노동에 대한 다양한 측면을 살펴보았다. 본론의 연구들에서 파견 국가를 불문하고 모든 북한 해외노동자들로부터 확인되는 공통적인 요소와, 국가 및 종사 업종에 따라 각기 다르게 나타나는 요소들을 동시에 확인할 수 있었다. 우선 공통적인 요소로는 북한 해외노동자들이 파견되는 양상과 절차, 즉 북한 정부와 사용국 간 협정에 근거하여 쿼터를 정하고, 일련의 선발 과정을 거쳐 파견 대상자를 정하며, 북한측 중개회사가 일괄적으로 파견국에서의 취업허가 등 절차를 담당하여 노동자들을 집단적으로 파견한 뒤, 이들의 근무에 대한 경제적 대가의 일정 비율을 상납금 형태로 공제한다는 점을 꼽을 수 있다. 북한 해외노동자들에게는 때로는 명시적으로, 때로는 적절한 국가 감독의 부재로 인해 파견국에서의 노동관계법령 적용이 배제되는 점도 국가 불문의 공통적인 현상이다. 법의 적용에서 배제되어 있기 때문에 임금, 근로시간, 산업안전 등 가장 기본적인 근로조건에 대해 정당한 법적 보호를 받지 못하고 있는 점도 공통적이다.

그러나 파견된 국가와 종사 업종에 따라 유의미한 차이를 보이는 지점들 또한 발견되었다. 제3장에서 주로 논의된 폴란드 조선소에서 근무하는 북한 해외노동자들은 생활과 업무에 있어 상당한 제약 속에 철저한 통제를 받는 것으로 보이며, 서론에서 언급한 중국의 경우도 마찬가지의 상황으로 알려져 있다. 공장과 같이 공간적 범위가 정해진 장소에서 집단적으로 동질적인 성격의 업무를 수행하는 이들이 그러하다. 반면 제2장에서 논의된 러시아 극동지역의 경우, 지리적으로 인구가 희박하고 접근성이 떨어지는 지역이기 때문에 북한 해외노동자에 대한 감시와 통제가 물리적으로 어렵고, 특히 건설업에 종사하는 이들은 성과에 연동하여 보수를 받는다는 업종상 특성으로 인해 개별적으로 일감을 찾아 나서는 청부 형태의 노동이 가능하여 비교적 자율성이 보장되며 본인의 노력에 따라 더 많은 소득을 올릴 수 있음을 확인하였다. 이러한 지역에서 근무하는 북한 해외노동자들이 자본주의적 행동 양식을 구축해 가는 점은 러시아에서 관찰되는 주목할 만한 특이점이다.

2) '외화벌이'인가, 자발적 경제활동인가?

이러한 북한 해외노동자들을 바라봄에 있어 같은 현상을 놓고도 여러 견해의 대립이 존재한다. 북한 체제의 특수성에 주목하면, 파견되는 노동자들은 정권 유지를 위한 소위 '외화벌이'에 동원되는 것이다. 그렇게 벌어들인 외화가 핵 개발에도 흘러들어갈 것이라고 추정되기도 한다. 핵 개발과의 연관성이 강조될 경우, 외화벌이를 위해 노동자들을 파견하는 것은 국제사회에서 용납될 수 없는 행태이므로 전면 중단되어야 한다는 결론으로 이어진다. 2017년 대북제재의 내용에 북한 해외노동자의 사용을 금지하는 내용이 포함되어 있었다.[1] 이러한 관점은 북한 해외노동자 파견을 주로 정치적 맥락에서 바라보는 것이

1 "United Nations Security Council Resolution 2397", S/RES/2397(22nd December 2017).

며, 논란의 여지도 다분한 것이 사실이다.

그러나 북한 해외노동자 파견의 동기는 경제적 필요에서 비롯된다고 보는 편이 보다 현실에 가깝다. 외국에서의 경제활동을 통해 자국의 소득을 확보하기 위한 일련의 활동으로 볼 수 있다. 남한의 경우도 과거 1970년대를 중심으로 한 경제개발기에 중동에 건설업 근로자들과 독일에 간호사, 광부 등을 다수 파견하여 이들이 가족에게 다달이 부쳐 주는 송금으로 경기부양에 도움을 받은 것은 잘 알려진 우리의 과거이다. 제2장의 연구진들도 북한 해외노동자들의 수입이 북한으로 유입되는 것을 정치적으로 비난할 것이 아니라, 일종의 '사회적 송금(social remittance)'으로 보는 관점이 필요하다고 지적한다. 더 나아가, 이러한 현상은 글로벌 경제에서 보편적인 것이기도 하다. 선진국과 개발도상국의 소득수준 차이는 끊임없이 외국으로 이주하여 경제활동에 종사하는 사람들, 즉 이주노동자들을 만들어 낸다. 제4장에서도 북한 해외노동자들을 이주노동이라는 보편적인 관점으로 보는 것이 바람직하다고 역설한다.

3) 강제노동인가, 이주노동인가?

이러한 견해들을 법적인 프레임으로 다시 설명하면, 북한 해외노동자들의 노동은 과연 국제인권 및 국제노동기준에서 금지하는 '강제노동'에 해당하는 것인지, 아니면 자발적인 '이주노동'에 속하는 것인지를 면밀히 분석하는 것이 필요하다.

북한 해외노동자들이 자국에서 선발되고 파견되는 과정부터 시작해서 현지에서 일하는 모습까지 일련의 순서대로 살펴보면, 현대사회의 보편적인 법적 기준에 부합하지 않는 강제노동의 요소가 존재하는 것이 사실이다. UN의 「경제적·사회적 및 문화적 권리에 관한 국제규약」(약칭 '사회권규약')은 근로의 권리(제6조), 정당하고 유리한 근로조건을 향유할 권리(제7조), 노동조합을 결성하고 사용자와 교섭할 수 있는 권리(제8조)를 각기 명시하고 있다.[2] 이러한 권리들은 모든 사람들이 정당하게 누려야 할 노동권이며 가장 기본적인 인권에 해당한다.

본론의 연구 내용에 의하면 북한 해외노동자들은 파견되어 외국으로 올 때 본인의 근로조건에 대해 제대로 알지 못한 채 출국하며, 북한 중개회사가 근로계약서에 대신 서명하고 이를 보여 주지 않는 등 정당한 정보를 제공받지 못하고, 현지에서 대부분의 경우 장시간 노동에 시달리면서도 초과근로수당과 같은 방식의 정당한 법적 대가를 받지 못하며, 기본급에 있어서도 상납금 명목으로 절반 이상을 공제당할 뿐 아니라 때로는 임금체불을 당하기도 한다. 또한 극소수의 예외적인 경우를 제외하고는 대다수가 열악한 작업환경과 주거 상황에 놓여 있고, 제3장에서 논의된 폴란드 조선소에서의 사망사고 사례처럼 산업안전과 관련된 규제들을 제대로 준수하지 않는 사업장에서 안전을 위협받고 있다. 북한 해외노동자들은 근로조건에 관해 제대로 권리를 보장받고 있다고 보기 어렵다. 또한 일부의 경우 자본주의적 행동 양식을 체험하고 권리의식이 형성되고 있다고는 하지만, 대다수의 민주주의 국가 근로자들처럼 자발적으로 모임을 조직하여 의견을 표명하고, 노동조합을 결성하여 사용자에게 이의를 제기하지는 못

2 Art. 6, 7, 8, International Covenant on Economic, Social and Cultural Rights, 16th December 1966.

하고 있다. 지시에 어긋나는 행동을 할 경우, 강제송환의 위험이 있기 때문이다. 현재로서는 근로조건을 개선하기 위해 집단적 노동권을 행사할 수도 없는 것이다.

북한 해외노동자들의 이러한 상황들은 인권 및 노동권 침해는 물론이며, 국제노동기구(ILO) 「강제노동협약」(제29조)에서 엄격히 금지하는 '강제노동(forced labour)'에 해당할 여지도 있다. 동 협약 제2조 제1항은 강제노동을 "불이익의 위협하에서 강요되었으며, 자발적으로 제공하지 않은 모든 노동이나 서비스"로 규정한다.[3] 여기에서 말하는 '위협'은 신체적인 폭력과 감금 등 직접적인 위협도 있지만, 사실상 사용자로부터 벗어나기 어려운 여러 정황들도 포함된다. 예컨대 여권이나 체류허가증 등을 본인이 아닌 타인이 소지하고 있는 것, 관리자에 의해 가해지는 감시나 통제, 파견을 위해 소요된 각종 비용으로부터 발생한 채무, 상납금을 제하고 나면 본인에게 남는 소득이 지나치게 적기 때문에 어쩔 수 없이 계속 일해야 하는 점, 상부의 지시에 어긋날 경우 본국으로의 강제송환이나 처벌에 대한 두려움도 강제노동의 간접적인 지표에 해당할 수 있다. 연구자에 따라서는 북한 해외노동자들이 파견되는 양상에 주목하여 이들의 해외 파견이 UN 팔레르모 의정서에서 금지하는 '인신매매(human trafficking)'에 해당할 여지가 있는 것으로 보기도 한다.[4] 인신매매 여부의 판단은 피해자보

3 "For the purposes of this Convention the term forced or compulsory labour shall mean all work or service which is exacted from any person under the menace of any penalty and for which the said person has not offered himself voluntarily." Art. 2(1) International Labour Organization(ILO), Forced Labour Convention, C29, 28th June 1930.

4 의정서 제3조에 명시된 '인신매매'의 정의는 "착취를 목적으로, 협박이나 무력의 사용

다 가해자에게 주목하는 것이 더 중요한데, 북한 정권이 주도적이고 조직적으로 파견 대상자를 선발하는 점, 도주를 방지하기 위해 가족이 있는 기혼자를 주로 선발한다는 점, 상납금을 통한 외화벌이가 정권 유지에 경제적으로 기여한다는 점 등에서 인신매매 개념요소 중 '착취의 목적' 요건을 충족한다고 보기도 한다.[5]

그러나 북한 해외노동자들의 일과 생활을 자세히 관찰하면 강제노동이나 인신매매라는 프레임만으로는 설명되기 어렵고, 이들이 해외 파견을 자발적으로 희망하여 출국하였고 현지에서도 능동적이며 주체적인 모습으로 일하고 있음을 확인해 주는 요소들도 다수 발견된다. 지인들을 통해 해외에 나가면 비교적 자유롭게 많은 돈을 벌 수 있다는 이야기를 듣고 북한에서 선발될 때 치열한 경쟁을 거친다는 점, 뇌물이나 브로커 등을 활용하고 경우에 따라서는 파견되기 위해 빚을 지기도 하는 등, 갖은 수단을 동원하는 점 등이 확인되었다. 또한 제2장에서 상세히 소개된 러시아의 사례처럼, 북한 해외노동자들은 파견 이후 여러 제약과 통제 속에서도 주어진 상황 속에서 더 많은 소득과 더 나은 삶을 만들어 가고 있다. 특히 건설업 분야에서 개별적으로 일감을 구해 청부 노동을 하며, 인맥을 동원하고 구직광고를 활

또는 다른 형태의 강제, 유괴, 사기, 기만, 권력의 남용, 취약한 지위의 이용, 타인에 대한 통제력을 가진 사람의 동의를 얻기 위한 대가나 이익의 제공 또는 수락 행위를 통해, 사람들을 모집, 운송, 이전, 은닉, 또는 인계하는 것"이다. UN General Assembly, Protocol to Prevent, Suppress and Punish Trafficking in Persons, Especially Women and Children, Supplementing the United Nations Convention against Transnational Organized Crime, 15th November 2000.

5 Remco Breuker, "인신매매 관점에서 본 북한 해외노동자", 『북한 해외노동자의 현황과 법적 쟁점』, 서울대 고용복지법센터 국제워크숍(2017.7.26.).

용하며, 보수가 도급 방식으로 주어지는 업종의 특성상 더 많은 수입을 위해 스스로 장시간 노동을 마다하지 않는 것으로 파악되었다.[6] 검열에도 불구하고 인터넷을 검색하고 북한 밖의 외부 사회에 대한 정보를 충분히 습득하고 현지 적응을 위해 노력하며 본인의 노동을 감수하는 것을 일률적으로 강제노동으로 정의하기는 어렵다. 제4장에서도 강제노동 접근은 북한 해외노동자를 피해자 관점에서만 바라보는 한계가 있으므로, 이주노동 관점에서 보는 편이 더 바람직하다고 평가한다.

4) 통합적·다층적 관점의 필요성

결론적으로, 북한 해외노동자들의 노동은 제2장 연구진의 지적처럼 "강제와 자발적 선택의 복합"으로 보는 편이 가장 사실에 가까울 것이다.[7] 이들의 노동 현실에는 신체와 안전에 해로운 근로조건에 기인한 인권 침해적 요소가 존재하는 것이 사실이며, 그럼에도 불구하고 북한 해외노동자들은 주어진 조건 속에서 더 나은 삶을 위해 자발적으로 경제활동을 하는 모습도 공존하는 것이다. 강제노동의 관점과, 이주노동의 관점이 반드시 서로 충돌하거나 배치되는 것은 아니다. 북한 해외노동자의 상황을 강제노동으로 보는 관점에서는 주로 이들에

6 민법 제664조의 도급계약은 "당사자 일방이 어느 일을 완성할 것을 약정하고 상대방이 그 일의 결과에 대하여 보수를 지급할 것을 약정"함으로써 그 효력이 생기는 계약으로 근로기준법상 근로계약과는 다르다. 도급 계약을 통해 생계를 유지하는 자는 성과에 기반한 소득을 올릴 수 있지만, 특정인에게 고용된 것이 아니므로 불안정 노동의 상태에 처하는 경우가 많다. 러시아 건설업에 종사하는 북한 해외노동자들의 노동 실태는 도급에 가까운 것으로 보인다.

7 이애리아·이창호, 『연해주 지역 북한 노동자의 실태와 인권』(서울: 통일연구원), 2015.

대한 인권침해의 문제를 지적하고 국제기준 준수 등을 촉구하므로 규범적 측면이 강조되며, 이주노동으로 보는 관점에서는 해외파견의 당사자들이 갖는 경제적 동기를 강조하므로 두 접근은 같은 현상을 각기 다른 각도로 파악하는 것이며,[8] 해법을 모색함에 있어 상호 보완적 역할을 할 수 있다.

강제노동과 이주노동이라는 분석틀로 북한 해외노동자를 논의하는 것의 실익은 북한 해외노동자를 둘러싼 문제에 대해 다각도의 대응방안을 제시할 수 있다는 점이다. 강제노동 측면에 입각한 해결방안으로는 국제적으로 합의된 보편적 노동기준을 적용하려는 관련 국가 정부의 의지와 국제기구의 적절한 역할(모니터링, 정보제공, 정책제안 등)과 같은 정치적 성격의 정책이 강조되고, 이주노동으로 바라보는 해석은 경제적·사회적·문화적 측면에서의 개선(송금체계, 선발체계, 의식 변화 등)에 초점을 맞출 수 있게 된다.[9]

---

8 이상신, 『북한 해외노동자의 실태와 과제』, 2016, 서울대학교 고용복지법센터 추계학술대회 토론문(2016.11.4.).

9 박상신, 『북한 해외노동자의 실태와 과제』, 2016, 서울대학교 고용복지법센터 추계학술대회 토론문(2016.11.4.).

2
북한 해외노동자에 대한 법적·제도적 접근

1) 국제인권규범 및 국제노동기준의 준수

「국제인권선언(UDHR)」, 「사회권규약(ICESCR)」 등은 모든 사람들이 누려야 할 기본적 인권으로서 노동권을 보장하고 있으며, 북한 해외노동자는 이러한 권리를 정당히 누려야 할 주체이다. 또한, 북한을 비롯하여 파견된 노동자들을 사용하는 대부분의 국가들은 「사회권규약」의 당사국이기도 하다. 이것은 북한 정부는 물론이며 노동자들이 파견된 국가들도 북한 해외노동자들의 노동권을 존중하고 보호할 의무가 있다는 뜻이기도 하다.[10]

한편, 북한은 아직 ILO 회원국이 아니지만, 예컨대 제3장에서 자세히 소개된 폴란드의 경우처럼 북한 해외노동자를 수용하는 다수의 국가들은 국제노동기구의 회원국이므로, 이러한 국가들은 자국 관할권 내의 노동자들에 대해 국제노동기준을 준수할 의무가 있다. 그러한 의무는 자국민에게만 한정된 것이 아니라, 자국에서 일하는 외국인 근로자(이주노동자)에도 해당된다. 북한 해외노동자는 사용국의 입장에서 볼 때 일종의 이주노동자이기도 하므로, 사용국들은 북한 해외노동자에 대해 ILO 국제노동기준의 내용을 준수해야 한다.

ILO는 국제노동기준의 제정 및 비준 국가들에 대한 모니터링을 주요 활동으로 한다. 북한 해외노동자와 관련하여 유의미한 ILO 협

10 사회권규약상 노동권에 관한 자세한 논의는 이다혜, "국제규범에서의 노동권 보호와 북한에 대한 적용", 『사회권의 관점에서 본 북한인권』(서울: 통일연구원), 2018 참고.

약을 살펴보면, ILO 제97호 「고용이주 협약」,[11] 제87호 「결사의 자유 협약」,[12] 제29호 「강제노동에 관한 협약」[13] 등이 있다. 제97호 「고용이주 협약」은 국적과 상관없이 모든 노동자들에게 본인의 근로조건에 대한 정확한 정보를 제공할 의무가 있다고 명시하고 있다. 제87호 「결사의 자유 협약」은 모든 노동자와 근로자는 그 어떤 차별은 물론이며, 사전 허가 없이도 자유로운 조직 활동을 보장받아야 한다고 명시한다. 제29호 「강제노동에 관한 협약」은 모든 회원국은 모든 형태의 강제노동을 최대한 신속히 철폐할 노력을 취하여야 한다고 명시한다. 북한 해외노동자들에게 이러한 ILO 협약을 적용하기 위해서는 노사정 삼자주의(tripartite system)에 입각한 국제노동기구의 회원국 보고서 채택 체계를 활용할 수 있다.[14]

이와 관련된 사례로, 제3장에서 자세히 논의된 폴란드 북한 해외노동자 사례(ILC 2017)를 들 수 있다. 2016년 폴란드가 ILO에 제출한 정부보고서에는 폴란드 내 북한 해외노동자 강제노동 및 착취에

11 International Labour Organization(ILO), Migration for Employment Convention (Revised), C97, 1st July 1949.

12 International Labour Organization(ILO), Freedom of Association and Protection of the Right to Organise Convention, C87, 9th July 1948.

13 International Labour Organization(ILO), Forced Labour Convention, C29, 28th June 1930.

14 국제노동기구는 법률가, 학자 등으로 구성된 전문가 그룹을 통해 회원국 정부, 고용주, 노동자에게 정기적인 보고를 요청한다. 회원국의 정부는 비준한 협약에 대한 준수, 이행 여부에 대하여 보고서를 제출하여야 하며 고용주 및 노동자들은 이에 대한 논평을 제공할 수 있다. 전문가 그룹은 동 보고서에 대한 평가 혹은 연간 보고서 등을 발간할 수 있으며, 국제노동기구 총회의 삼자 위원회는 보고서에 주요 관찰점 및 사건 등에 대한 논의를 진행하고 총회에서 보고서를 채택한다. Imke van Gardingen, "국제노동기구(ILO) 관점에서 본 북한 해외노동자", 『북한 해외노동자의 현황과 법적 쟁점』, 서울대학교 고용복지법센터 국제워크숍(2017.7.26.).

대한 언급이 있었다. 폴란드 정부는 북한 해외노동자에 대한 조사를 진행하였으나 강제노동에 대한 명백한 불법사례는 발견되지 않았다는 취지의 답변을 하였다. 전문가 그룹은 여전히 강제노동의 우려가 있음을 지적하며 북한 해외노동자 관련 특별조사관 파견을 언급하고 차년도 보고서에 보다 명확한 진상보고를 요청한 바 있다. 이와 같은 조치는 북한 해외노동자의 노동권 보호를 강화할 수 있는 계기를 마련해 줄 수 있을 것이다.

북한 해외노동자를 사용하는 ILO 회원국에 대해 다음과 같은 제언을 제시할 수 있다. 해당 국가가 비준한 주요 ILO 협약에 대한 준수와 이행, 그리고 ILO 제81호 협약(근로감독)[15]의 이행 및 위반사항에 대한 조치가 필요하다. 이러한 실행을 위하여 ILO 회원국들 상호 협력 및 보고체계를 구축하여야 한다. 나아가 북한의 노동권 침해 행위를 특정하기 위하여 국가 차원에서 자행되는 인신매매나 강제노동에 대해 ILO의 정책 발의를 위하여 공동 노력하며, ILO 및 UN 차원에서 북한 특별조사관(special rapporteur) 파견 등을 고려할 수 있다.[16]

2) 국가 및 사용자의 역할: 노동법의 준수와 적용

북한 해외노동자와 관련된 법적 문제는 이들에게 어느 국가의 법률을 적용해야 할지, 즉 이들의 출신국인 북한의 법률을 적용해야 하는지 아니면 체류국의 법률을 따를지를 결정하는 것에서 시작된다. 외교적

15 International Labour Organization(ILO), Labour Inspection Convention, C81, 11th July 1947.

16 앞의 글.

관례 등 일부 예외적인 상황을 제외하고, 외국인은 속지주의에 따라 현재 거주 또는 근무하고 있는 체류국의 법률을 적용받는 것이 원칙이다.

그러나 북한 해외노동자는 그러한 보편적인 법 적용의 원칙으로부터 배제되어 있다. 대표적인 예로 2007년도에 체결된 러북협정에는 명시적으로 북한 해외노동자의 "사회보험, 의료보험, 산업재해 등 보상에 대해서는 북한의 법률을 적용한다."는 규정이 있다.[17] 북한 해외노동자에게는 체류국 법률이 아닌 북한법을 적용한다는 식의 규율은 이들이 외국에 나와 있는 상태에서 자국인 북한의 보호를 기대하는 것이 현실적으로 어려울 뿐만 아니라, 사실상 이들을 사용하는 국가가 북한 해외노동자에 대한 보호 및 책임을 회피하는 효과가 있는 것으로 해석된다. 중국, 몽골 등 파견이 이루어지는 다른 국가와 북한 정부가 체결하는 협정도 유사한 내용인 것으로 추정된다. 이러한 방식으로 인해 북한 해외노동자들은 근로조건에 대한 노동법적 보호는 물론이며, 심지어 범죄 피해를 당하거나 긴급 의료를 필요로 하는 상황에서도 법적 구제를 받지 못하는 사례가 있다고 한다.[18] 노동력을

---

17 러시아연방 정부 및 조선민주주의인민공화국 정부 간 한 국가의 국적자의 다른 국가 영토에서의 임시 노동활동에 관한 협정(모스크바, 2007.8.31.). 제8조 제1항; 김봉률, 〈부록〉 "러시아의 이주노동자와 외국인투자에 대한 법적 규율", 『체제전환국의 노동, 사회보장 제도변화와 통일대비 접경지역 북한노동력 실태조사 및 활용방안 모색』, 2016, 서울대 통일기반구축 연합학술대회(2016.11.29.)에서 재인용. 본 협정의 원문은 러시아 외교부 웹사이트에서 열람할 수 있다.

18 이애리아, "러시아 파견 북한 노동자 실태: 모스크바, 상트페테르부르크 지역을 중심으로", 『북한해외파견노동자의 현황과 인권실태 및 개선책』, 와세다대학교 한국학연구소·서울대학교 고용복지법센터·북한인권정보센터·숭실평화통일연구원 국제학술대회(2017. 9.26.).

필요로 하는 국가, 그리고 노동자 파견을 위해 경제적 이익을 얻는 북한 정부 간의 이해관계가 부합하여 이렇듯 법 적용을 배제하는 협정을 체결하는 것은, 결국 북한 해외노동자의 인권과 노동권을 저하시키는 결과로 이어지므로 지양되어야 한다.

북한 해외노동자를 이용하는 기업들이 법적 의무를 위반하는 경우가 다반사이다. 제3장에서 언급된 폴란드 조선소 북한 해외노동자 사망 사건의 경우 방화복의 미착용, 안전 지시에 대한 통역이 없었던 사실, 용접 작업 시 동료 근로자 1인과 동행해야 한다는 등의 산업안전 관련 규칙들이 준수되지 않았다. 관련된 기업들은 다국적기업으로, 다중의 하청을 통해 일감을 수주하며 북한 해외노동자를 직접 고용하지 않았다며 사용자 책임을 회피했다. 사용 기업의 이러한 불법적 행위는 정부가 개입하여 법으로 규제해야 하는데, 해당 사안에서는 폴란드 정부가 근로감독을 제대로 실시하지 못한 정황도 드러나 있다. 폴란드 현행법상 하청업체 및 외국 국적의 기업에 대해서는 폴란드의 근로감독 권한이 없는 등 사각지대가 존재하기 때문이다. 제3장의 연구진들은 북한 당국자들이 이러한 법적 허점, 즉 다중 하청을 통한 복잡한 공급망을 구축하여 법 준수를 회피할 수 있다는 점, 다국적기업에 대한 근로감독에 있어 관할권 사각지대가 존재한다는 점 등을 잘 알고 이를 활용하여 이익을 취하는 것으로 평가한다. 이렇듯 기업과 정부가 법적 책임을 회피하는 상황이 지속되는 한, 북한 해외노동자들의 개별 권리가 보장되기 어려울 수밖에 없다.

북한 해외노동자가 겪는 열악한 근로조건의 상당 부분은 파견국가에서의 노동법이 준수되면 해결될 수 있는 문제들이다. 따라서 북한 해외노동자들을 사용하는 기업들에 대해 근로감독을 철저히 시행하고, 사용자의 법 위반 행위를 효과적으로 제재하며, 해당 국가의 노동관계법령을 내국인과 차별 없이 적용하는 것이 매우 중요하다.

3) 이주노동 관점의 활용 및 이민정책의 개선

상술한 바와 같이 북한 해외노동자는 다각도의 복합적인 관점에서 바라볼 수 있는데, 이들의 문제를 효과적으로 해결하기 위해서는 이주노동의 맥락에서 접근하는 것이 여러 측면에서의 유용성을 갖는다. 글로벌 공급사슬(Global supply chain)에서 가장 취약하고 열악한 노동은 가장 빈곤한 국가가 담당하게 되는데, 정규적이지 않은 형태로 인력을 활용하는 것은 현재 세계적으로 보편적인 현상이다. 북한 해외노동자를 이주노동자의 한 범주로 볼 때 이들의 문제를 다른 이주노동자들이 겪는 문제와 동일한 보편성 속에서 검토할 수 있으며, 정치적 변수에 좌우되지 않고 외국으로 파견되는 경제적 현실 및 개별적 동기를 부정하지 않으면서도 인권과 노동권을 보장하는 방안을 모색할 수 있다.

그렇다면, 이주노동자들의 권리를 전반적으로 강화하는 제도적 선택을 취한다면 북한 해외노동자들의 권리도 더불어 보호될 가능성이 높아질 수 있다. 이주노동자들은 자신들의 불안정한 지위로 인해 착취적 노동조건과 강제노동에 상대적으로 취약할 수밖에 없으며, 이것은 현재 북한 해외노동자들이 처한 상황이기도 하다. 제4장에서 논의된 바와 같이, 북한 해외노동자를 수용하는 국가들이 체류기간 및 조건의 완화를 통해 이주의 합법화 가능성을 보장하고, 외국인 근로자들에 대한 노동권 보장을 강화한다면 북한 해외노동자들의 처우가 개선될 수 있는 효과적인 방법이 될 것이다.

4) 기업의 사회적 책임(CSR) 관점

한편, 북한 해외노동자의 법적 권리를 보장하기 위하여 초국적 글로벌 공급망(Global Supply Chain)에서 책임 당사자를 특정하는 관점에서도 접근해 볼 수 있다. 북한이 공급망 사슬의 약점을 활용한 것에서 볼 수 있듯, 해외파견 노동의 난맥상은 그 폐쇄성과 복잡성에 있다. 제3장의 EU 사례에서 확인한 바와 같이 북한 해외노동자들의 인권과 노동권이 존중되지 못하는 이유는 규범적으로 권리가 부재하기 때문이라기보다는 그 권리의 준수와 이행을 담보할 수단이 부족한 것에 기인한다. 따라서 북한 해외노동자가 겪는 문제 해결에 있어 전 지구적 차원에서의 이주노동과 공급망의 투명성을 제고하는 노력이 필요하다. 초국적기업의 관련 당사자들에게 책임을 부과하는 효과적인 접근방식을 확보하는 것이 중요하며, 이와 관련하여 연성법(soft law) 접근인 기업의 사회적 책임(CSR), 또는 기업과 인권(Business and Human Rights) 방법론이 모색되고 있다.[19]

UN의 기업의 책임에 관한 국제적 프레임워크 및 OECD 다국적기업 가이드라인에서는 공급망 내의 모든 구매자와 생산자가 노동법을 준수할 의무를 명시하고 있다. 이러한 국제적 합의가 기업의 행동지침으로서 인정되어 왔으며, 가치 사슬 내 기업의 책임 있는 행동을 장려하고 기업과 그 하청기업 등 계약 간 네크워크 내에서의 기준을 확립하는 노력을 제시한다. 당사자들을 관할권 내 법원으로 소환하고

19 기업의 사회적 책임 및 기업인권에 관련된 상세한 법적 연구로, 이상수, "다국적기업에 의한 인권침해와 OECD 다국적기업 가이드라인", 『서울대학교 법학』 제55권 제3호, 2014 참고.

직접 처벌하는 방식의 법적 구속력은 아직 없으나, 최근 OECD 국가연락사무소(National Contact Point, NCP)에서의 중재 절차 등을 활용하여 문제를 해결하는 방식이 발전 및 구축되어 가고 있다. ILO 국제공급사슬에서의 양질의 일자리를 위한 결의[20]에서도 사용자, 도급자, 하청업자, 구매자 등 모든 관계자들이 국제노동기준, 결사의 자유, 산업보건안전 및 ILO 주요 협약에 명시된 주요 원칙을 준수할 필요를 명시하고 있다.

3 향후 과제 및 전망

위에서 제안한 법제도적 해결방안은 규범적 차원의 제안이다. 북한 해외노동자에 대한 이러한 제안들이 현실적으로 잘 이행될 수 있기 위해서 선결 내지는 병행되어야 할 다음과 같은 과제를 생각해 볼 수 있다.

첫째, 북한 정부로서는 파견하는 해외노동자의 근로조건에 대하여 관련 국가들과 협력할 의무가 있다. 북한이 경제 발전을 위해 당분간 북한 해외노동자들을 외국에 파견하는 것이 필요할 뿐만 아니라 더 나은 삶을 추구하는 북한 주민들 스스로 외국에서의 근로 기회를 원한다면, 북한 정부는 파견의 전 과정을 책임지는 주체로서 해외노동자들이 위험하거나 취약한 상황에 처하지 않도록 제도적 조치를 취

20 The ILO Resolution concerning Decent Work in Global Supply Chains.

하고, 이를 위해 파견 대상 국가들과 협력해야 한다. 제4장에서 언급되었듯이 북한 정부는 자국의 정치, 경제를 인권 친화적으로 변화시킬 의무가 있으며, 이것은 경제 발전과 배치되는 것이 아니라 오히려 지속가능한 발전과 국제사회로부터의 인정을 위해서도 필수적인 과제임을 인식할 필요가 있다.

둘째, 북한 해외노동자들이 파견된 국가들 및 남한 사회가 적극적으로 참여할 수 있는 영역도 있을 것이다. 북한 해외노동자의 권리 향상을 위한 시민사회의 역할과 인권 옹호 활동의 중요성도 간과할 수 없다. 북한 해외노동자들은 결코 소극적이며 수동적인 피해자에 그치지 않으며, 해외에서의 노동 경험을 통해 자본주의적 경제활동과 민주적 권리 의식을 스스로 향상해 나아가는 주체이기도 함을 잊지 말아야 한다. 제2장에서 살펴본 러시아에서 노동자들의 자발적 행동 양식, 그리고 제4장에서 언급된 일부 북한 해외노동자들의 파업과 유사한 행동들이 이러한 사실을 입증한다. 북한 해외노동자가 파견되어 있는 국가 및 남한에서 이들을 위한 법률지원단체 등을 마련하는 것은 실질적인 도움이 될 것이며, 시민사회 차원에서의 적극적 관심이 필요하다. 여타 이주노동자들의 경우에도 이들의 권리가 제대로 보장되지 못할 때 인권 및 노동 변호사의 역할과 시민사회의 권리 보장 촉구 등이 개별 소송 승소 및 입법화로 이어지는 것은 인권 및 노동권 발전의 보편적인 경로이다.[21] 북한 해외노동자 또한 이러한 경

21 한국 내 이주노동자들의 경우에도 시민단체 및 이주노조 활동을 통해 사회적 관심의 대상이 되고, 점차 법적 및 제도적 지위가 향상되는 과정 속에 있다. 한국에 체류하는 이주노동자들의 경우, 지난 2005년 서울·경기·인천 이주노동자 노동조합이 결성된 이후 10년간의 법적 투쟁 및 시민사회활동을 통해 국적 및 체류자격과 무관하게

로를 통해 양질의 일자리(decent work)를 보장받는 방향으로 나아가야 할 것이다.

마지막으로, 북한 해외노동자를 둘러싼 정치·경제적 상황의 새로운 변화로서 2018년 들어 급속히 진행된 남북정상회담과 북미회담 및 그 후속 논의들을 고려하지 않을 수 없다. 최근 철도 및 각종 개발사업의 재개 등, 지난 몇 년에 비하여 남북경제협력은 다시금 급물살을 탈 것으로 보이는 상황에서 북한 해외노동자들은 향후 어떤 영향을 받게 될까? 향후 또 다른 정치적 변수들이 발생할 수 있어 이를 정확히 예측하는 것은 본 연구의 목적이나 범위를 뛰어넘는 것이다. 다만 북한 해외노동자라는 집단과 관련하여 아직은 추측 단계에 불과하더라도 이들이 과연 어떠한 경제적 변화를 맞을지 전망하며 끝맺고자 한다.

일각에서는 남북 경협이 본격적으로 재개되면 기존에 외국에 파견되었던 북한 해외노동자가 외국 대신 남한으로 파견될 가능성도 있으며, 이를 적극 추진하는 것이 남한이나 북한 모두에 경제적으로 더욱 바람직하다고 보기도 한다.[22] 그렇다고 해서 북한이 자국의 주민들을 노동 목적으로 외국에 파견하는 현상이 가까운 시일 내로 중단될 것으로 보이지는 않는다. 서론에서 언급한 바와 같이, 북한 해외노동자 파견을 금지하는 내용의 최근 UN 대북제재 등에도 불구하고 유럽, 중국 등에서 계속적으로 북한 해외노동자들이 일하고 있다는 사

합법적으로 노동조합 활동을 할 수 있는 노동법상의 권리를 획득한 바 있다. 대법원 2015.6.25. 선고, 2007 두 4995 전원합의체 판결; 이다혜, "시민권과 이주노동: 이주노동자 보호를 위한 '노동시민권'의 모색"(서울대학교 박사학위논문, 2015)의 논의 참고.

22 이용희, 앞의 논문, 2016.

실이 발견된다. 북한이 경제적으로는 체제전환 내지는 이행경제기를 거치는 과도기적 시기에 있다는 점은 이론의 여지가 없고, 그렇다면 경제 개발을 위해 가능한 한 어떠한 형태로든, 또 어떠한 국가이든 노동력의 해외 파견을 계속할 것으로 예상해 볼 수 있다.

이러한 맥락을 고려할 때, 현 시점에서 북한 해외노동자 파견에 대한 심층 분석과 이들의 처우 개선을 위한 법제도적 해법을 모색하는 것은 앞으로 더욱 중요할 것으로 여겨진다. 이들이 처해 있는 상황과 그로부터 제기되는 법적, 제도적 문제들이 향후 통일 대비 과정에서 지속될 수밖에 없고, 경제교류가 활성화됨에 따라 더욱 구체화되고 심화될 것이기 때문이다. 적어도 한반도 지역에서는 북한 노동자들에 대한 인권 및 노동권 침해 문제가 없도록 남북 공동의 노력을 다하여 예비하고, 발생할 수 있는 문제를 예측하여 구체적인 실사, 보상 및 중재 제도를 세심히 구축할 필요가 있다. 이러한 차원에서 북한 해외노동자 집단에 대한 관심은 남북 경협에서의 노동과도 직결되는 것이며, 이들의 인권과 노동권을 보장하는 것이 한반도의 새로운 경제 및 노동에 대한 청사진을 마련하는 계기가 되길 기대한다.

참고문헌

제1장 북한 해외노동자는 누구인가?: 기초적 사실 및 연구의 필요성

■ 단행본

김석진. 『북한 외화벌이 추세와 전망』. 서울: 통일연구원, 2015.

김운규 외. 『개성공단: 남북경협과 평화의 보루』. 서울: 한겨레출판, 2014.

북한전략 센터 · 코리아정책연구원. 『북한의 해외인력송출 실태』. 서울: 북한전략센터 · 코리아정책연구원, 2012.

신창훈, 고명현. Beyond the UN COI REPORT on Human Rights in DPRK. 서울: 아산정책연구소, 2014.

양문수. 『북한경제의 시장화』. 파주: 한울, 2010.

양문수 외. 『북한의 노동』. 파주: 한울, 2007.

윤여상. 『북한 해외 노동자 현황과 인권실태』. 서울: 북한인권정보센터, 2015.

윤인진. 『북한이탈주민과 남한주민의 상호인식』. 서울: 북한이탈주민지원재단, 2010.

이상신 외. 『북한 해외노동자 실태연구 KINU정책연구시리즈』. 서울: 통일연구원, 2017.

이애리아 · 이창호. 『연해주 지역 북한 노동자의 실태와 인권』. 서울: 통일연구원, 2015.

이애리아 외. 『러시아 사할린 지역의 북한 노동자』. 서울: 통일연구원, 2017.

이철수 외, 『남북한 통합을 위한 법제도 인프라 확충방안』. 경제·인문사회연구회 협동연구총서 05-08-04(서울: 통일연구원), 2005

이철수, 『개성공업지구 노동안전보호법제 해설집』.(서울: 통일부), 2009

정영훈 외. 『통일초기단계의 북한지역 노동시장정책에 대한 헌법적 검토』. 서울: 헌법재판연구원, 2017.

Remco Breuker & Imke van Gardingen (eds.). *Slaves to the System: North Korean Forced Labour in the EU, the Polish case: How the Supply of a Captive DPRK workforce fits our demand for cheap labour.* Leiden: Leiden Asia Centre, 2016.

__________ (eds.). *People for Profit; North Korean Forced Labour on a Global Scale.* Leiden: Leiden Asia Centre, 2018.

■ 학술논문

강경화. "북한 인력 해외송출의 특성과 한계에 관한 연구". 고려대학교 석사학위논문, 2015.

김병창. "북한이탈주민의 정신건강". 『정신건강정책포럼』 제4권 제1호, 2010.

김봉률. "러시아의 이주노동자와 외국인투자에 대한 법적 규율". 『체제전환국의 노동, 사회보장 제도변화와 통일대비 접경지역 북한노동력 실태조사 및 활용방안 모색』. 2016 서울대 통일기반구축 연합학술대회, 2016.11.29.

미야모토 사토루. "아프리카의 북한 파견노동자 현황 및 인권실태". 『북한해외파견노동자의 현황과 인권실태 및 개선책』. 와세다대학교 한국학연구소 · 서울대학교 고용복지법센터 · 북한인권정보센터 · 숭실평화통일연구원 국제학술대회, 2017.9.26.

서정희. "비정규직의 불안정 노동: 비정규 고용형태별 노동법과 사회보장법에서의 배제". 『노동정책연구』 제15권 제1호, 2015.

윤여상. "폴란드 북한 해외노동자 근로현황". 『북한해외파견노동자의 현황과 인권실태 및 개선책』. 와세다대학교 한국학연구소 · 서울대학교 고용복지법센터 · 북한인권정보센터 · 숭실평화통일연구원 국제학술대회, 2017.9.26.

이수연, Dean J. Ouellette. "중국의 취업허가제도와 노동법 상의 북한이주노동자". 『사회법 연구』 제35권, 2018.

이영형. "러시아 극동지역 내 북한 해외노동자 활동 현황: 아무르주를 중심으로". 『러시아 연구』 제26권 1호, 2016.

이영형. "북한 노동자의 러시아 극동지역 진출 현황 및 그 역할 분석". 『국제정치연구』 제10집 2호, 2007.

______. "북한 노동자 외국 파견 정책의 추이와 전망". 『국제통상연구』 제21권 제4호, 2016.

이애리아. "러시아 파견 북한 노동자 실태: 모스크바, 상트페테르부르크 지역을 중심으로". 『북한해외파견노동자의 현황과 인권실태 및 개선책』, 와세다대학교 한국학연구소 · 서울대학교 고용복지법센터 · 북한인권정보센터 · 숭실평화통일연구원 국제학술대회, 2017.9.26.

이애리아 · 이창호, "러시아 연해주 · 사할린 지역의 북한 노동자 실태: 연해주 북한 노동자의 삶과 공간". 『북한 해외노동자의 실태와 과제』. 서울대학교 고용복지법센터 추계 국제학술대회, 2016. 11. 4.

이철수, "북한의 노동법". 『통일문제연구』 제7권 2호(서울: 평화문제연구소), 1995.

이철수, "북한노동법제의 주요 내용과 그 의미". 『산업관계연구』 제14권 제1호(서울: 한국노사관계학회), 2004.

이효원. "정부의 통일법제 준비와 평가". 『법학논집』 제10권 제2호, 2006.

장소영. “북한의 체제전환을 대비한 법제도정비지원에 관한 연구”. 『통일과 법학』 제11호, 2012.

최영윤. “북한 해외 노동자 현황: 통계데이터 중심으로”. 『KDI 북한경제리뷰』 2017년 2월호.

현려화. “중국의 이주노동자에 대한 법적 규율과 연변지역 북한 노동력 실태 보고”. 『체제전환국의 노동, 사회보장 제도변화와 통일대비 접경지역 북한노동력 실태조사 및 활용방안 모색』. 서울대학교 고용복지법센터 통일연구 워크숍, 2015.11.17.

Klara Boonstra. “North Korean Forced Labour in the EU: How to Fight it?”. 『북한 해외노동자의 실태와 과제』. 서울대학교 고용복지법센터 추계 국제학술대회(2016.11.4.).

■ 기타

서울대학교 고용복지법센터. “연변지역 북한 노동력 실태에 관한 전문가 인터뷰”. 2015. 11.

“United Nations Security Council Resolution 2397”, S/RES/2397 (22nd December 2017).

제2장 러시아 연해주 및 사할린 지역의 북한 노동자

■ 단행본

국사편찬위원회. 『사할린 한인의 동원 · 억류 · 귀환 경험: 광복 70주년 기념』. 과천: 국사편찬위원회, 2015.

김석진. 『북한 외화벌이 추세와 전망』. 서울: 통일연구원, 2015.

박승의. 『사할린 한인의 운명: 역사, 현황과 특성』. 춘천: 금강 P&B, 2015.

박찬홍. 『러시아 드림: 러시아지역 북한 노동자의 근로와 인권 실태』. 서울: 북한인권정보센터, 2016.

북한전략센터 · 코리아정책연구원. 『북한의 해외인력송출 실태』. 서울: 북한전략센터 · 코리아정책연구원, 2012.

아나톨리 쿠진 지음. 문준일 · 강정하 옮김. 『사할린 한인사』. 서울: HUEBOOKS, 2014.

양문수. 『북한의 계획경제와 시장화 현상』. 서울: 통일부 통일교육원, 2013.

윤여상. 『북한 해외 노동자 현황과 인권실태』. 서울: 북한인권정보센터, 2015.

이애리아 · 이창호 · 방일권. 『러시아 사할린 지역의 북한 노동자』. 서울: 통일연구원,

2017.
이애리아·이창호. 『연해주 지역 북한 노동자의 실태와 인권』. 서울: 통일연구원, 2015.
이영형. 『러시아의 극동개발과 북한 노동자』. 서울: 통일연구원, 2012.
SHIN, Chang-Hoon and GO, Myong-Hyun. *Beyond the UN COI REPORT on Human Rights in DPRK*. Seoul: The Asan Institute for Policy Studies, 2014.
Дин Ю.И. *Корейская диаспора Сахалина: проблема репатриации и интеграция в советское и российское общество*. Ю.-Сахалинск, 2015.
Крушанова Л.А. *Миграционная политика СССР на Дальнем Востоке (середина 1940 х —1970 е гг.)*. Владивосток, 2014.

■ 학술논문

이영형. "러시아 극동지역 내 북한 노동자 활동 현황: 아무르주를 중심으로". 『러시아연구』 제26권 1호, 2016.
______. "북한 노동자의 러시아 극동지역 진출 현황 및 그 역할 분석". 『국제정치연구』 제10집 2호, 2007.
이용희. "북한 노동자 외국 파견 정책의 추이와 전망". 『국제통상연구』 제21권 4호, 2016.
이원웅. "북한 해외근로자, 어떻게 사나?". 『통일한국』 2013년 12호(평화문제연구소), 2013.
이지은. "국제사회의 대북제재 이후, 러시아 극동지역의 북한 노동자 현황: 대북제재 이후, 북·러 경제협력관계 변화에 관한 연구". 중앙대학교 석사학위논문, 2016.
Levitt, Peggy. "Social Remittances: Migration Driven Local-Level Forms of Cultural Diffusion". *International Migration Review*. Vol. 32, No. 4, 1998.
Ващук А.С. Трудовые мигранты из КНДР на российском дальнем востоке во второй половине XX - начале XXI века // *Гуманитарные исследования в восточной сибири и на дальнем востоке*. No. 1, 2012.
Забровская Л.В. Трудовая миграция из КНДР в Россию (средина 1940-х - 2003 гг.) // *Проблемы Дальнего Востока*, No. 5, 2005.
Кузин А.Т. Послевоенная вербовка северокорейских рабочих на промышленные предприятия Сахалинской области (1946-1960-е гг.). // *Россия и АТР*. No. 3, 2010.
Чернолуцкая Е.Н. Трудовое и бытвое устройство корейцев в конце 1940-х начале 1950-х годов // *Вестник Центра корееведческих исследований ДВГУ*. No. 1, 2004.

■ 기타

『데일리한국』. “[김정은의 돈줄] ①북한 해외파견 근로자 번 돈도 당으로 간다”. 2016. 2. 17.

러시아연방통계청〈http://www.gks.ru/〉.

『연합뉴스』. “러시아 연해주 정부 ‘北근로자 송환 절차대로 진행’”. 〈https://www.yna.co.kr/view/AKR20190715109900009?input=1195m〉. 2019. 7. 19.

『조선일보』. “中企업계 ‘年 10만 명씩 북한 근로자 들여오자’”. 2018. 6. 20.

BBC. “Работа мечты”: чем занимаются рабочие из КНДР в России (꿈의 노동: 북한에서 러시아로 온 노동자들은 어떤 일을 하나)”. 〈https://www.bbc.com/russian/features-42989901〉. 2018. 2. 12.

Alyona Pak. “2014년 러시아 내 외국인 노동자 쿼터 확정 및 불법체류 처벌강화”. 2013.12.16. 〈http://news.kotra.or.kr/user/globalAllBbs/kotranews/album/2/globalBbsDataAllView.do?dataIdx=126292〉 (검색일: 2016.11.3.).

Кожемяко Е.Г. Корейские рабочие как источник пополения кадров в рыбном хозяйстве Сахалина после окончания второй мировой войны, 『Актуальные вопросы общественных наук: социология, политология, философия, история』: *сборник статей по материалам XLIX-L международной научно-практической конференции*. (17 июня 2015 г.), 〈http:// sibac.info/conf/social/xlix/42464〉.

Interfax. “Число северокорейских рабочих в РФ за год сократилось в три раза”. 2018. 11. 16. 〈https://www.interfax.ru/russia/638132〉 (검색일: 2019.7. 10.).

제3장 EU의 북한 해외노동자: 법의 준수와 집행의 중요성

■ 단행본

Breuker, Remco & Imke van Gardingen (eds.). *Slaves to the System: North Korean Forced Labour in the EU, the Polish case: How the Supply of a Captive DPRK workforce fits our demand for cheap labour*. Leiden: Leiden Asia Centre, 2016.

________________ (eds.). *People for Profit; North Korean Forced Labour on a Global Scale*. Leiden: Leiden Asia Centre, 2018.

■ 학술논문

Breuker, Remco & Imke van Gardingen. “A new lease of life? DPRK forced overseas labour in the EU". Leiden Asia Centre Working Paper, 2015.

European Migrant Network. Ad-Hoc Query: North Korean Migrant Workers. Requested on 17th May 2016. Compilation produced on 29th July 2016. European Migrant Network.

Levitt, Peggy. "Social Remittances: Migration Driven Local-Level Forms of Cultural Diffusion". *International Migration Review*. Vol. 32, No. 4, 1998. pp. 926-927.

■ 국제기구 문서

EU COUNCIL DECISION (CFSP) 2017/1838 of 10th October 2017 amending Decision (CFSP) 2016/849 concerning restrictive measures against the Democratic People's Republic of Korea. Article 11.4.

International Labour Organization. Profits and Poverty, The Economics of Forced Labour, Report of the Committee on the Application of Standards (ILC106-PR15-PartII-NORME-170615-3-EFS-docx).

______________________. Third item on the agenda: Information and reports on the application of Conventions and Recommendations, Report of the Committee on the Application of Standards(ILC106-PR15-PartII-NORME-170615-3-EFS-docx) Forced Labour Conventions, 1930. (No. 29). Poland. published 106th ILC session (June 2017).

______________________. List of Member States invited to appear before the committee and texts of the individual cases. published 106th ILC session (June 2017).

______________________. Poland, Forced Labour Conventions, 1930 (No. 29) (ratification: 1958). Follow-up to the conclusions of the Committee on the Application of Standards (International Labour Conference, 106th Session, June 2017).

Office of the United Nations High Commissioner for Human Rights, Report of the UN Special Rapporteur on the situation of human rights in the Democratic People's Republic of Korea. A/70/362 (8th September 2015).

National Contact Point OECD Guidelines of the Dutch Ministry of Foreign Affairs, Final statement former employees of Bralima vs. Bralima and Heineken (18th August 2017).

United Nations Security Council, Committee established pursuant to resolution 1718(2006).

■ 기타

Polish Regional Labour Inspectorate. Report Nr. 03186-53100-K033-Pt/13 (Rungrado). issued aug. 2013. Korea Rungrado General Trading Corp. Control Protocol.

______________________. Report Nr. 03186-53100-K033-Pt/13 (Armex). issued aug. 2013. ARMEX SPÓŁKA Z OGRANICZONĄODPOWIEDZIALNOŚCIĄ, Control Protocol.

Polish Department of Legality of Employment. Chief Labour Inspectorate, Letters from the Polish Department of Legality of Employment, dated 25th April 2016 (GNL-439-0512-1-1/16), 31st March 2016 and 9th June 2017(GNL-575-0512-7-2/17)

Court of Rotterdam. Judgment of the court of Rotterdam, three-judge economic division for criminal matters, date of judgment: 15-03-2018, case number: 10/994550-15.

제4장 이주노동의 관점에서 본 북한 해외노동자

■ 국내문헌

강주원.『나는 오늘도 국경을 만들고 허문다 - 국경도시 단둥을 읽는 문화인류학 가이드』. 글항아리, 2013.

고든 · 에드워즈 · 라이히.『분절된 노동, 분할된 노동자』. 고병웅 역. 신서원, 1998.

공용철. "북한의 노동시장 형성에 관한 연구". 서울: 북한대학원대학교 석사학위논문, 2010.

김용출.『독일아리랑』. 고양: 에세이, 2006.

김정선. "아시아 지역 이주-발전 정책/담론에 대한 비판적 고찰: 네팔귀환여성의 경험을 중심으로".『경제와 사회』통권 제105호, 2015. pp. 127-169.

나혜심. "독일로의 노동 이주, 한인 독일 노동 이주자에게 가족이 갖는 의미". 노명환 외.『독일로 간 광부 · 간호사: 경제개발과 이주 사이에서』. 서울: 대한민국역사박물관, 2014.

도널리, 잭.『인권과 국제정치: 국제인권의 현실과 가능성 및 한계』. 박정원 역. 오름, 2002.

박명규 외.『노스 코리안 디아스포라: 북한주민의 해외탈북이주와 정착실태』. 서울대학교 통일평화연구원, 2012.

박석진. "북한 인권 운동에 대한 평가". 사회진보연대 정책워크숍: 북한사회와 북한인권(1), 2016. 7. 4.
박순성. “북한 인권 문제와 한반도 분단체제: 『2014 유엔 인권이사회 북한인권조사위원회 보고서』에 대한 비판적 독해를 중심으로”. 『북한연구학회보』 제18권 제2호, 2014. pp. 281-309.
새머스, 마이클. 『이주』. 이영민 외 공역. 서울: 푸른길, 2013.
서보혁. 『코리아 인권: 북한 인권과 한반도 평화』. 서울: 책세상, 2011.
양문수 · 이우영 · 윤철기. “개성공단에서의 남북한 접촉이 북한근로자에 미친 영향에 관한 연구 - 남한 주민에 대한 북한 근로자의 태도 변화를 중심으로”. 『통일연구』 제17권 2호, 2013. pp. 131-158.
올포트, 고든. 『편견의 심리』. 이원영 역. 서울: 성원사, 1993.
윤여상 · 이승주. 『북한 밖의 북한: 폴란드, 몽골, 북한 해외노동자의 삶과 인권실태』. 북한인권정보센터, 2016.
__________. 『북한 해외노동자 현황과 인권실태』. 북한인권정보센터, 2015.
윤용선. “1960-1970년대 광부 · 간호사의 서독 취업에 대한 재해석: 경제적 측면을 중심으로”. 노명환 외. 『독일로 간 광부 · 간호사: 경제개발과 이주 사이에서』. 서울: 대한민국역사박물관, 2014.
윤인진. 『동북아시아의 국제이주와 다문화주의』. 파주: 한울, 2013.
윤인진 외. 『동북아의 이주와 초국가적 공간』. 아연출판부, 2010.
이석기 외. 『북한시장 실태 분석』. 세종: 산업연구원, 2014.
이애리아 · 방일권 · 이창호. 『러시아 모스크바 및 상트페테르부르크 지역의 북한 노동자』. 통일연구원, 2018.
이애리아 · 이창호 · 방일권. 『러시아 사할린 지역의 북한 노동자』. 통일연구원 위탁연구, 2017.
이애리아 · 이창호. 『연해주 지역 북한 노동자의 실태와 인권』. KINU 통일나침반 15-05, 2015.
__________. “러시아 연해주 · 사할린 지역의 북한 노동자 실태: 연해주 북한 노동자의 삶과 공간”. 『북한 해외노동자의 실태와 과제』. 서울대학교 고용복지법센터 추계 국제학술대회, 2016. 11. 4.
이영형. “러시아 극동지역 내 북한 노동자 활동 현황: 아무르주를 중심으로”. 『러시아연구』 제26권 제1호, 2016. pp. 113-143.
이우영 외. 『분단된 마음 잇기: 남북의 접촉지대』. 서울: 사회평론아카데미, 2016.
임예준. 『북한 해외노동자의 인권개선 방안 모색』. 통일연구원 Online Series, 2016. 2. 19.
정영섭. “이주민의 권리가 보장되는 다른 세계는 가능하다: 5차 세계이주사회포럼 참가기”. 『사회운동』 통권 110호. 사회진보연대, 2012. 〈http://www.pssp.org/bbs/

view.php?board=journal&nid=5947〉(검색일: 2018.11.13.).
______. "세계 이주노동자운동의 쟁점과 국제연대". 『사회운동』 통권 113호. 사회진보연대, 2013. 〈http://www.pssp.org/bbs/view.php?board=journal&nid=6487〉(검색일: 2018.11.13.).
정태욱. "북한 인권 문제의 현황과 전망: 유엔 안전보장이사회 상정을 계기로". 『민주법학』 제57호, 2015.
정희진. 『페미니즘의 도전』. 서울: 교양인, 2014.
조효제. 『인권의 지평: 새로운 인권 이론을 위한 밑그림』. 서울: 후마니타스, 2016.
______. "인권 패러다임 이론과 북한 인권 문제". 『다문화사회연구』 제9권 제2호, 2016. pp. 5-38.
최병두. "동아시아 국제 노동이주: 전개과정과 일반적 특성". 『현대사회와 다문화』 제2권 제2호, 2012. pp. 362-395.
최영진. "동아시아에서의 노동이주의 동학: 경향, 유형 및 개발과의 연계". 『新亞細亞』 17권 4호, 2010. pp. 191-221.
현려화. "중국의 이주노동자에 대한 법적 규율과 연변지역 북한 노동력 실태 보고". 『체제전환국의 노동, 사회보장 제도변화와 통일대비 접경지역 북한노동력 실태조사 및 활용방안 모색』. 서울대학교 고용복지법센터 통일연구 워크숍, 2015. 11. 17.

경남대학교 극동문제연구소. 『북한의 이동, 북한 사람의 이주』. 국제학술회의, 2016. 12. 8.
북한전략센터 · 코리아정책연구원. 『북한의 해외인력송출실태』. 2012.
서울대학교 고용복지법센터. 『체제전환국의 노동, 사회보장 제도변화와 통일대비 접경지역 북한노동력 실태조사 및 활용방안 모색』. 서울대학교 고용복지법센터 통일연구 워크숍, 2015. 11. 17.
______________________. 『통일 대비 노동, 사회보장제도 기반구축 사업 2015년도 최종보고서』. 2016.
______________________. 『북한 해외노동자의 실태와 과제』. 서울대학교 고용복지법센터 추계 국제학술대회, 2016. 11. 4.
______________________. 『북한 해외노동자의 현황과 법적 쟁점 세미나』. 2017. 7. 26.
숙명여자대학교 다문화통합연구소 · 인권연구센터 · 국제앰네스티한국지부. 『북한 인권: 보편성과 특수성』. 학술대회, 2016. 5. 13.
평화재단 평화연구원. 『북한 해외 노동자의 실태와 인권문제』. 제73차 전문가포럼, 2016. 5. 3.
Breuker, Remco, Imke van Gardingen, and Boonstra, Klara. "DPRK Force Labour in the EU: How to Fight it?". 『북한 해외노동자의 실태와 과제』. 서울대학교 고

용복지법센터 추계 국제학술대회, 2016. 11. 4.

■ 해외문헌

Allport, G. W. *The Nature of Prejudice*. MA: Addison-Wesley, 1954.

Anderson, Bridget. "Migration, immigration controls and the fashioning of precarious workers". Work, Employment and Society. 24(2), pp. 300-317.

Bales, Kevin. Testing a Theory of Modern slavery. 〈http://glc.yale.edu/sites/default/files/files/events/cbss/Bales.pdf〉(검색일: 2018.11.13.).

Breuker, Remco & Imke van Gardingen (eds.). *People for Profit: North Korean Forced Labour on a Global Scale*. Leiden: Leiden Asia Centre, 2018.

______________________ (eds.). *Slaves to the System, North Korean Forced Labour in the European Union: the Polish Case*. Leiden: Leiden Asia Centre Press, 2016.

Breman, Jan. *Footloose Labour: Working in India's Informal Economy*. Contem-porary South Asia 2. Cambridge: Cambridge University Press, 1996.

Castles, S., de Haas, H., and Miller M. *The Age of Migration* (5th edition). New York: The Guilford Press, 2013.

Davis, Mike. "Fear and money in Dubai". *New Left Review*. Vol. 41, 2006. pp. 47-68.

Delfeld, Helen J. *Human Rights and the Hollow State*. New York: Routledge, 2014.

de Haas, Hein. "Migration and Development: A Theoretical Perspective". *International Migration Review*. Vol. 44, No. 1, 2010. pp. 227-264.

Dicken, P. *Global Shift: Transforming the World Economy*. New York & London: The Guilford Press, 1998.

Donnelly, J. *International Human Rights* (2nd ed.). Boulder: Westview Press, 1998.

Forbes, H. D. "Ethnic Conflict and the Contact Hypathesis". in Lee, Yueh-Ting et al. eds. *The Psychology of Ethnic and Cultural Conflicts*. Westport: Praeger, 2004.

Forsythe, David. *Human Rights in International Relations*. Third Edition. Cambridge: Cambridge University Press, 2012.

Fudge, Judy, and McCann, Deirdre. *Unacceptable Forms of Work: A global and comparative studies*. Geneva: International Labour Office, 2015.

Gordon, David M., Edwards, Richard, and Reich, Michael. *Segmented Work, Divided Workers: the Historical Transformation of Labour in the United States*. Cambridge University Press, 1982.

Guerin, Isabelle, and Venkatasubramanian, G. "Corridors of Migration and Chains of Dependence: Brick Kiln Moulders in Tamil Nadu". in Breman, J., Guerin, I., and Prakash, A. eds. *India's Unfree Workforce: Of Bondage Old and New*. New Delhi: Oxford University Press, 2009.

Lerche, Jens. "A Global Alliance against Forced Labour? Unfree Labour, Neo-Liberal Globalization and the International Labour Organization". *Journal of Agrarian Change*. Vol. 7, No. 4, 2007. pp. 425-452.

Marks, Susan. "Human rights and root causes". *The Modern Law Review*. Vol. 74, No. 1, 2011. pp. 57-78.

Massey, D. S. et al. *Worlds in Motion: understanding international migration at the end of the millennium*. Oxford & New York: Clarendon Press, 2005.

Peck, Jamie. *Workplace: The social regulation of labour markets*. New York: Guilford Press, 1996.

Piore, Michael J. *Birds of Passage: Migrant labour and industrial societies*. New York: Cambridge University Press, 1979.

Piper, Nicola. "Feminisation of Migration and the Social Dimensions of Development: the Asian case". *Third World Quarterly*. Vol. 29, No. 7, 2008. pp. 1287-1303.

Pollis, N. P. "Confirmity, compliance and human rights". *Human Rights Quarterly*. Vol. 3, No. 1, 1981. pp. 93-105.

Pratt, Mary Louise. "Arts of the Contact Zone". *Profession*. Vol. 1991. 1991. pp. 33-40.

Rao, J. Mohan. "Agrarian Power and Unfree Labour". in Byres, T. J. et al. eds. Rural Labour Relations in India. Special issue Journal of Peasant Studies. 26(2/3), 1999.

Rogaly, Ben. "Migrant workers in the ILO's Global Alliance against forced Labour Report: a critical appraisal". *Third World Quarterly*. Vol. 29, No. 7, 2008. pp. 1431-1447.

Safran, William. "Diaspora in Modern Societies: Myth of Homeland and Return". *Diaspora: A Journal of Transnational Studies*. Vol. 1, No. 1, Spring 1991. pp. 83-99.

Samers, Michael. *Migration*. New York & London: Routledge, 2010.

Shin, Chang-Hoon, and Go, Myong-Hyun. Beyond the UN COI Report on Human Rights in DPRK. The Asan Institute for Policy Studies, 2014. 〈http://www.asaninst.org/contents/asan-report-beyond-the-coi-dprk-human-rights-report〉(검색일: 2018.11.13.).

Smith, Hazel. *North Korea: Markets and Military Rule*. Cambridge: Cambridge University Press, 2015.

Srivastava, Ravi. "Conceptualising Continuity and Change in Emerging Forms of Labour Bondage in India". in Breman, J., Guerin, I., and Prakash, A., eds. *India's Unfree Workforce: Of Bondage Old and New*. New Delhi: Oxford University Press, 2009.

Strauss, Kendra. and Fudge, Judy. "Temporary work, agencies and unfree labour: insecurity in the new world of work". in Fudge, Judy, and Strauss, Kendra. eds. *Temporary Work, Agencies and Unfree Labour: Insecurity in the New World of Work*. New York & London: Routledge, 2014.

van den Anker, Christien. "Contemporary slavery, Global Justice and Globalization". in van den Anker, Christien. ed. *The Political Economy of New Slavery*. Basingstoke: Palgrave Macmillan, 2004.

van Parijs, P. "Commentary: citizenship exploitation, unequal exchange and the breakdown of popular sovereignty". in Barry, B., and Goodin, R. E. eds. *Free Movement: Ethical issues in the transnational migration of people and money*. New Jersey: Harvester Wheatsheaf, 1992.

Vertovec, Steven. "Conceiving and Researching Transnationalism". *Ethnic and Racial Studies*. Vol. 22, No. 2, 1999. pp. 446-462.

Global Commission in International Migration. Migration in an interconnected world. New Directions for Action. UN, 2005.

International Labour Organization. A global alliance against forced labour: Global Report under the Follow-up to the ILO Declaration on Fundamental Principles and Rights at Work 2005. International Labour Conference 93rd Session 2005 Report I(B). Geneva: International Labour Office, 2005. 〈http://www.ilo.org/wcmsp5/groups/public/---ed_norm/---declaration/documents/publication/wcms_081882.pdf〉(검색일: 2018. 11. 13.).

______________________. ILO Indicators of Forced Labour. 2012. 〈http://www.ilo.org/global/topics/forced-labour/publications/WCMS_203832/lang--en/index.htm〉(검색일: 2018. 11. 13.).

______________________. ILO Global Estimate of Forced Labour: Results and methodology. 2012. 〈http://www.ilo.org/wcmsp5/groups/public/---ed_norm/---declaration/documents/publication/wcms_182004.pdf〉(검색일: 2018. 11. 13.).

______________________. Application of international Labour Standards 2018, Report III (Part 1A): Report of the committee of Experts on the

Application of Conventions and Recommendations, International Labour Conference, 107th Session. Geneva, 2018.

International Organization for Migration. Migration for Development in Africa. 2004. 〈http://publications.iom.int/bookstore/free/Mida_EN.pdf〉(검색일: 2018. 11. 13.).

______. Costs and Benefits of International Migration. 2005. 〈http://www.iom.int/jahia/webdav/site/myjahiasite/shared/shared/mainsite/published_docs/books/wmr_sec02.pdf〉(검색일: 2018. 11. 13.).

______. A Global Strategy of Migration for Development: Beyond the MIDA Approch to Mobilizing and Sharing of Human and Financial Resources of the Overseas African Community 2006-2010. 2006. 〈http://www.iom.int/jahia/webdav/site/myjahiasite/shared/shared/mainsite/microsites/mida/global_strat_mida.pdf〉(검색일: 2018. 11. 13.).

United Nations General Assembly. "Situation of human rights in the Democratic People's Republic of Korea". Seventy-first session. Third Committee. Agenda item 68 (c)31. October 2016. 〈http://www.mofa.go.kr/mofat/htm/issue/nk_humanrights71.pdf〉(검색일: 2018. 11. 13.).

United Nations Security Council. "Security Council Tightens Sanctions on Democratic People's Republic of Korea, Unanimously Adopting Resolution 2397 (2017)". 〈https://www.un.org/press/en/2017/sc13141.doc.htm〉(검색일: 2018. 11. 13.).

USA Department of State. Trafficking in Persons Report. 2018. 〈https://www.state.gov/documents/organization/282798.pdf〉(검색일: 2018. 11. 13.).

Walk Free Foundation. The Global Slave Index 2016 Report. 〈http://www.globalslaveryindex.org〉(검색일: 2018. 11. 13.).

■ 기타

김성경. "탈북자의 자리". 『한겨레』. 2016. 4. 26. 〈http://www.hani.co.kr/arti/opinion/column/741167.html〉(검색일: 2018. 11. 13.).

송경화. "중국 북한여공 '목욕의 자유를 달라'". 『한겨레』. 2012. 10. 5. 〈http://www.hani.co.kr/arti/society/society_general/554537.html〉(검색일: 2018. 11. 13.).

주성하. "북한 노동자 파업 조정한 보위부 요원". 서울에서 쓰는 평양이야기. 2015. 5. 22. 〈http://nambukstory.donga.com/Board?bid=123&timeseed=907&#!lid=303017&bid=123&p=291&m=view〉(검색일: 2018. 11. 13.).

______. "탈북해 한국 가면 자유롭고 평등하게 사나요?". 『동아일보』. 2016. 10. 6.

〈http://nambukstory.donga.com/Board?bid=123&timeseed=425&#!lid=303228&bid=123&p=141&m=view〉(검색일: 2018. 11. 13.).
황지혜. "北 국외노동자 파업-도망 등 반발에…당국, 집단 강제 소환". 『동아닷컴』. 2016. 6. 8. 〈http://news.donga.com/3/all/20160608/78548000/1〉(검색일: 2018. 11. 13.).
KBS. "김정은 7년의 비밀, 해외로 간 북한 노동자". 추적60분(2018. 10. 5. 방송).

Associated Press in New York. "North Korea Putting Thousands into Forced Labour Abroad, UN Says". *The Guardian*. 29th October 2015. 〈https://www.theguardian.com/world/2015/oct/29/north-korea-workers-forced-labour-abroad-un-report〉(검색일: 2018. 11. 13.).
Batha, Emma. "North Korea Sends 'State-sponsored Slaves' to Europe - Rights group". *Reuters*. 5th July 2016. 〈http://www.reuters.com/article/northkorea-eu-slavery-idUSL8N19N43L〉(검색일: 2018. 11. 13.).
Pattisson, Pete. "North Koreans Working as 'State-sponsored Slaves' in Qatar". *The Guardian*. 7th November 2014. 〈http://www.theguardian.com/global-development/2014/nov/07/north-koreans-working-state-sponsored-slaves-qatar〉(검색일: 2018. 11. 13.).

제5장 종합 및 전망: 법제도적 해결방안의 모색

"북한 해외노동자의 실태와 과제". 2016 서울대 고용복지법센터 추계학술대회, 2016. 11. 4.
이다혜. "시민권과 이주노동: 이주노동자 보호를 위한 '노동시민권'의 모색". 서울대학교 박사학위논문, 2015.
______. "국제규범에서의 노동권 보호와 북한에 대한 적용". 『사회권의 관점에서 본 북한인권』. 통일연구원, 2018.
이상수. "다국적기업에 의한 인권침해와 OECD 다국적기업 가이드라인". 『서울대학교 법학』 제55권 제3호, 2014.
이애리아·이창호. 『연해주 지역 북한 노동자의 실태와 인권』. 통일연구원, 2015.
Breuker, Remco. "인신매매 관점에서 본 북한 해외노동자". 『북한 해외노동자의 현황과 법적 쟁점』. 서울대 고용복지법센터 국제워크숍(2017. 7. 26.).
van Gardingen, Imke. "국제노동기구(ILO) 관점에서 본 북한 해외노동자". 『북한 해외노동자의 현황과 법적 쟁점』. 서울대 고용복지법센터 국제워크숍(2017. 7. 26.).

집필진 소개

이철수

이철수는 한국을 대표하는 노동법 학자로 서울대학교 법학전문대학원 교수, 고용복지법센터 소장으로 재직하고 있다. 노태우 정부에서 노무현 정부에 이르기까지 노동법개정연구회, 노사관계개혁위원회, 노사정위원회 등에서 노사관계 관련 입법에 활발히 기여한 공로로 2008년 홍조근정훈장을 받았으며, 통일부 개성공단 법률자문회의 위원장, 경제사회노동위원회 노동시간 제도개선 위원장 등을 지냈다. 한국노동법학회, 한국노사관계학회, 서울대학교 노동법연구회 회장을 역임했으며, 주요 저서 및 논문으로 『전환기의 노동과제』, 「근로계약법제의 현대적 과제」, 「통상임금에 대한 최근 판결의 동향과 쟁점」, 「IMF 구제금융 이후의 한국의 노동법제 발전」, 「한국의 산업구조변화와 노동법의 새로운 역할」, 「북한의 노동법」, 「영혼 있는 노동: 한국의 노동법과 일의 미래」 등이 있다.

이다혜

이다혜는 서울대학교 법학전문대학원 강사, 고용복지법센터 연구위원으로 재직하며 노동법을 강의하고 있다. 이화여자대학교 법학부, 한동국제법률대학원 졸업 후 미국 변호사로 활동하였으며, 하버드 로스쿨에서 교환학생으로 수학하고 서울대학교에서 「시민권과 이주노동」으로 박사학위를 받았다. 영국 글래스고 법과대학에서 방문학자로 연구했으며, 이철수 교수와 공동 연구를 진행하며 노동법의 새로운 문제에 주목하고 있다. 디지털 전환, 돌봄노동, 이주노동, 인공지능, 기본소득 등 노동의 미래 담론을 주요 관심사로 하여 연구 중이다. 주요 저서 및 논문으로 「공유경제와 고용관계」, 「기본소득에 대한 노동법적 고찰」, 「4차 산업혁명과 여성의 노동」, 「영혼 있는 노동: 한국의 노동법과 일의 미래」 등이 있다.

이애리아

이애리아는 1987년 일본으로 유학해 1993년부터 소련 붕괴 후의 카자흐스탄 고려인 사회 변화를 연구하고 있다. 중앙아시아 각국의 자민족 중심 정책과 혼란한 경제 등을 피해 고려인들의 마음의 고향인 연해주로 이주하는 고려인 조사를 위해 2004년 연해주를 방문하여 처음 북한 노동자를 만났다. 10년간 연해주 지역의 다문화 다국적 코리언 연구를 한 후 2014년부터 북한 노동자 연구조사를 시작하였다. 10년간의 연해주의 현지 인적 네트워크와 정보를 활용하여 한양대학교 이창호 박사, 한국외국어대학교 방일권 박사, 경남대학교 박수성 연구원과 같이 러시아 지역의 북한 노동자들의 현지 상황 조사를 진행해 왔다. 매년 오랜 연구 지역인 카자흐스탄 까라탈 꼬크달라 지역 고려인 조사도 병행하고 있다.

이창호

이창호는 한양대학교 글로벌다문화연구원 연구교수로 재직하며 이주민의 건강·의료에 대한 학제 간 융합연구를 수행하고 있다. 한국학중앙연구원 한국학대학원에서 인류학 박사학위를 취득하였으며 한국 화교, 재외동포를 포함한 이주민 및 다문화사회 연구를 계속하고 있다. 재단법인 무지개청소년센터 부소장, 한국학중앙연구원 학술연구교수, 연세대학교 사회발전연구소 연구원을 역임하였다. 주요 논문 및 저서로 「연해주 지역 북한 노동자의 실태와 인권」, 「러시아 사할린 지역의 북한 노동자」, 「러시아 모스크바 및 상트페테르부르크 지역의 북한 노동자」, 『다문화사회로의 이행을 위한 문화정책 현황과 발전 방향』, 『한국의 다문화 공간』, 『글로벌시대의 문화인류학』, 『동아시아 관광의 상호시선』, 『20세기 동아시아화교의 지속과 변화』, 『향수 속의 한국 사회』, 『디아스포라와 초국가주의의 이론과 실태』 등이 있다.

방일권

방일권은 한국외국어대학교 중앙아시아연구소 연구교수로 재직하고 있다. 한국외국어대학교와 러시아 학술원 역사연구소에서 제정러시아사를 공부하였으며 2005년부터 일제강점하강제동원피해진상규명위원회에서 활동하며 사할린 지역에 대한 조사와 연구를 시작하였다. 러시아사와 고려인의 역사, 사할린 한인 관련 기록 조사 등에 참여하던 중 사할린에서 다양한 다국적 코리언을 만났다. 2016년부터 북한 노동자를 조사하는 이애리아, 이창호, 박수성 연구자 팀에 합류하여 러시아 지역 현지 조사를 수행하고 공동으로 「러시아 모스크바 및 상트페테르부르크 지역의 북한 노동자」, 「러시아 사할린 지역의 북한 노동자」를 냈다. 그 외에 사할린에 관한 『책임과 변명의 인질극』, 『오호츠크해의 바람』, 「이루어지지 못한 귀환」 등을 썼다.

박수성

박수성은 경남대학교 산학협력단 연구원으로 재직하고 있다. 이화여자대학교에서 북한학 석사학위를 받았으며, 중앙일보 통일문화연구소에 재직하면서 북한 인물 및 정세 분석, 경제참관단 방북 등 북한 관련 업무를 담당했다. 2014년부터 이애리아 교수 연구 팀으로 북한이탈주민 면담, 러시아 지역 현지 조사 등을 수행하며 「러시아 모스크바 및 상트페테르부르크 지역의 북한 노동자」, 「러시아 사할린 지역의 북한 노동자」, 「연해주 지역 북한 노동자의 실태와 인권」 발간에 참여했다. 석사학위논문 「주요 일간지 북한 관련 웹사이트의 정보운용체계 비교 연구」가 있다.

렘코 브뢰커 (Remco E. Breuker)

렘코 브뢰커는 라이덴대학교 한국학과 교수로 재직하고 있다. 동북아시아 중세역사학을 전공하였으며, 현재는 인권 및 탈북 내러티브를 중심으로 북한 현대사에 관한 연구도 진행하고 있다. 브뢰커는 『케임브리지 한국사: 중세편』의 편집자이며, 주요 저서 및 논문으로는 "Forging the truth: Creative deception and national identity in medieval Korea"(2009), *Establishing a pluralist society in medieval Korea, 918-1170: History, ideology and identity in the Koryŏ dynasty*(2010), 공동저서로 『고려 역사상의 탐색: 국가체계에서 가족과 삶의 문제까지』(2017) 등이 있다. 네덜란드어로 집필한 북한 관련 저서 *North Korea, Inc.*(2018)는 2009년 리브리스(Libris)상 '최고의 역사서' 부문 후보에 올랐다. 임꺼 판 할딩엔과의 공동 저술 및 편집으로 *Slaves to the system: North Korean forced labour in the European Union, the Polish case, or how the supply of a captive DPRK workforce fits our demand for cheap labour*(2016), *People for profit: North Korean forced labour on a global scale*(2018), *Pervasive, punitive, and prevalent: Understanding modern slavery in North Korea*(2018), *Tightening belts: Two regional case studies on corporate social responsibility*(2019) 등을 냈다.

임꺼 판 할딩엔 (Imke B. L. H. van Gardingen)

임꺼 판 할딩엔은 노동법(LL.M.) 및 한국학(M.A.)을 전공하고, 네덜란드 노동조합총연맹[Dutch Federation of Labour Unions(FNV)]에서 국제 및 유럽연합 노동법 전문가로서 이주노동 관련 자문을 맡고 있다. 북한 해외노동자 연구 프로젝트의 초기 제안자로서 연구 연계 및 조직에 힘쓰는 한편, 유럽연합 집행위원회 노동이동 및 이주분과(EU Committee for Labour Mobility and Migration)에서 노동조합 대표로 활동하고 있다. 렘코 브뢰커와의 공동 저서 및 편집서로 *Slaves to the system: North Korean forced labour in the European Union, the Polish case, or how the supply of a captive DPRK workforce fits our demand for cheap labour*(2016), *People for profit: North Korean forced labour on a global scale*(2018), *Pervasive, punitive, and prevalent: Understanding modern slavery in North Korea*(2018), *Tightening belts: Two regional case studies on corporate social responsibility*(2019)가 있다.

윤애림

윤애림은 서울대학교 고용복지법센터 연구위원이며, 국가인권위원회 사회권전문위원회 및 차별시정전문위원회 전문위원으로 활동하고 있다. 2003년 「다면적 근로관계에서 사용자의 책임」으로 법학 박사학위를 받는 등 불안정노동의 문제와 노동권의 확장에 대하여 이론적, 실천적 탐구를 계속해 왔다. 노동권 보장을 한반도 전체로 확장하기 위한 문제의식으로 2018년 북한대학원대학교를 수료했다. 주요 저서 및 논문으로 "Reconstructing Labour Law Actors beyond Employment"(*International Journal of Comparative Labour Law and Industrial Relations*, 2018), "The State Made

Informalisation of Women Workers"(*University of Oxford Human Rights Hub Journal*, 2018) 등이 있다.

강민주 (번역)
강민주는 서울대학교 고용복지법센터와 공익인권법센터의 연구원이며, 서울대학교 법과대학 박사과정에서 노동법과 인권법을 전공하고 있다. 홍익대학교 자율전공학부에서 법학 및 영문학 학사학위를 받은 후, 서울대학교 인문대학 협동과정에서 비교문학을 전공하였으며, 스위스 제네바대학교에서 교환연구생으로 수학하였다. 북중접경지역에서의 체류와 북한 해외노동자들과의 만남을 통해 통일 문제에 관심을 가지게 된 후 "Writing as Righting: Human Rights, Arendtian Action and North Korean Refugee Life Writings"라는 논문으로 비교문학 석사학위를 받고, 북한이탈주민지원재단에서 전문위원, 객원연구원으로 재직하였다. 현재 초국경 상황과 체제전환기 시장통합 과정에서의 노동권 보호에 관심을 두고 '기업과 인권'을 주제로 박사학위논문을 준비하고 있다.